古代に真実を求めて
古田史学論集第二十七集

倭国から日本国へ

古田史学の会編

明石書店

巻頭言

三十年の逡巡を超えて

古田史学の会　代表　古賀達也

本書のタイトル「倭国から日本国へ」は、九州王朝（倭国）から大和朝廷（日本国）への王朝交代を表現したもの。それは、古田武彦氏が提唱した多元史観・九州王朝説における一大研究課題であった。しかし、古代日本最大の画期である王朝交代を論じるには、ことの重大さに比べて、わたしたちの力不足は如何ともし難く、論集のテーマとすることにためらい続けてきた。そのような逡巡の時を経て、令和六年（二〇二四）に創立三十周年を迎える「古田史学の会」は、ようやく王朝交代を『古代に真実を求めて』の特集テーマとすることができた。王朝交代を本格的に論じるためには、この三十年の歳月がどうしても必要であったと言ってもよいであろう。

そうして収録された特集論文には、執筆者それぞれの専門かつ得意とする分野・視座から、独自の視点と論点による王朝交代論が展開されている。読者はどの論文からでも、滅び行く九州王朝と、新たなる列島の支配者、大和朝廷とが交錯する姿を思い描くことができるはずだ。それは、「古田史学の会」の研究者の諸仮説がスタートラインに並び立ったことにより、初めて見えてきた姿ではあるまいか。しかし、〝王朝交代の真実〟というゴールは遥かその先にある。本書は九州王朝史研究の一つの通過点なのだ。もちろん、その当否は読者や後世の人々が決めるのである。

歴史学が、名聞名利ではなく、歴史の真実のみを求め続ける営為であるならば、一見、不揃いに存立する諸仮説は、論争や検証を経て、やがては歴史の真実に向けて収斂しなければならないし、そうなるはずだ。そのとき新たに登場する仮説がどのようなもので、それが何年後、何十年後のことなのか、今のわたしたちには知るよしもない。恐らく、その名誉ある研究は未来の若き読者に委ねられているのであろう。

マックス・ウェーバーは『職業としての学問』で次のように語っている。

〝学問のばあいでは、自分の仕事が十年たち、二十年たち、また五十年たつうちには、いつか時代遅れになるであろうということは、だれでも知っている。これは、学問上の仕事に共通の運命である。いな、まさにここにこそ学問的業績の意義は存在する。(中略)学問上の「達成」はつねに新しい「問題提出」を意味する。それは他の仕事によって「打ち破られ」、時代遅れとなることをみずから欲するのである。学問に生きるものはこのことに甘んじなければならない。(中略)われわれ学問に生きるものは、後代の人々がわれわれよりも高い段階に到達することを期待しないでは仕事することができない。原則上、この進歩は無限に続くものである。〟(尾高邦雄訳、岩波文庫、一九三六、二九−三〇頁)

現在のわたしたちの研究や仮説が時代遅れになる日が到来することを、本書を上梓した今、心から願うのである。

〔令和五年(二〇二三)十二月十三日、城崎から京都へ復る「きのさき」車中にて識す〕

古代に真実を求めて
古田史学論集　第二十七集

倭国から日本国へ

もくじ

特集

倭国から日本国へ

「王朝交代」と消された和銅五年(七一二)の「九州王朝討伐戦」

正木　裕

一、『旧唐書』に記す「王朝交代」

『旧唐書』では、我が国には「倭国」と「日本国」の二国があったが、八世紀初頭に「倭国(九州王朝)」が「日本国(大和朝廷)」に併合されたと記し、これは我が国の「王朝交代」を示している。(注1)

しかし、大和朝廷が編纂した『日本書紀』では、我が国は神武(神日本磐余彦)以来、一貫してヤマトの王家(『書紀』では天皇家)が統治してきたと記し、七世紀末の文武即位以降を記す『続日本紀』にも「王朝交代」を直接示す記事は無い。

ただ、大和朝廷は七〇一年に律令を制定し、地方統治制度に「郡制」を創設、「大宝」年号を「建元」した。これに伴い、それ以前の「評制」が廃止され、約一八〇年続いてきた九州年号も、七〇〇年の大化六年を以て姿を消す。(注2)全国統治制度や年号制定は、その国の代表者(王朝)の専権であるところ、「評制」も「九州年号」も『書紀』には記されないことは、大和朝廷以前の王朝の存在を確実に示していると言えよう。

本稿では、『続日本紀』では隠されていた、「王朝交代」の最終局面である「隼人討伐」の経緯を明らかにしていきたい。

二、隠された「隼人討伐戦」

1、『続日本紀』七一三年の「隼人討伐戦の恩賞授与」記事

『続日本紀』(以下『続紀』)では、和銅六年(七一三)四月に、「隼人」の領域に大隅国が置かれ、七月には隼人討伐戦で功績を挙げた多数の将軍・兵士に恩賞が与えられており、これに先立つ七一二年に大規模な隼人討伐戦があったことは確実だ。(注3)

ところが、「恩賞記事」はあっても、肝心の「隼人討伐戦」そのものの記事がない。これはまことに不自然なことといえる。

2、万葉歌に残る七一二年の隼人討伐戦

ただ、『続紀』には記されないが、七一二年に隼人討伐戦が遂行されたことが、万葉歌でわかる。

万葉二四五番ほかの長田王(注4)の一連の歌には、長田王が筑紫に派遣され、肥後水島に渡り薩摩の瀬戸を渡ったことが記されている。

◆長田王、筑紫に遣され水嶋に渡る時の歌二首

(二四五)聞きしごとまこと尊くくすしくも神さびをるかこれの水島。

「水島」は、異論もあるが熊本県八代市の球磨川河口付近にある小島とされ、『書紀』には、景行天皇の九州一円巡行で立ち寄った際に、冷水が湧き景行に献上されたのがその名の由来と記す。『肥後国風土記』(逸文)に、「風土記云、球磨県　乾七里、海中有嶋　積可七十里　名曰水嶋　嶋出寒水　遂潮高下云々」とある。

(二四六)芦北の野坂の浦ゆ船出して水島に行かむ波立つなゆめ。

「芦北の野坂の浦」は熊本県葦北郡芦北町田浦、または芦北町計石とされる。いずれも水島の南方だから、北に向けての航海で、薩摩からの帰路の歌となる(長田王の航路は地図に示す)。

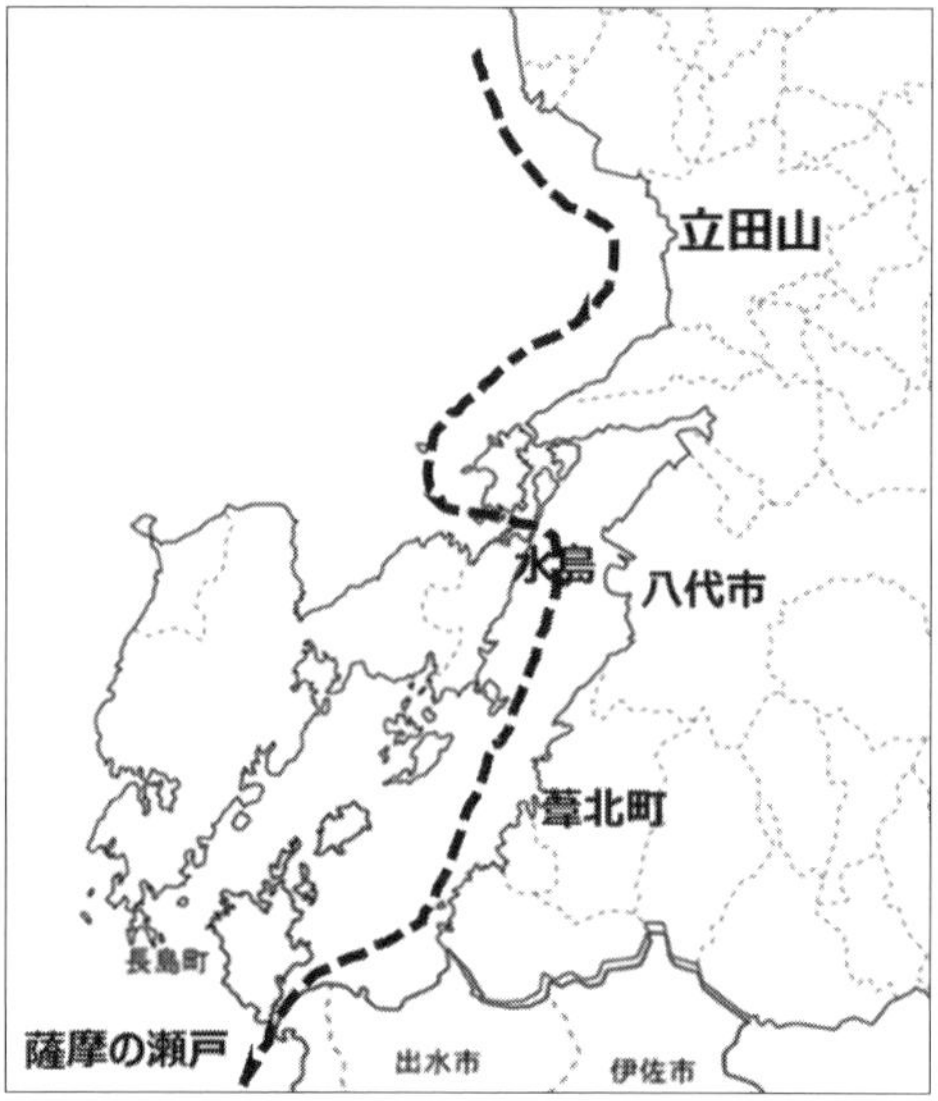

長田王の航路地図

（二四八）（又長田王作歌一首）隼人の薩摩の瀬戸を雲居なす遠くも我れは今日見つるかも。

「薩摩の瀬戸」は阿久根市と長嶋町の間の「黒の瀬戸」とされ、海流の早いことで知られる。

さらに、題詞で長田王が「伊勢斎宮へ派遣された時の歌」とされる、万葉八十一番以下の歌は、歌中の「山辺の御井」や「龍田山」の所在から、本来「薩摩派遣」の歌であり、それは七一二年のことだったのがわかる。

◆和銅五年壬子（七一二）夏四月長田王伊勢齋宮に遣しし時、山辺御井に作る歌。

（八十一）山辺の御井を見がてり神風の伊勢娘子《をとめ》どもあひ見つるかも。

（八十二）うらさぶる心さまねし（＊重なる、次々とうかぶ）ひさかたの天のしぐれの流らふ見れば。

（八十三）海の底沖つ白波龍田山いつか越えなむ妹があたり見む。

右二首今案ずるに御井にて作る所に似ず。若疑《けだし》當時誦われし古歌か。

これらは、「題詞」では三重の伊勢神宮に行った時の歌の様に記されるが、左注にあるように「伊勢の御井」にはあわない。この点、万葉学者の中西進も次の様に述べている。

◆山の辺の御井は斎宮にあるのではない。御井を見ることを主とし、その上に伊勢少女に会ったという、ふしぎな一首である。古歌を口ずさんだか、それこそ九州派遣の折の歌か、である。もし後者なら、いかにも心細そうな口ぶりも理解できるし、上にあげた（＊二四五〜二四八の）九州の歌と脈絡がつき、歌の空虚感もよく理解できる。（中西進が語る「魅力の深層」）

本居宣長が伊勢で「山辺の御井」を探したが、適切な所在が見つからなかったことは『玉勝間』からも読み取ることが出来、そうしたこともあり中西氏は「九州派遣の折の歌」との疑いを抱いたのだと思われる。そもそも「龍田山」は大和平野の北西にあり、飛鳥・藤原から「三重の伊勢」に向かう方向と逆だ。しかも伊勢へは「陸路」で歌の内容と合わない。

そして、筑紫怡土平野の西部の加布里湾《かぶりわん》には「伊勢（伊勢が浦・伊勢田など）」があり、高祖山山麓の神功が必勝祈願したという「染井の井戸」も名高い。(注5) 水島・葦北・隼人瀬戸は有明海から不知火海に抜ける航路にあり、その途上に「龍田山（熊本市立田山・地名は龍田）」もある。つまり、長田王の一連の歌は、和銅五年（七一二）に筑紫に派遣され、怡土平野で必勝祈願を行った後、肥後から薩摩に隼人討伐に向かった際の歌だと考えられる。中西氏の疑いは正しかったのだ。

3、七一二年の「官軍雷撃、凶賊霧消」記事

前述のとおり、七一二年の「隼人討伐戦の詳細」は、大和朝廷の史書『続日本紀』には記されない。その「かわり」に「官軍雷撃、凶賊霧消」・「蝦夷討伐」記事と出羽国設置の論奏が記されている。

◆『続紀』和銅五年（七一二）九月己丑（二十三日）に、太政官議奏して曰さく、「国を建て疆《さかい》を辟《ひら》くことは、武功の貴ぶところなり。官を設け民を撫づることは、文教の崇ぶるところなり。其の北道の蝦狄、遠く阻険を憑《たの》みて、実に狂心を縦《ほしいまま》にし、屢《しばしば》辺境を驚かす。官軍雷のごとくに撃ちしにより、凶賊霧のごとくに消え、狄部晏然《あんぜん》にして、皇民擾《わづらは》しきことなし。誠に望まくは、便《たより》に時機に乗り、遂に一国を置きて、式《もち》て司宰を樹《た》て、永く百姓を鎮めむことを」とまうす。奏するに可としたまふ。是に、始めて出羽国を置く。

ここで「官軍雷のごとくに撃ちしにより、凶賊霧のごとくに消え」とあるが、「蝦夷討伐戦」が行われたのは三年も前の和銅二年（七〇九）だ。

◆『続紀』和銅二年（七〇九）三月壬戌（六日）、陸奥、越後二国の蝦夷、野心ありて馴れ難く、屢《しばしば》良民を害す。

是に、遣使して遠江、駿河、甲斐、信濃、上野、越前、越中等の国を徴発す。左大辨正四位下巨勢朝臣麻呂を、陸奥鎮東将軍とす。民部大輔正五位下佐伯宿禰石湯を、征越後蝦夷将軍とす。内藏頭従五位下紀朝臣諸人を副将軍とす。両道より出て征伐す。因りて節刀に并せて軍令を授く（＊彼らは八月に討伐を終えて帰還し、九月に恩賞を授かっている）。

出羽国設置が七一二年のこととしても、今更「官軍雷撃、凶賊霧消」を強調するのは、「時機に乗る」記述とはいえない。そして、この記事は七〇九年の「蝦夷の討伐」の経緯・顚末を改めて想起させることになる。

つまり、大和朝廷は、三年前（七〇九）の「蝦夷討伐」記事を、わざわざ七一二年に置き、同年の「隼人討伐」と「二重写し」にし、かつ「官軍雷撃、凶賊霧消」を強調して、言外に「隼人も蝦夷同様の、狂心をほしいままにし、良民を苦しめる凶賊」だと思わせたのだ。

4、『続紀』は「大隅国設置手続き」や「征隼人将軍等の名」を欠く

また、「国郡の廃置」は公式令《くしきりょう》三項「論奏式」で太政官の論奏（「議奏」とも。太政官が発議・決定した事項に対して、天皇に裁可を求める際の書式）によるとされているが、「出羽国設置」にある論奏が「大隅国設置」にはない。

さらに「蝦夷討伐」には将軍の名が記されているが、「隼人討伐」には記されず、恩賞を授かった者の名もない。

こうした『続紀』のありようは、本来「隼人討伐」には大義がなく、正当な手続きも経ず、恩賞に名を記すのが「後ろめたい」ような戦いだったことを表しているのではないか。

5、不自然な「天下大赦」と諸国の税免除

しかも和銅五年（七一二）九月に「天下大赦」と諸国の税免除記事がある。その理由が「子《ね》年は稔がよくないのに、今年はよく稔った。しかも黒狐が献上されたのは上瑞で『王者の治、太平を致せば見る』からだ」というのだ。

◆『続紀』和銅五年（七一二）九月己巳（三日）（中略）又詔して曰はく「朕聞かく、旧老相伝へて云はく、『子《ね》

の年は穀実宜《みのりよ》からず』といふ」ときく。而るに天地祐を垂れて、今茲《ここ》に大きに稔れり。古の賢王言ひしこと有り。「祥瑞の美も、豊年に加ふることなし」とのたまへり。況や復、伊賀国司阿直敬らが献る黒狐は、上瑞に合へり。其の文に云はく、「王者治、太平を致せば則ち見る《あらは》」といへり。衆庶とこの歓慶《よろこび》を共にせむことを思ふ。天下に大赦すべし。（中略）また、天下の諸国の今年の田租・併せて大和・河内・山背の三国の調は並びに原免す」とのたまふ。

「今茲に大きに稔れり（豊作）」とするが、直前八月庚子（三日）の条に「諸国の郡稲《ぐんとう》乏少にして、給ひ用ゐる日、廃闕を致すことあり」とある。「郡稲」は出挙用で、春なら種籾用だろうが、旧暦八月なら百姓の救済目的か、「利稲（利子）」返済が滞ることによる郡稲不足への対応と考えられ、いずれも「豊作」と矛盾する。

黒狐がもたらす「王者治、致太平」が具体的に何をさすのか不明確だし、「子年うんぬん」は大規模な特赦の根拠としては薄弱としか言いようがない。「天下大赦」と諸国の税免除の「真の理由」は、「隼人＝九州王朝を滅ぼした事」（注6）だったが「カット」されたと考えられる。このことは、後述の様に大宝二年（七〇二）の隼人討伐後に「天下大赦」が記されていることからも明らかだ。

三、大義なき隼人（九州王朝）討伐

1、『書紀』大化二年の皇太子奏請条

それでは、『続日本紀』はなぜ隼人（九州王朝）討伐の経緯を、このように隠さねばならなかったのか。

先に「大義なき戦い」と述べたが、『書紀』大化二年（六四六）三月壬午（二十日）の改新詔に「皇太子（中大兄とされる）が天皇（孝徳とされる）に自らの膨大な資産を献上した記事」（皇太子奏請条とされる）がある。

◆（前文）昔在《むかし》の天皇等の世には、天下を混《まろか》し斉《ひとし》めて治めたまふ。今に及逮《およ》びては、分れ離れて業を失ふ。《国の業を謂ふ。》天皇我が皇、万民を牧ふべき運《みよ》に属りて、天も人も合応へて、厥《そ》の政惟新なり。是の故に、慶

び尊びて、頂に戴きて伏奏す。

①（下問）現為明神御八嶋国天皇《あきつみかみとやしまぐにしらすすめらみこと》、臣（＊皇太子）に問ひて曰はく、「其れ群《もろもろ》の臣・連及伴造・国造の所有る、昔在の天皇の日に置ける子代入部、皇子等の私に有てる御名入部、皇祖大兄の御名入部《彦人大兄を謂ふ》、及び其の屯倉、猶古代の如くにして、置かむや不や」。（「昔の天皇が認めた、皇族や臣下の部民〈私有民〉やその経営のための所領をそのままにしていいか？」）。

②（奉答）臣、即ち恭みて詔する所を承りて、奉答而曰さく、「天に双つの日無し。国に二つの王無し。是の故に、天下を兼并せて、万民を使ひたまふべきところは、唯天皇ならなくのみ。別に入部及び所封《よさせ》る民を以て、仕丁に簡《えら》び充てむこと、前の処分（傍点は筆者）に従はむ。自余《これ》以外は、私に駈役《つか》はむことを恐る。故、入部五百二十四口、屯倉一百八十一所を献る」とまうす。

「現為明神御八嶋国天皇」という呼称が「七世紀前半に使われていた蓋然性は乏しい」とされるが、[注7]もしこの記事が六四六年ならば天皇は「孝徳」で、皇太子は「中大兄（天智）」となる。

しかし、入部が「仕丁」の意味なら、五十戸（若しくは「三十戸」）で一人の出仕だから、五百二十四口は約二万五千戸分だ。また、『古事記』『書紀』中に出現する具体名の記された「屯倉」は約六十箇所だから、屯倉一百八十一所は事実上全国規模にあたる。そして、その領域を中央政権が「直接支配」していなければ「献上（事実上接収）」できないのは自明だ。中央政権による地方の直接支配制度が「評制」であり、その時期は『常陸国風土記』などから六四九年ごろであることが明らかになっている。それ以前の六四六年に、これを中大兄が所有し献上することが可能だとは考え難いし、そもそも「皇太子が天皇に献上する」意味が不明だ。

もしこの記事が九州年号「大化二年（六九六）」から移されたなら「現為明神御八嶋国天皇」は持統、「皇太子」に相当するのは高市皇子だ。そして、「昔の天皇」は評制を敷き全国統治をしていた「過去の九州王朝の天皇（天子）」となる。

そして、「皇太子奏請」が九州年号大化二年（六九六）であれば、その内容は「六九六年の九州王朝の天子」[注8]による「我が国の支配者はヤマトの天皇一人なので前の処分（一定の範囲）以外は所有しない。そのため部民五二四人、屯倉一八一か所を献上する」との答えとなる。

2、「高市皇子」は九州王朝系の皇子

高市皇子は、母が宗像の君徳善の娘尼子姫で、九州王朝の血を継いでいる。皇子は「壬申の乱」の際に、美濃国の兵三千人・尾張の兵二万人など、計二万数千の兵を掌握・指揮した。これは「白村江の戦」と同規模であり、白村江を遂行した権力（九州王朝）による動員と考えられよう。そして、戦犯の懲罰や論功行賞も高市皇子が行っている。つまり、高市皇子は、「九州王朝側の最高司令官」として壬申の乱に勝利したことになる。

そして、仮に「皇太子」とあるのを尊重するなら、九州王朝系の高市皇子が、九州王朝の天子の意を持統に奏上したことになろう。

つまり『書紀』大化二年（六四六）の皇太子奏請条は、「九州年号大化二年（六九六）の倭国（九州王朝）の天子」から、ヤマトの天皇家（『旧唐書』にいう「日本国」）の持統への、「天皇家（日本国）の一元統治を認め、人民・資産の天皇家への移譲を承諾する」意思表示、つまり「禅譲の意思表示」だと考えられよう。

そして移譲するのは「前の処分以外」とあるから、倭国（九州王朝）には一定の領地・支配権が承認されたことになる。いわば「本領安堵の沙汰」で、具体的には本拠たる西海道・九州がそれにあたる可能性が高い。

これを証するように、飛鳥・藤原木簡から七〇〇年以前は西海道諸国から飛鳥へは税・物資や仕丁は送られていないことが明らかになっている。（注9）

3、破られた「禅譲の約束」

ところが、大和朝廷は、「舌の根も乾かない」文武四年（七〇〇）には肥後・薩摩に律令を施行しようとして、薩末比売《さつまのひめ》（注10）らの抵抗をうける。

◆『続紀』文武四年（七〇〇）六月庚辰（三日）薩末比売・久売・波豆、衣《ゑ》の評督衣君県、助督衣君弖自美《てじみ》、又肝衡《きもつき》難波、肥人等を従へ、兵（＊武器）を持して覓国《くにまぎ》使刑部真木等を剽劫《おびやか》す。是に於て竺志惣領に勅して犯に准《なぞら》へて決罰す。

「律令施行」が大和朝廷の徴税権実行を含むのは当然で、そうであれば「前の処分以外」との約束が破られたことになる。そうであれば薩末比売らの抵抗も首肯できる。さらに律令施行後の大宝二年（七〇二）には薩摩を「化を隔て、命に逆う」賊として武力討伐し、全国に律令を頒布している。

◆『続紀』大宝二年（七〇二）三月甲午（二十七日）信濃国、梓弓一千廿張を献る。以て大宰府に充つ。丁酉（三十日）大宰府に、専に所部の国の掾《じょう》已下と郡司等とを銓擬することを聴す。（中略）七月乙未（三十日）（中略）是の日、天下の罪人を赦す。八月丙甲（一日）薩摩・多褹《たね》、化を隔て、命に逆ふ。ここに於いて、兵を発し征討し、遂に戸を校《しら》べ、吏を置く。九月戊寅（十四日）薩摩の隼人を討ちし軍士に、勲を授くること各差有り。丁亥（二十三日）、天下に大赦す。

十月丁酉（三日）是より先、薩摩の隼人を征する時、大宰の所部の神九処《の》を禱み祈るに、実に神威に頼りて遂に荒ぶる賊を平げき。ここに幣帛を奉りて、其の禱《いのり》を賽《さい》す。唱更の国司等《今の薩摩国なり。》言さく、「国内の要害の地に柵を建てて、戍《まもり》を置きて守らむ」とまうす。許す。諸神を鎮め祭る。参河国に幸せむとしたまふ為なり。戊申（十四日）律令を天下の諸国に頒ち下す。

これは、大和朝廷は隼人＝前王朝の倭国（九州王朝）を討伐して、始めて「全国に律令を頒布」することが出来たことを示している。全国にはまだ多数の倭国（九州王朝）の権威に従う勢力が存在したのだ。

そして、彼らを従わせるために大和朝廷は「飴と鞭」を用意した。そのことが「天下大赦」と、九州王朝の勢力外の諸国にたいする「調」軽減措置に現れている。

◆『続紀』慶雲二年（七〇五）冬十月壬申（二十六日）に、詔して、使を五道に遣して《山陽西海道を除く》、高年と老疾と鰥寡惸獨《かんかけいどく》とを賑恤《しんじゅつ》し、并せて當年の調の半を免す。

全国的に税の軽減が実施される中で、「山陽西海道」諸国には恩恵は与えられなかった。服従する国・勢力には飴を与え、不服従勢力には与えない、そして、不服従勢力の拠り所とする九州王朝の本拠には弾圧を加えた。ただ「柵を建てて護る」とは「封じ込め」であり、「大長」年号は七一二年まで続くから、九州王朝の残存勢力の抵抗はなお続いたと考えられる。

4、隠された「大義なき倭国（九州王朝）討伐」

そうした中、和銅六年（七一三）に、「一千二百八十余人に勲功を与える」ような、徹底的な武力弾圧を行うことになる。

和銅五年（七一二）の「官軍雷撃、凶賊霧消」論奏は、本来蝦夷討伐と出羽国設置のみならず、同年に遂行された隼人＝九州王朝討伐と、その後の大隅国設置をも含んだ論奏だったと考えられる。しかし、それは「禅譲時の旧領安堵の約束」を無視する「大義なき蛮行」であり、決して誇れるものではなかった。そこで『続日本紀』には討伐戦の詳細を記さず、蛮行を行ったものの名もカットし、約束に反し西海道に手続きを無視して「大隅国」を設置した経緯も記さなかったのだと考えられる。（注11）

そして、「大義なき倭国（九州王朝）討伐」を、蝦夷同様の「狂心を縦にする凶賊隼人の討伐」としたのだ。

[注]

（1）『旧唐書』に記す「王朝交代」の概要は以下の通り。

①『倭国伝』倭国は古の「倭奴国」なり。京師（＊長安）を去ること一萬四千里、新羅の東南大海の中に在り、山島に依りて居す。東西五月行、南北三月行。世々中国と通ず。（中略）四面小島。五十余国、皆付属す。其の王、姓は阿毎氏、一大率を置き、諸国を検察し、皆これを畏附す。十二等有る官を設く。

倭国は、建武中元二年（五七）に後漢の光武帝から金印を下賜された「倭奴国王」以降、『三国志』に記す三世紀の俾弥呼・壹與、『宋書』等に記す「倭の五王」、『隋書』に「阿蘇山下の天子」として描かれる「阿毎多利思北孤」と続き、歴代中国王朝から我が国の代表者とされてきた「大国」だとする。倭奴国王も多利思北孤も九州の王だから、倭国とは古田武彦氏のいう九州王朝を指すことになる。

②『日本国伝』日本国は、倭国の別種なり。その国、日の辺に在るが故に、日本を以って名と為す。あるいは曰く、倭国自らその名の雅びならざるをにくみ、改めて日本と為す、と。あるいは云う、日本はもと小国にして倭国の地をあわせたり、と。その人朝に入る者、多くは自ら大なるをおごり、実を以って対せず、故に中国はこれを疑ふ。また云う、その国界は東西南北各数千里西界と南界は大海にいたり、東界と北界には大山ありて限りとなす。山外はすなわち毛人の国なり。

一方『日本国』はもと小国だったが、倭国を併合したとする。そして七〇三年に「日本国」の使者粟田真人が唐（当時は「周」）の武則天から冠位を授かっており、粟田真人は大和朝廷が派遣した使者だから、日本国とは大和朝廷をさすことになる。

（2）大宝建元は、『続日本紀』大宝元年（七〇一）三月甲午（二十一日）記事に「建元為大宝元年。始依新令改制官名・位号。」とある。「評制の廃止」が七〇一年であることは「庚子年（七〇〇）四月」の日付と「若佐国小丹生評」の記述がある木簡から確認される。また、九州年号の存在と消滅は『二中歴』の「年代歴」ほか多数の文献が示している。ただ、『伊予三島縁起』ほか一部の資料には、七〇四年～七一二年まで続く「大長」年号が記される（＊大長年号については、本集所載の拙稿「『王朝交代』と二人の女王―武則天と持統」の注23に記す）。

（3）七一二年の隼人討伐については、本集所載の「『王朝交代』と『隼人』―隼人は千年王朝の主だった」の「三の2、『襲国偽僭考』の隼人討伐」に詳述。

（4）長田王（～七三七年六月十八日。最終官位は散位正四位下）は和歌を詠む風流侍従の一人として知られるから、隼人討伐も誰かに随行し、その際に詠んだ歌だと推測される。歌に関連する地名と航路は十二頁の地図に記す。

（5）①【伊勢】「曲り田・伊勢ヶ浦の一部・大曲」（糸島市水道事業及び下水道事業の設置等に関する旧条例）、「伊勢田（糸島市二丈福井）」（糸島市防災行政無線局管理運用規程）

②【山辺の御井】『筑前国続風土記』巻之二十二怡土（貝原益軒、一七〇九年）によると、神功皇后が半島出征前に「三韓征伐」の必勝を祈願し、この井戸に鎧を沈めたところ、緋色に染まり勝利を告げた。そこで「染井の井戸」と称されるようになった。また、鎧をかけて干した松は「鎧懸の松」として伝承され、井戸で染まった幡を干した松も「旗染の松」として井戸背後の「染井山」山上にあったという。

（6）『書紀』『続紀』に記す「隼人」が、「九州南部の蛮族」でなく、九州王朝（あるいはその残存）の勢力であることは、西村秀己「隼人原郷」（『古田史学会報』一一五号、二〇一三年四月）に詳しい。

（7）こうした見解は、たとえば山尾幸久「皇太子奏請文の内容」（『「大化改新」の資料批判』塙書房、二〇〇六年、三一四頁）ほか多数見られる。

（8）九州年号大化二年（六九六）当時の「九州王朝の天子」が誰かについては、本集所載の拙稿「『王朝交代』と二人の女王―武則天と持統」の「四の3、天武崩御と倭国（九州王朝）の王の崩御」に記す。

（9）「評制時代の飛鳥・藤原地域出土荷札木簡において、確実に西海道諸国から送られたと言えるものは皆無であった。」「西海道では仕丁・衛士も向京しなかった。」（市大樹『飛鳥藤原木簡の研究』塙書房、二〇一〇年、三九八頁）

（10）薩摩『開聞古事縁起』では、薩摩で生まれた「大宮姫」が、近江宮で天智の皇后となったが、天智崩御に際し、大友皇子に追われ、大海人の支援を受け、薩摩に帰国。宮を造営し居したとする。この経緯は天智の皇后で、大海人が天智の後継天皇に推戴しようとした「倭姫王」と重なる。中国史書で「倭国」は金印を下賜された「倭奴国王以来の九州の国」とされるから、「倭姫王」は「倭国（九州王朝）の姫王」で、薩末比売は大宮姫＝倭姫王の可能性が高いと考えられる。この点、「大宮姫と倭姫王・薩末比売」（『古代に真実を求めて第二十二集　倭国古伝』明石書店、二〇一九年）に詳しい。

（11）ちなみに和銅五年（七一二）正月二十八日の太安萬侶の『古事記』献上も『続紀』からは完全に「カット」されている。このように記録としての価値を認められている『続紀』にも、大和朝廷の恣意的な編纂があることは歴然としている。

王朝交代期の九州年号

―「大化」「大長」の原型論―

古賀達也

一、九州年号研究の画期

半世紀に及ぶ九州年号研究において、いくつかの画期を為す進展があった。次の四つの局面だ。

(1)九州王朝(倭国)により公布された九州年号(倭国年号)実在説の提起。(注1)
(2)『二中歴』「年代歴」の九州年号が最も原型に近いとする研究。(注2)
(3)大和朝廷への王朝交代(七〇一年)後も九州年号は「大化」(六九五～七〇三)を経て「大長」(七〇四～七一二)まで続いていることの発見。(注3)
(4)九州年号「白雉元年」(六五二)を示す、「元壬子年」木簡の出現。(注4)

(1)は古田武彦氏による、九州王朝説の花形分野ともいえる先駆的研究である。
(2)は、その中心テーマとしての九州年号の原型論(年号立て、用字)研究の成果として、『二中歴』「年代歴」に採録された、継体元年(五一七)に始まり大化六年(七〇〇)で終わる九州年号群が九州年号の原姿をより遺しているとする古田氏の見解。
（3）は、九州年号の大化・大長が七〇一年を越えて続いたとする、筆者の研究。
（4）は、芦屋市三条九ノ坪遺跡から出土した「三壬子年」と当初発表された木簡（『日本書紀』の「白雉三年壬子」のこととする）[注5]の文字が実は「元壬子年」であり、九州年号の白雉元年壬子を意味する〝九州年号木簡〟であるという発見。筆者はそのことに気づき、古田氏らと共に同木簡を実見し、「三」ではなく「元」であることを確認した。

二、九州年号「大長」の論証と実証

このなかの（1）（2）（3）は主に論証に属し、（4）が出土木簡の文字の判読であり、実証に属するテーマだ。なかでも（3）は論証（七〇一年以後の九州年号「大長」の存在）が先行し、後に実証（「大長」年号史料と写本の発見）が後追いしたという研究で、筆者にとっては古田氏の学問の方法を理解する上でも思い出深い経験であった。そのことを「学問は実証よりも論証を重んじる」[注6]で紹介した。当該部分を以下に転載する。

〝九州年号「大長」の論証

九州年号研究の結果、『二中歴』に見える「年代歴」の九州年号が最も原型に近いとする結論に達していたのですが、わたしには解決しなければならない残された問題がありました。それは『二中歴』以外の九州年号群史料にある大長という年号の存在でした。

『二中歴』には大長はなく、最後の九州年号は大化（六九五～七〇〇）で、その後は近畿天皇家の年号、大宝へと続きます。ところが、『二中歴』以外の九州年号群史料では大長が最後の九州年号で、その後に大宝が続きます。そして、大長が七〇〇年以前に入り込む形となったため、その年数分だけ、たとえば朱鳥（六八六～六九四）などの他の九州年号が消えたり、短縮されていたりしているのです。

こうした九州年号史料群の状況から、『二中歴』が原型に最も近いとしながらも、大長が後代に偽作されたとも考えにくく、二種類の対立する九州年号群史料が後代史料に現れている状況をうまく説明できる仮説を、わたしは何年も考え続けました。その結果、大長は七〇一年以後に実在した最後の九州年号とする仮説に至りました。その詳細については「最後の九州年号」「続・最後の九州年号」（『「九州年号」の研究』所収）をご覧ください。具体的には「大長」が七〇四～七一二年の九年間続いていたことを、後代成立の九州年号史料の分析から論証したのですが、この論証に成功したときは、まだ実証（史料根拠）の発見には至ってなく、まさに論証のみが先行したのでした。そこで、わたしは論証による仮説をより決定的なものとするために、史料（実証）探索を行いました。

九州年号、大長の実証

最後の九州年号を大化とする『二中歴』と、大長とするその他の九州年号群史料の二種類の九州年号史料が存在することを説明できる唯一の仮説として、大長が七〇四～七一二年に存在した最後の九州年号とする仮説を発見したとき、それ以外の仮説が成立し得ないことから、基本的に論証が完了したと、わたしは考えました。「学問は実証よりも論証を重んじる」という村岡先生の言葉通りに、九州年号史料の状況を論証できたので、次に九州年号史料を精査して、この論証を支持する実証作業へと進みました。

その結果、『運歩色葉集』の「柿本人丸」の項に「大長四年丁未（七〇七）」、『伊予三島縁起』に「天長九年壬子（七一二）」の二例を見いだしたのです。ただ、『伊予三島縁起』活字本には大長ではなく天長とあったため、「天」は「大」の誤写か活字本の誤植ではないかと考えていました。そこで原本を確認したいと思っていたところ、齊藤政利氏（「古田史学の会」会員、多摩市）が内閣文庫に赴き、『伊予三島縁起』写本二冊を写真撮影して提供していただいたのです。その写本『伊予三島縁起』（番号 和 34769）には「大長九年壬子」とあり、天長ではなく九州年号の大長と記されていたのです。(注7)

論証が先行して成立し、それを支持する実証が後追いして明らかとなり、更に大長と記された新たな写本までが発見されるという、得難い学問的経験ができたのです。こうして村岡先生の言葉「学問は実証よりも論証を重んじる」を深く理解でき、学問の方法というものがようやく身についてきたのかなと感慨深く思えたのでした。〟

三、最後の九州年号は大化か大長か

『二中歴』には大長がなく、最後の九州年号は大化（六九五～七〇〇）で、その後は近畿天皇家の年号、大宝へと続いている。他方、『二中歴』以外の九州年号群史料では大長が最後の九州年号で、その後に大宝が続く。このように、最後の九州年号を大化とする『二中歴』と、大長とするその他の九州年号史料という二種類が後代に併存するのだが、この状況を説明するため、大長は七〇四～七一二年に存在した最後の九州年号とする仮説（3）に至った。(注8) それ以外の仮説が論理的に成立し得ないことから、論証は成立したとわたしは考えた。(注9)

他方、『二中歴』以外の九州年号群史料には様々な年号立てが見えることから、古賀説は論証不十分とする疑義も寄せられた。その説明を「洛中洛外日記」〝九州年号「大化」の原型論〟(注10)で始めたのだが、途中で連載が止まったままとなっていた。そこで、本稿の元となった新連載〝九州年号「大化」「大長」の原型論〟を「洛中洛外日記」で始めた。そこでの自説成立の前提となる命題と解釈は次の通り。

（A）後代における九州年号群史料編纂者の認識は、次の二つのいずれかである。

《1》九州年号は実在した。

《2》年号を公布できるのは大和朝廷だけであるから、九州年号は偽作であり実在しないとして、偽年号・私年号の類いとする。江戸期の貝原益軒(注11)や戦後の一元史観の学者(注12)がこの立場に立つ。

（B）《1》九州年号は実在したとの立場に立つ人は、更に次の二つに分かれる。

《1-1》九州年号は大和朝廷の正史には見えないので、それ以外の勢力（南九州の豪族、筑紫の権力者）による年号とする。鶴峯戊申、卜部兼従など。[注13]

《1-2》正史から漏れた大和朝廷の年号とする。新井白石など。[注14]

（C）《1-1》の立場に立つ編者は、九州年号を大和朝廷の年号と整合（大宝元年への接続など）させる必要がなく、原本を改変する動機がない。従って、九州年号をそのまま書写・転記したであろう。

その例として鶴峯戊申『襲国偽僣考』がある。同書に見える最後の九州年号は「大長」だが、「文武天皇大寶二年。かれが大長五年。」（七〇二年）とあり、大和朝廷の年号大宝と九州年号大長が、七〇一年以後も併存したとする鶴峯の認識がうかがえる。[注15]ただし大長元年の位置は六九八年とされ、古賀説（3）の七〇四年とは異なる。

（D）《1-2》の場合、『続日本紀』に見える大宝（七〇一～七〇四）建元以前の年号と理解するはずであり、もし九州年号が大宝年間と重なっていれば、重ならないように九州年号の末期部分を改変する可能性が大きい。

以上のように編纂者の認識を分類できる。従って、自説が正しければ（D）による改変の痕跡があるはずで、本来の九州年号から改変形に至る認識をたどることができると考えた。そこで、九州年号群史料を採録した丸山晋司氏の労作『古代逸年号の謎―古写本「九州年号」の原像を求めて』[注16]に掲載された諸史料の年号立てを精査し、それら全てが自説（3）から改変された姿と見なしうることを確認した。

四、最有力説だった丸山モデル

九州年号研究の初期の頃、最後の九州年号を大長とするのか、大化とするのかが大きなテーマとなった。『二中歴』には「大長」がなく、最後の九州年号は大化（六九五～七〇〇）で、その後は近畿天皇家の年号大宝へと続くが、『二中歴』以外のほとんどの九州年号群史料では大長が最後の九州年号で、その後に大宝が続く。この大長があるタイプ（元年を六九二年壬辰とする）が丸山モデルと呼ばれ、当時は最有力説と見なされていた。両者は次のような年号立てだ（七世紀後半部分を提示。七〇〇年以外はいずれも元年を示す）。

【丸山モデル】			【二中歴】	
西暦	干支	年号	年号	
六五二	壬子	白雉	白雉	※『日本書紀』では白雉元年は六五〇年庚戌。
六六一	辛酉	白鳳	白鳳	
六八四	甲申	朱雀	朱雀	
六八六	丙戌	大化	朱鳥	※『日本書紀』では朱鳥元年の一年のみ。
六九二	壬辰	大長		
六九五	乙未		大化	※『日本書紀』では大化元年は六四五年乙巳。
七〇〇	庚子	同九年	同六年	
七〇一	辛丑	（大宝）	（大宝）	※大和朝廷の年号へと続く。

丸山モデルの根拠は、丸山氏が収集した九州年号群史料（年代記類）二十五史料（注17）の内、大長をもたないものは『二中歴』と『興福寺年代記』のみであり、他は全て大長を持っており、その多くは大長元年を六九二年壬辰としてい

たことによる。[注18]更に氏は、藤原貞幹が「延暦中の解文」に大長を見たと記していることや[注19]、次の史料に大長の実用例が見えることも、自説の根拠とした。[注20]

○『運歩色葉集』（一五三七年成立）「大長四季丁未（七〇七）」
○『八宗伝来集』（一六四七年成立）「大長元年壬辰（六九二）」
○『伊予三島縁起』（一五三六年成立）「天武天王御宇天《ママ》長九年壬子（七一二）」※後に内閣文庫本には「天武天王御宇大長九年壬子（七一二）」とする写本があることが判明。[注21]
○『白山由来長瀧社寺記録』（『白山史料集』下巻所収）「大長元年壬辰（六九二）」
○『杵築大社旧記御遷宮次第』「大長七年戊戌（六九八）」

こうした史料根拠に基づき、大長を持つ丸山モデルが提案された。

五、丸山モデルを否定した金石文

当初、筆者は丸山モデルを支持していたのだが、古田氏による『二中歴』原型説の提唱があり、再検討を行った。[注22]その結果、丸山モデルは成立し難いという結論に至る。理由は次の通りだ。

丸山モデルの特徴は、元年を六九二年壬辰とする大長を最後の九州年号とすることの他に、『日本書紀』や『二中歴』に見える朱鳥がないという点だ。その部分を見ると、『二中歴』の朱鳥年間（六八六～六九四の九年間）が消えて、その位置（六八六～六九一）に『二中歴』の大化の六年間（六九五～七〇〇）がずれ上がり、大化の後に大長の九年間（六九二～七〇〇）が割り込んでいる。このように、朱鳥が消えて大長が大宝の直前に割り込むというのが丸山モデルの特徴だ。ところが、現存する二つの同時代九州年号金石文が丸山モデルの特徴を否定するのである。

二つの同時代九州年号金石文とは、「朱鳥三年戊子（六八八）」銘を持つ鬼室集斯墓碑（注23）と「大化五子年（七〇〇）」土器（注24）のことだ。検討の結果、両金石文は同時代金石文であり、『二中歴』の朱鳥と元年が同じ六八六年である「朱鳥三年戊子」銘により、九州年号に朱鳥が存在していたことを疑えず、七世紀末に大化年号が使用されていたことを示す「大化五子年」土器により、丸山モデルの大長（六九二〜七〇〇）は否定される。また、丸山氏が自説の根拠とした大長の実用例も子細に見ると、『運歩色葉集』の「大長四季丁未（七〇七）」と『伊予三島縁起』の「天武天王御宇大長九年壬子（七一二）」は丸山モデルの大長元年六九二年壬辰とは異なり、七〇四年甲辰を元年としており、丸山モデルを支持していたわけではない。従って、丸山モデルに代わって、古田氏が提唱した『二中歴』原型説が有力視されるに至った。

六、大長は偽造されたのか

二つの同時代九州年号金石文、鬼室集斯墓碑と大化五子年土器の存在により丸山モデルは成立し難く、『二中歴』年代歴の九州年号が最も原型に近いとする結論に至るのだが、この過程で疑問が生じた。それは、『二中歴』以外のほとんどの九州年号群史料に見える大長とは何なのか。大長を後代の造作（偽造）とするのであれば、その動機は何なのか。どのような必要性があって大長を造作したのかという疑問である。そして、この疑問に悩みながらも『二中歴』原型説を受け入れたのだが、大長問題を解決しなければ九州年号研究は完結しないと考えていた。

というのも、『二中歴』が九州年号の原型として先にあり、後に大長が偽造挿入されて丸山モデル型が発生したとするのであれば、それには次の過程を経なければならないからだ。

《『二中歴』型から丸山モデル型への変更過程》

（Ⅰ）大長の九年間を七〇〇年以前に割り込ませるために、朱鳥の九年間（六八六〜六九四）を削除する。

（Ⅱ）削除した朱鳥年間に大化の六年間（六九五〜七〇〇）を遡らせ、元年を丙戌とする位置（六八六〜六九一）に貼り付ける。

（Ⅲ）（Ⅰ）と（Ⅱ）の操作の結果できた大宝元年（七〇一）までの隙間に、偽造した大長の九年間（六九二〜七〇〇）を貼り付ける。

これらの操作と大長の偽造の結果、『二中歴』と丸山モデルという二種類の年号立てが、後世の九州年号史料中に併存したと考えなければならない。しかし、そうまでして大長を偽造し、大宝の直前に入れる必要性が不明なのだ。なぜなら、『二中歴』には大化六年（七〇〇）の次に大宝元年（七〇一）が続いており、年号史料として矛盾も支障もないからである。

七、王朝交代期の九州年号、大化・大長

『二中歴』以外のほとんどの九州年号群史料に見える大長だが、それら大長を持つ史料には、六九二年を大長元年とする丸山モデルとは異なるタイプがあることにも注目していた。丸山氏が採集した史料(注25)によれば次の通り。

（a）六九二年壬辰を大長元年とする丸山モデル

『興福寺年代記』（中の一説）一六一五年成立。他

（b）六九五年乙未を大長元年とするタイプ

『王代年代記』一四四八年成立。他

（c）六九八年戊戌を大長元年とするタイプ

『海東諸国記』一四七一年成立。『続和漢名数』「日本偽年号」貝原益軒著、一六九五年成立。他

元年の位置は異なるが、いずれのタイプも大長が最後の九州年号であり、その直後に大宝元年（七〇一）が続くという共通点がある。この史料情況から、大長を後代偽作とするには位置や年数に統一性がなく、最後の九州年号とするために偽作したとする理解は困難と思われた。なぜなら、ある人物により大長が偽作され、どこかにはめ込まれたのであれば、このようにバラバラな史料情況にはならないはずだからだ。

八、王朝交代後の九州年号、大長

そこで、大長は七〇一年以後に実在した九州年号であり、九州王朝の記憶が失われた後代において、最後の九州年号の大長を大和朝廷最初の年号である大宝元年に接続するため、各史料編纂者が次のような思い思いの位置に移動させたために発生した現象ではないかと考えたのである。

（a）六九二年壬辰を大長元年とする丸山モデル。大長九年まで続く。
（b）六九五年乙未を大長元年とするタイプ。大長六年まで続く。
（c）六九八年戊戌を大長元年とするタイプ。大長三年まで続く。

これら3タイプの大長は元年の位置は異なるが、いずれも大長が最後の九州年号であり、その直後に大宝元年（七〇一）が続き、大長の直前の九州年号は大化という共通点がある。これらの史料情況から、大長の本来型は次のようなものと推論できる。

（i）九州年号の最末は、大化→大長と続いている。大化と大長の間に他の九州年号を持つ史料は見えない。

（ⅱ）大長は九年間続いたと考えられる。これよりも長い大長の史料は見えない。

（ⅲ）同様に大化も最長九年間続く史料が見え、[注26]九州年号の末期は「大化・九年間→大長・九年間」であったと考えられる。

（ⅳ）これらの推論結果を『二中歴』の朱鳥（六八六〜六九四）・大化（六九五〜七〇〇）を起点として復元すると、朱鳥（六八六〜六九四）→大化（六九五〜七〇三）→大長（七〇四〜七一二）となり、それぞれ九年間続く。[注27]

考察の結果、以上の復元案に至り、大長は七〇一年の王朝交代後に実在した〝最後の九州年号〟とする仮説が成立したのである。なお、六八六年丙戌を大化元年とする丸山モデルだが、実は寺社縁起などの実用例として、六八六年丙戌を大化元年とするものは見つかっていない。丸山氏自身も実際に使用された痕跡がなかったことを自説の弱点として認めていた。[注28]

九、『二中歴』に大長が見えない理由

大長は七〇一年以後に実在した九州年号であり、本来の姿を復元すると、朱鳥（六八六〜六九四）→大化（六九五〜七〇三）→大長（七〇四〜七一二）となり、それぞれ九年間続いているとした。それが、九州王朝の記憶が失われた後代において、九州年号最後の大長を大和朝廷最初の年号である大宝元年に接続するため、各史料編纂者が下記のような思い思いの位置に大長を移動したと思われる。

（a）六九二年壬辰を大長元年とする丸山モデル。大長九年まで続く。
大化（六八六〜六九一）→大長（六九二〜七〇〇）→大宝元年（七〇一）
（b）六九五年乙未を大長元年とするタイプ。大長六年まで続く。

払込取扱票

口座記号・番号はお間違えのないよう記入してください。

00

口座記号	口座番号（右詰めで記入）	金額
※ 01010－6	※ 30873	※ 千 百 十 万 千 百 十 円

加入者名	※ 古田史学の会	料金	備考

通信欄・ご依頼人

※ **新入会専用**

※ 該当するものに✓を入れて下さい
複数年分納入は年数を記入して下さい

□ 一般会員 3,000 円（年 6 回会報）　年分
□ 賛助会員 5,000 円（会報と年 1 回会誌）　年分
□ 寄付（　　　円）

おところ ※ 〒　－

メールアドレス：

おなまえ ※　　　様

（ご連絡先電話番号　－　－　）

日附印

各票の※印欄は、ご依頼人様においてご記入ください。

ご依頼人欄に、おところ・おなまえをご記入ください。

これより下部には何も記入しないでください。

切り取らないでお出しください。

振替払込請求書兼受領証

口座記号番号	※ 01010－6 ※ 30873
加入者名	※ 古田史学の会
金額	※ 千 百 十 万 千 百 十 円
ご依頼人	おなまえ ※　　様
料金	（消費税込み）　円
備考	

日附印

記載事項を訂正した場合は、その箇所に訂正印を押してください。

この受領証は、大切に保管してください。

(ご注意)

- この用紙は、機械で処理しますので、口座記号番号および金額を記入する際は、枠内にはっきりとご記入ください。また、用紙を汚したり、折り曲げたりしないでください。
- この用紙は、ゆうちょ銀行または郵便局の払込機能付きATMでもご利用いただけます。
- この用紙をゆうちょ銀行または郵便局の渉外員にお預けになるときは、引換えに預り証を必ずお受け取りください。
- 払込みの際、法令等に基づき、運転免許証等、顔写真付きの公的証明書類のご提示をお願いする場合があります。
- この用紙による払込料金は、ご依頼人様にご負担いただきます。
- この用紙の通信欄・ご依頼人に記載されたおところ、おなまえ等は、加入者様に通知されます。
- この受領証は、払込みの証拠となるものですから大切に保管してください。
なお、備考欄に「口座払」の印字をしたものは、通常貯金口座から指定口座への払込みが行われたものです。

収入印紙

課税相当額以上

貼　付

印

朱鳥（六八六〜六九四）↓大長（六九五〜七〇〇）↓大宝元年（七〇一）

（c）六九八年戊戌を大長元年とするタイプ。大長三年まで続く。

朱鳥（六八六〜六九四）↓大化（六九五〜六九七）↓大長（六九八〜七〇〇）↓大宝元年（七〇一）

それではなぜ（a）（b）（c）のような改変を行ったのかについて考察する。

まず、（a）の丸山モデルだが、九年間続く大長を大宝の直前に移動させるため、同じ九年間の朱鳥を大胆に全て削除するという荒技を採用している。おそらく丸山モデルタイプの史料編者は、元年しかない『日本書紀』朱鳥（六八六）と九年も続く『二中歴』朱鳥を同一視せず、『二中歴』朱鳥（六八六〜六九四）を不審として削除したのではないか。その結果、年号立ては、大化（六八六〜六九一）↓大長（六九二〜七〇〇）↓大宝元年（七〇一）のようになる。

次に（b）タイプ(注29)を採用した編纂者の認識は、『二中歴』大化の六年間（六九五〜七〇〇）を大長に置き換えていることから、『日本書紀』大化（六四五〜六四九）とは位置が異なる『二中歴』大化（六九五〜七〇〇）を不審として削除し、大長の六年分をそこに移動し、大宝元年に接続したと思われる。その結果、朱鳥（六八六〜六九四）↓大長（六九五〜七〇〇）↓大宝元年（七〇一）のような年号立てが生じる。

（c）タイプ(注30)の場合は、『二中歴』大化の六年間を半分の三年間（六九五〜六九七）に短縮し、残りの三年間（六九八〜七〇〇）に大長を埋め込み、大宝元年に接続する。その結果、朱鳥（六八六〜六九四）↓大化（六九五〜六九七）↓大長（六九八〜七〇〇）↓大宝元年（七〇一）という年号立てが生じる。恐らく編纂者の認識としては、朱鳥↓大化↓大長という年号の存在と年号立てを疑わず、それら全てを含んだまま最後の大長を大宝元年（七〇一）に接続したと思われる。

なお、『二中歴』の場合は単純に大化を六年（七〇〇）までで切り上げ、その翌年からは大和朝廷の年号、大宝元年へと続けている。従って、大長の姿は『二中歴』には見えない。

十、九州年号「大長(七〇四～七一二)」実在説の成立

九州王朝の記憶が失われた後代において、各史料編纂者が考えた末に、九州年号最後の大長を大和朝廷最初の大宝元年に接続した各種年号立てが発生したとする作業仮説の検証過程を本稿で解説した。その検証の結果、大長は七〇一年以後に実在した九州年号であり、王朝交代期の年号立ては、朱鳥(六八六～六九四)→大化(六九五～七〇三)→大長(七〇四～七一二)になるとした。これであれば、『二中歴』の年号立て「朱鳥(六八六～六九四)→大化(六九五～七〇〇)→大宝元年(七〇一)」を維持しながら、大長(七〇四～七一二)の存在と整合することから、論証は完成したと考えた。

一旦こうした仮説が成立すると、王朝交代した七〇一年以後の年次を持つため、九州王朝説論者からは誤記誤伝として斥けられ、大和朝廷一元史観の論者からは偽年号(後代の造作)として切り捨てられてきた、次の「大長」年号記事が実証的根拠になり得ることとなった。

○「大長四年丁未(七〇七)」『運歩色葉集』「柿本人丸(注31)」

○「大長九年壬子(七一二)」『伊予三島縁起(注32)』

この二つの「大長」史料は共に元年を七〇四年とするもので、これを偶然の一致と見るよりも、王朝交代後の最後の九州年号「大長」の実用例が、異なる後代史料中に遺されたものと捉えるのが妥当であろう。そもそも、大和朝廷の年号が存在する八世紀において、「大長」なる年号を後代に造作して使用したり、あるいは仮に七世紀に「大長」が実在したとする場合、それを八世紀に移動して年次表記する動機も必然性も全くないからである。

この他に、愛媛県松山市久米窪田Ⅱ遺跡から出土した「大長」木簡も実見したが、こちらは「大長」を年号と確認するまでには至らなかった(注33)。

こうして、実証的根拠も得て、九州年号「大長（七〇四～七一二）」実在説が成立した。この仮説は九州王朝から大和朝廷への王朝交代研究に貢献するであろう。その一例として、直近では正木裕氏による研究（注34）があり、注目している。〔令和五年（二〇二三）十二月七日、改訂筆了〕

［注］

（1）古田武彦『失われた九州王朝』朝日新聞社、一九七三年。ミネルヴァ書房より復刻。

（2）古田武彦「補章 九州王朝の検証」『失われた九州王朝 天皇家以前の古代史』ミネルヴァ書房、二〇一〇年。
古賀達也「九州年号の史料批判『二中歴』九州年号原型論と学問の方法」『古代に真実を求めて第二十集　失われた倭国年号《大和朝廷以前》』明石書店、二〇一七年。

（3）古賀達也「最後の九州年号─『大長』年号の史料批判」『「九州年号」の研究』古田史学の会編、ミネルヴァ書房、二〇一二年。初出は『古田史学会報』七七号、二〇〇六年。
古賀達也「続・最後の九州年号─消された隼人征討記事」『「九州年号」の研究』古田史学の会編、ミネルヴァ書房、二〇一二年。初出は『古田史学会報』七八号、二〇〇七年。

古賀達也「九州年号『大長』の考察」『古代に真実を求めて第二十集　失われた倭国年号《大和朝廷以前》』明石書店、二〇一七年。

古賀達也「洛中洛外日記」一五一六～一五一八話（2017/10/13～16）〝九州年号「大化」の原型論（1）～（3）〟

（4）古賀達也「木簡に九州年号の痕跡─「三壬子年」木簡の史料批判─」『古田史学会報』七四号、二〇〇六年。『「九州年号」の研究』（ミネルヴァ書房、二〇一二年）に収録。
古田武彦「三つの学界批判　九州年号の木簡（芦屋市）」『なかった 真実の歴史学』第二号、ミネルヴァ書房、二〇〇六年。

古賀達也「『元壬子年』木簡の論理」『「九州年号」の研究』ミネルヴァ書房、二〇一二年。

（5）『木簡研究』第十九号（一九九七）には次のように報告されている。
「子卯丑□伺（以下欠）」

「三壬子年□（以下欠）」

「年号で三のつく壬子年は候補として白雉三年（六五二）と宝亀三年（七七二）がある。出土した土器と年号表現の方法から勘案して前者の時期が妥当であろう。」

（6）古賀達也「学問は実証よりも論証を重んじる」『古代に真実を求めて第十九集　古田武彦は死なず』明石書店、二〇一六年。

（7）近畿天皇家の年号に「天長」（八二四～八三四年）があり、そのため、後代に於いて「大長」が「天長」に改変書写されたものと思われる。内閣文庫本には、「大長」とした『伊予三島縁起』写本（番号　和 34769）と「天長」に改変された異本（番号　和 42287）がある。齊藤政利氏のご教示による。
古賀達也「洛中洛外日記」五九九話（2013/09/22）〝『伊予三島縁起』にあった「大長」年号〟を参照されたい。

（8）古賀達也「洛中洛外日記」三〇〇六話（2023/05/05）〝九州年号「大化」「大長」の原型論（1）〟

（9）九州年号に関する日野智貴氏（古田史学の会・会員、たつの市）とのある日の対話で、「古賀説〝七〇一年以後も九州年号は継続した〟の提起により、九州年号研究は基本的に完結したと思った」という日野氏の発言が忘れ難い。この仮説が王朝交代期の実態に迫る上で、重要な視点を有すことを、氏は深く理解されていたようである。

（10）古賀達也「洛中洛外日記」一五一六～一五一八話（2017/10/13～16）〝九州年号「大化」の原型論（1）～（3）〟

（11）貝原益軒『続和漢名数』元禄五年（一六九二）成立。

（12）久保常晴『日本私年号の研究』吉川弘文館、一九六七年。
所功『年号の歴史（増補版）』雄山閣、一九九〇年。

（13）卜部兼従（宇佐八幡宮神祇）『八幡宇佐宮繋三』一六一七年成立。同書には九州年号を「筑紫の年号」とする認識が示されている。
鶴峯戊申『襲国偽僭考』文政三年（一八二〇）成立。「やまと叢誌 第壹号」（養徳會、一八八八年）所収。

鶴峯戊申『臼杵小鑑』文化三年（一八〇六）成立。

（14）新井白石「安積澹泊宛書簡」『新井白石全集』第五巻、国書刊行会、一九七七年。

（15）丸山晋司『古代逸年号の謎―古写本「九州年号」の原像を求めて』アイ・ピー・シー、一九九二年。

（16）古賀達也「続・最後の九州年号―消された隼人征討記事」『「九州年号」の研究』所収。古田史学の会編・ミネルヴァ書房、二〇一二年。初出は『古田史学会報』七八号、二〇〇七年。

（17）同注15所収「古代逸年号史料異同対比表」二九二～二九三頁。

（18）一部に、大長元年を六九五年乙未（『王代年代記』一四四九年成立）や六九八年戊戌（『海東諸国紀』一四七一年成立、他）とする史料がある。

（19）藤原貞幹『衝口発』に「金光ハ平家物語、大長延暦中ノ解文ニ出。」とある。

（20）同注15の八三～八四頁。

（21）同注6。

（22）古賀達也「二つの試金石　九州年号金石文の再検討」『「九州年号」の研究』古田史学の会編・ミネルヴァ書房、二〇一二年。

(23) 滋賀県蒲生郡日野町、鬼室集斯神社蔵。
(24) 茨城県坂東市（旧岩井市）出土。冨山家蔵。
(25) 同注15。
(26)『箕面寺秘密縁起』（『修験道史料集Ⅱ』）に「持統天皇御宇大化九季乙未二月十日」とある。『峯相記』には「大化八年」の記事が見えるとのこと（『市民の古代』第十一集所収〝「九州年号」目録〟による）。
(27) 最末期の三つの九州年号がいずれも九年間続いていることについて、偶然のことか、意図的な改元なのか、未だ結論を持っていない。
(28) 同注15の八四頁に次のように述べている。
「寺社縁起などでの丙戌大化の実用例は遺憾ながら見つけ出せていない。このことは丙戌大化原型説の弱点である。」
(29)『王代年代記』一四四八年成立、宮内庁書陵部本。
(30)『海東諸国紀』一四七一年成立、岩波文庫。「続和漢名数」一九六五年、『益軒全集』。
(31) 十六世紀に成立した『運歩色葉集』「柿本人丸」の項に次の記事が見える。
「柿本人丸――者在石見。持統天皇問曰對丸者誰。答曰人也。依之曰人丸。大長四年丁未、於石見国高津死。」（京都大学所蔵本）
人麻呂が大長四年丁未に石見国で亡くなったとする記事だが、この「大長七年丁未」は七〇七年で、大長を八世紀初頭の九州年号とする史料だ。この丁未年は大和朝廷の慶雲四年にあたり、それを差し置いて大長を造作したり、もし仮に大長が七世紀の年号であれば、八世紀に移動して使用する必要性もない。従って、この記事に見える「持統天皇」は、人麻呂を持統・文武の時代の人とする後世の認識に基づいた改変、あるいは造作と考えざるを得ない。
なお、『運歩色葉集』（静嘉堂文庫本）の同記事には「大長四季丁亥」（六八七年）とあることを谷本茂氏よりご教示いただいた。これは持統天皇在位中に「丁未」年がないことを不審として、持統元年にあたる「丁亥」に改変されたものと解される。なぜなら、「大長四季丁亥」であれば、大長元年は九州年号の朱雀元年（六八四年）、大長四年は朱鳥二年となり、他の九州年号「朱雀」「朱鳥」と重なってしまう。また、大長を七世紀に移動させた数ある年代記類（九州年号群史料）に、大長元年を六八四年とする史料は皆無である。こうしたことから、静嘉堂文庫本の「大長四季丁亥」は、『日本書紀』持統紀と整合させるために後代改変されたものと考えざるを得ない。
(32) 内閣文庫『伊予三島縁起』（番号　和34769）には「天武天王御宇大長九年壬子」とあるが、内閣文庫『伊豫三島明神縁起　鏡作大明神縁起　宇都宮明神類書』（番号　和42287）と五来重編『修験道資料集』「伊予三島縁起」には「天武天王御宇天長九年壬子」とあり、大長が天長となっている。これも元年を七〇四年とする大長であり、天長は後代改変か誤写の類と思われる。天長年号は淳和天皇の年号（八二四～八三三）であり、元年干支は九州年号の大長（七〇四～七一二）と同じ「甲辰」であることから、「大長九年壬子」を「天長九年壬子」と誤写、あるいは意図的に改変したのではあるまいか。なお、「天武天王御宇」と付した理由は不明であり、今後の研究課題としたい。

天武天皇の在位期間中の九州年号は、末年の朱鳥元年（六八六）を除けば、最も著名な九州年号「白鳳」であり、その在位中の記事に「白鳳」を使用せず、わざわざ「大長」を造作して使用したとは考えにくい。また、年代記類（九州年号群史料）に、天武期に大長を持つものは皆無である。

(33) 古賀達也「九州年号『大長』の考察」『古代に真実を求めて第二十集　失われた倭国年号《大和朝廷以前》』明石書店、二〇一七年。初出は『古田史学会報』一二〇号、二〇一四年。

(34) 正木裕「消された和銅五年（七一二）の『九州王朝討伐譚』」『古田史学会報』一七六号、二〇二三年。

難波宮は天武時代「唐の都督薩夜麻」の宮だった

正木　裕

1、『書紀』で「難波宮」はヤマトの王家の統治拠点でなかった

『書紀』で（前期）難波宮は、孝徳時代の六五二年に完成したとある。

◆『書紀』白雉三年（六五二）秋九月に、宮造ること已《すで》に訖《おは》りぬ。其の宮殿の状、殫に論ふべからず。（＊六五二年は九州年号では白雉元年）

しかし、『書紀』には、七世紀後半のヤマトの王家は、次のとおり、斉明時代と天武時代は飛鳥で統治、天智時代は近江で統治したとあり、「難波宮」が全国統治の拠点だったとは記されていない。

まず、皇極上皇と中大兄は、白雉四年（六五三）五月に、間人皇后や皇弟、さらに公卿・臣下らを連れて飛鳥に遷ったと記す。

◆『書紀』白雉四年（六五三）是歳。太子、奏請して曰さく、「冀《ねがは》くは倭京に遷らむ」とまうす。天皇、許したまはず。皇太子、乃ち皇祖母尊・間人皇后を奉り、并て皇弟等を率て、往きて倭の飛鳥河辺行宮に居します。時に、公卿大夫・百官の人等、皆随ひて遷る。

その後、孝徳の葬儀で難波宮に赴くことはあっても、すぐに飛鳥に帰り、斉明（皇極重祚）は飛鳥板蓋宮で即位、

その後飛鳥川原宮～後飛鳥岡本宮へと遷り、斉明七年（六六一）に、遠征先の朝倉橘廣庭宮で崩御するまで、一貫して飛鳥を宮城の地としている。

次代の天智（中大兄）は、天智六年（六六七）に近江大津宮に遷り政務を執る。(注1) そして、天智崩御後、「壬申の乱（六七二年）」で大友皇子を倒した大海人（天武）は、天武二年（六七三）に「飛鳥浄御原宮」で即位し、その後も朱鳥元年（六八六）の崩御まで飛鳥で統治したとされる。

◆天武二年（六七三）二月癸未（二十七日）に、天皇、有司に命《みことおほ》せて壇場を設けて、飛鳥浄御原宮に即帝位す。

◆朱鳥元年（六八六）七月戊午（二十日）に、元を改めて朱鳥元年と曰ふ。朱鳥〈此を阿訶美苔利《あかみとり》と云ふ〉、仍りて宮を名づけて飛鳥浄御原宮と曰ふ。

このように「難波宮」は、「斉明～天智～天武時代の全国統治の宮」とは記されないまま、朱鳥元年（六八六）一月に焼失する。

◆朱鳥元年（六八六）正月乙卯（十四日）の酉の時に、難波の大藏省に失火、宮室悉く焚けぬ。或曰はく、「阿斗連薬家の失火、引《うつ》りて宮室に及ぶ。」といふ。唯し、兵庫職のみは焚けず。

2、「難波宮焼失記事」は難波宮が全国統治の宮だったことを示す

朱鳥元年（六八六）の難波宮焼失記事は、天武末年の六八六年に、中央政庁を構成する「八省」の一つである「大蔵省」が難波宮にあったことを示す。

通説では「大蔵省」は律令制の名称を採った「潤色」とするが、『書紀』には大化五年（九州年号常色《じょうしき》三年・六四九）に「八省・百官」が設けられている。

◆『書紀』大化五年（六四九）春正月是月。博士高向玄理と釋僧旻とに詔して、八省・百官を置かしむ。

また、『海東諸国紀』（申叔舟《しんしゅくしゅう》一四七一年）にも「常色三年」という九州年号付きで同様の事実が記されている。

◆『海東諸国紀』孝徳天皇。皇極の同母弟なり。元年乙巳（六四五）〈「命長」を用いる〉三年丁未（六四七）常色と改元す。三年己酉（六四九）初めて八省百官及び十禅師寺を置く。六年壬子（六五二）に白雉と改元す。在位十年寿三十九なり。

『海東諸国紀』には、「命長・常色」という九州年号が記され、白雉も『書紀』の六五〇年ではなく九州年号白雉の六五二年とされている。これは「八省百官」設置が九州王朝の事績であることを示している。

そして、『常陸国風土記』や『伊勢皇太神宮儀式帳・神宮雑例集』から、八省・百官が設けられた六四九年に、全国に「評制」が敷かれたことが分かっている。

◆『皇太神宮儀式帳』難波朝廷天下立評給時……評督領仕奉。『雑例集』難波長柄豊前宮御世……以己酉（六四九）年始立度相郡。

◆『常陸国風土記』「香島郡」難波の長柄の豊前の大朝に馭宇しめしし天皇のみ世、己酉（六四九）年（中略）神の郡を置く。

七〇〇年以前の「郡」とあるのは、藤原宮木簡から「評」であることが分かっている。従って、この記事は六四九年に「天下立評―全国に評制が敷かれたこと」を意味する。

さらに、天武十二年（六八三）十二月には「都城・宮室、一処に非ず、必ず両参造らむ。故、先づ難波に都造らむ。」という「難波複都詔」があり、翌年の天武十三年（六八四）三月九日には「天皇京師に巡行きたまひて、宮室の地を定めたまふ」との記事がある。難波宮は六五二年に完成しているから、これは不可解だが、六八四年の三十四年前の六五〇年十月には、宮地に編入する墳墓の移転補償と宮地の堺標（＊境界を示す表示）設置記事がある。

◆『書紀』白雉元年（六五〇）十月宮の地に入る為に、丘墓を壊れた人、及び遷された人には、物賜ふ。即ち将作大匠荒田井直比羅夫を遣はして、宮の堺標を立つ。

この六八四年三月の「宮地を定める」記事と、六五〇年十月の「宮地編入・境界標設置」記事から、実際は①六五〇年三月に宮地を決め、②同年十月に移転補償と境界標が設置されたという「二つの記事が分割」され、①の宮地を決めた記事が三十四年後の六八四年に繰下げられたと考えられる。そうであれば、その前提となる「難波複都詔」も三十四年前の六四九年の事実となり、九州王朝は六四九年に全国統治の為「評制」を敷き、中央政庁として難波に宮を造営することを決め、併せて「評制」を運営するための機構として「八省・百官」を設けたと考えられよう。(注2)

難波宮は十六の朝堂院で構成される巨大な宮城であり、これは「八省・百官」に対応している。つまり難波宮造営当初から「大蔵省」が存在したのだ。

3、発掘調査が示す「難波大蔵省」の存在

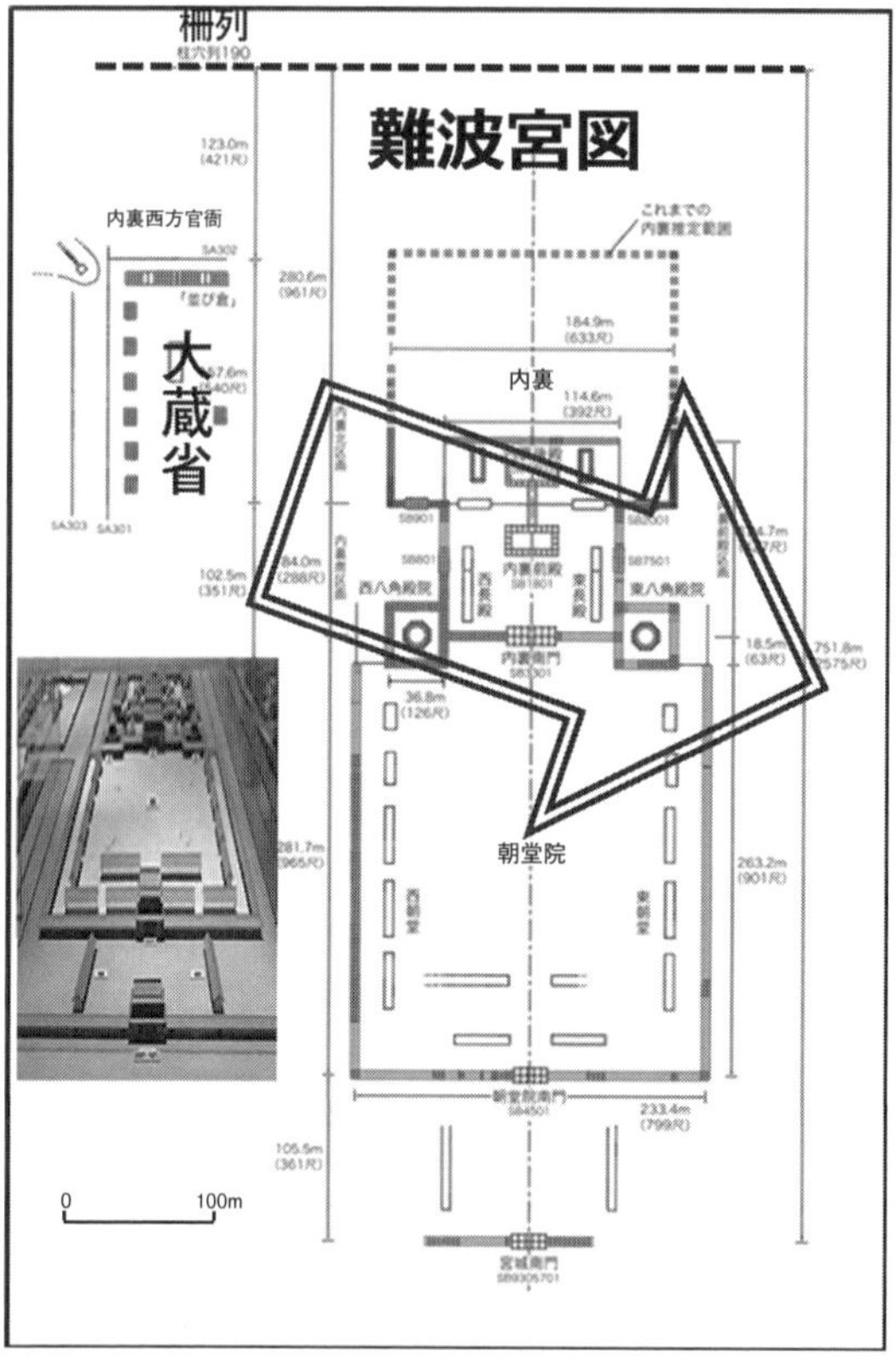

難波宮図（＊矢印は火災時の風向き）

このことは難波宮の発掘調査からも確かめられる。

大阪市などによる前期難波宮内裏西方官衙の発掘調査で、三〜四棟の倉が一つの屋根で繋がった巨大な「双倉」が確認され、これらの倉庫によって囲まれた中心には管理棟とみられる火災痕跡がある掘立柱建物があったことが確認されている（難波宮図）。

そして、「双倉」の北西の谷から漆容器が三千点以上出土しており、他の谷からは一点も出土していな

い。平安京の例では宮城西北部に大蔵省に属する「漆室」があるところから、並び庫は「難波大蔵」で、倉庫群を管理した建物が『書紀』に記す出火元の大蔵省の一部とみられる。

この谷の年代は、谷と宮城の境をなす二本の木柵の「年輪セルロース酸素測定法」による測定結果が六一二年、五八三年の伐採を示し、漆容器も、七世紀第三半期（六五〇〜六七五）ごろの形式と考えられ、これは、難波宮造営当初から「難波大蔵省」があったことを示している。

そして、六八六年の火事では、倉に囲まれた建物が火災に遭ったことは確認されたが、幸いなことに敷地北辺や西辺に配置された倉庫には延焼しなかったようで、西風にあおられて東方へ火災が広がったとみられる。つまり焼けたのは「庫」でなく、蔵を管理する「司・省」つまり大蔵省だったことになる。

このように、『書紀』の難波宮焼失記事は、天武末年（六八六）まで、難波宮が「八省・百官を擁する全国統治の宮」であったことを示している。

4、『書紀』と矛盾する難波宮と飛鳥浄御原宮

これは、『書紀』で天武は一貫して「飛鳥浄御原宮」で統治したとあることと大きく矛盾する。そして、考古学上でも『書紀』と異なる難波と飛鳥の関係が指摘されている。

大阪市の文化財保護課の佐藤隆氏は「難波と飛鳥、ふたつの都は土器からどう見えるか」（大阪歴博『研究紀要』十五号二〇一六年）で次のように述べている。

「考古資料が語る事実は必ずしも『日本書紀』の物語世界とは一致しないこともある。たとえば、白雉4年（653）には中大兄皇子が飛鳥へ〝還都〟して（中略）難波宮は歴史の表舞台からはほとんど消えたようになるが、実際は宮殿造営期以後の土器もかなり出土していて、整地によって開発される範囲も広がっている。そ

れに対して同時期の飛鳥はどうなのか?」「孝徳天皇の時代からその没後しばらくの間（おそらくは白村江の戦いまでくらいか）は人々の活動が飛鳥地域よりも難波地域のほうが盛んであったことは土器資料からは見えても、『日本書紀』からは読みとれない。」

佐藤氏は「おそらくは白村江の戦いまでくらいか」とするが、大蔵省の存在から、天武時代にも難波宮は全国統治の拠点として機能していたと考えられる。

しかも不可解なことに「壬申の乱（六七二年）」に難波宮が登場しない。大津近江宮が「八省・百官」の数千人の官僚を収容できる規模の宮でないことは、発掘調査から明らかだ。

つまり近江京時代も難波宮は「統治の中心としての規模」を有していたことになる。

5、「天智・天武時代」の難波宮は誰の宮か

それでは、「天智・天武時代」の難波宮は誰の宮だったのだろうか。結論は一つ「我が国に駐留していた唐と唐の任命した都督倭王薩夜麻」しかいない。

白村江敗戦後、郭務悰は筑紫に駐留し、倭国（九州王朝）は、事実上唐の支配下にあった。筑紫都督府は唐の都督薩夜麻の政庁で、難波宮も、郭務悰ら唐の使節と、その臣下である都督薩夜麻の全国統治のための宮として機能していたのではないか。

難波宮は、壬申の乱の際には唐・薩夜麻側の大海人を支援する拠点となり、その結果短期間で近江朝を倒せたと考えられよう。そして以後も唐・薩夜麻の統治拠点として機能し、「真人」の姓《かばね》を有する天武は、唐・薩夜麻から畿内の統治を委ねられていたのではないか。天武の和風諡号「天渟中原瀛眞人天皇」の「真人」は、天武自身が天武十三年（六八四）に定めたとされる「八色の姓」で臣下の最上位の姓だ。天皇が臣下の姓を名乗るのは不自然だが、

これを「倭国が定めた姓」で、「倭国王都督薩夜麻の臣下の最上位」を意味すると考えれば矛盾なく理解できる。

6、天武と薩夜麻時代の終焉

天武は倭国で実力随一だが形式上は都督倭王の臣下だった。しかし、薩夜麻の倭国（九州王朝）は白村江敗戦に加え、「唐の半島撤退（六七七年ごろ）」により、駐留していた唐の軍も撤退し、都督薩夜麻は既に軍事的後ろ盾を失う。加えて、筑紫大地震（六七九）で筑紫・筑後が大打撃を受け、火山噴火（「灰降れり」・大和でなく九州）もあり疲弊、徐々に衰退していく。

さらに、「白鳳大地震（六八四）」で難波宮が罹災、九州年号を「朱雀（六八四～六八五）」に改元するも、『二中歴』朱雀の「細註」に「兵乱・海賊始めて起る。又安居始めて行はる。」とあるように社会不安は増大する。

そして、難波宮が焼失した朱鳥元年（六八六）の「蛇と犬が共に死んだ」という不可解な記事は、本誌の「「王朝交代」と二人の女王―武則天と持統―」で述べたように、天武と薩夜麻が共に亡くなったことを示すものだ。(注3)

◆『書紀』（持統称制前紀）朱鳥元年（六八六）是歳、蛇と犬と相交《つる》めり。俄《しばらく》ありて倶《とも》に死ぬ。

そして、倭国（九州王朝）は薩夜麻にかわる新天子の時代に、ヤマトの王家は持統の時代となる。持統は、難波宮にかわる「藤原宮」を、全国統治の宮として造営する。

九州年号白雉元年（六五二）に造営された難波宮は、白雉～白鳳～朱雀時代を通じて倭国（九州王朝）による全国統治のための宮だった。ただし、白村江敗戦以降の宮の主は「唐の都督となった筑紫君薩夜麻」だったと言えよう。

[注]

（1）『海東諸国紀』では「（斉明）七年辛酉（六六一）改元白鳳遷都近江州在位七年寿六十八」と、近江遷都を九州年号白鳳元年（六六一）とする。

（２）白村江の敗戦（六六三）から『書紀』の最終年の六九七年までの間は三十四年であり、『書紀』の天武・持統紀には、白村江前の記事を三十四年繰下げて天武・持統の事績とする例が随所に見受けられる。

こうした「『書紀』天武・持統紀への三十四年繰下げ」については、古田武彦「まぼろしの吉野」（『壬申大乱』東洋書林、二〇〇一年十月。ミネルヴァ書房から復刻）、拙稿「『日本書紀』の編纂と九州年号」（『「九州年号」の研究—近畿天皇家以前の古代史』古田史学の会編、ミネルヴァ書房、二〇一二年）、「『佐賀なる吉野』へ行幸した九州王朝の天子とは誰か」（上・中・下）（『古田史学会報』一四〇号〜一四二号、二〇一七年）ほかで詳述。

（３）薩夜麻の崩御については、本書所収の拙稿「『王朝交代』と二人の女王—武則天と持統」の「四の２、天武崩御と倭国（九州王朝）の王の崩御」で詳述。

なお、難波宮の造営記事の繰下げは、「前期難波宮の造営準備について」（古田史学の会編『古代に真実を求めて第二十一集　発見された倭京—太宰府都城と官道』明石書店、二〇一八年）で詳述。

飛鳥「京」と出土木簡の齟齬

——戦後実証史学と九州王朝説——

古賀達也

一、はじめに

飛鳥宮と藤原宮（京）出土の木簡群が、同時代文字史料として、戦後実証史学を支えている。すなわち、『日本書紀』の記述は少なくとも天武・持統紀からは概ね信頼できるとする史料根拠として飛鳥・藤原出土木簡群があり、『日本書紀』の実証的な史料批判を可能にした。

七〇一年の王朝交代までは、九州王朝（倭国）を日本列島の代表王朝とする九州王朝説にとって、戦後実証史学のエビデンスとされた木簡群の存在は、避けては通れない研究対象である。本稿では、この問題を取り上げ、九州王朝（倭国）から大和朝廷（日本国）への王朝交代があったとする古田史学・九州王朝説にとって、克服すべき論点に言及した。

二、戦後史学を支える飛鳥藤原木簡

木簡は不要になった時点で、土坑やゴミ捨て場に一括大量廃棄される例があり、干支などが記された紀年木簡

（主に荷札木簡）と伴出することにより、干支が記されていない他の木簡も年代が推定できるというメリットがある。その結果、土器編年とのクロスチェックで、より説得力のある絶対編年が可能となったため、木簡の記事と『日本書紀』の記事との比較による史料批判（『日本書紀』の記述がどの程度信頼できるかを判定する作業）が大きく前進した。

具体例をあげれば、飛鳥宮の工房という性格を持つ飛鳥池遺跡からは、七世紀後半（主に六七〇～六八〇年代）の紀年木簡が出土しており、比較的少数ではあるが八世紀初頭の「郡・里」(注1)木簡も出土している。当遺跡から木簡が一括大量出土したおかげで、出土地点（土抗）毎の廃棄年代の編年が成立し、伴出した木簡の年次幅が紀年木簡により判断可能となるケースも出てきた。

たとえば奈良文化財研究所の木簡データベースによれば、飛鳥池遺跡北地区の遺跡番号SK1126と命名された土坑から、播磨国宍粟郡からの「郡・里」木簡六点（木簡番号1308 1309 1310 1311 1312）が出土している。同データベースにはSK1126出土の木簡百二十三点が登録されているが、その多くは文字数が少ない削りくずで、年代の判断が可能なものは「郡・里」制木簡くらいであった。そのため、この土坑を含め飛鳥池遺跡北地区から一括出土した木簡群の年代について次の説明がなされている。

〝北地区の木簡の大半は、2条の溝と2基の土坑から各々一括して出土した。遺構ごとにその年代をみると、2条の溝から出土した木簡は、「庚午年（天智九年＝六六〇《ママ》（六七〇の誤り—筆者）年）」「丙子年（天武五年＝六七六年）」「丁丑年（天武六年＝六七七年）」の干支木簡を含み、コホリとサトの表記が「評五十戸」に限られる。これは天武末年頃（六八〇年代中頃）以前の表記法。これに対して、2基の土坑は、一つが「評里」という天武末年頃から大宝令施行（大宝元年＝七〇一年）以前の表記法で記された木簡が出土し、もう一つは「郡里」制段階（大宝令から霊亀三年以前）の木簡を含む。つまり、年代の違う三つの木簡群に分類できる。(注2)〟

このように、大量出土した木簡（同時代文字史料）と考古学者による精緻な編年により、それらの内容と時間帯が

『日本書紀』の記述に整合しているとして、九州王朝説を否定する戦後史学の論者は〝近畿天皇家一元史観が七世紀後半頃は実証できた〟と確信したと思われる。

三、木簡で判明した石神遺跡の性格

続いて、石神遺跡出土木簡を紹介する。(注3) 評制下荷札木簡で年次(干支)記載のある同出土木簡は次の通りだ。

【石神遺跡評制下荷札木簡の年次】

西暦	干支	天皇年	献上国
665	乙丑	天智四	美濃国
678	戊寅	天武七	美濃国
678	戊寅	天武七	不明
679	己卯	天武八	美濃国
679	己卯	天武八	不明
679	己卯	天武八	不明
680	庚辰	天武九	美濃国
681	辛巳	天武十	伊豆国
681	辛巳	天武十	不明
684	甲申	天武十三	美濃国
685	乙酉	天武十四	美濃国
686	丙戌	天武十五	参河国

６９２　壬辰　持統六　参河国
６９２　壬辰　持統六　参河国
６９２　壬辰　持統六　参河国

石神遺跡と藤原宮（京）出土の献上国別荷札木簡数は次のようである。

【石神遺跡・藤原宮（京）評制下木簡】

国名	石神遺跡	藤原宮（京）
山城国	一	一
大和国	〇	一
河内国	〇	四
摂津国	〇	一
伊賀国	一	〇
伊勢国	〇	一
志摩国	〇	一
尾張国	五	八
参河国	二〇	三
遠江国	〇	二
駿河国	〇	二
伊豆国	二	〇
武蔵国	一	二

安房国	〇	一
下総国	〇	一
近江国	七	一
美濃国	一三	四
信濃国	〇	一
上野国	〇	三
下野国	〇	二
若狭国	〇	一八
越前国	一	〇
丹波国	三	二
丹後国	〇	八
但馬国	〇	二
因幡国	一	〇
伯耆国	〇	一
出雲国	〇	四
隠岐国	七	二一
播磨国	四	六
備前国	〇	二
備中国	二	六
備後国	二	〇
周防国	〇	二

阿波国	〇	二
讃岐国	二	一
伊予国	一	二
土佐国	一	〇
不　明	五四	七
合　計	一二八	一二三

この出土状況から見えてくることは、石神遺跡は美濃国や近江国から献上された荷札木簡が比較的多く、時期的には天武・持統期であり、六九四年の藤原京遷都よりも前であることだ。このことは、飛鳥の権力者が影響力を拡大しながら藤原宮へ遷都したとする『日本書紀』の記述[(注4)]と対応している。こうした出土事実（木簡）と史料事実（『日本書紀』）により、列島内最大規模の藤原宮・藤原京（新益京）で全国統治した大和朝廷は、藤原遷都前は飛鳥宮で全国統治していたとする通説（近畿天皇家一元史観）が実証的に証明できたと言える。

残念ながら、九州王朝説を支持する古田学派には、出土木簡に基づく実証的な反論は困難だ。なぜなら太宰府など九州王朝遺跡からの木簡出土は飛鳥・藤原と比較して圧倒的少数で、その記載内容にも九州王朝が存在していたことを実証できるものはない。それに比べて、石神遺跡は日本最古の暦とされる具注暦木簡をはじめ三千四百二十一点の木簡が出土している。それらは七世紀中葉の木簡を含み、大多数は天武・持統期のもの。そして、遺跡の性格は「王宮を構成する官衙の一部」とされた[(注5)]。その根拠は出土した遺構の形式と出土木簡の内容に基づいており、次のように説明されている。

「石神遺跡では飛鳥時代の遺構が何層にもわたってみつかっている。大きくA～Cの三時期に分けられ、さらにそれぞれが細分化されるという複雑なものである。（中略）

このB・C期の新たな建物群は藤原宮（六九四〜七一〇）の官衙域の状況と似ており、饗宴施設から官衙へと性格を一変させたとみられる。そして、この見方を確固たるものとしたのが、石神遺跡北方域から出土した三〇〇〇点以上の木簡である。」（市大樹『飛鳥の木簡―古代史の新たな解明』八九‐九〇頁）

四、「仕丁」木簡と官職木簡の証言

石神遺跡出土木簡に次の二つの「仕丁」木簡があり、注目される。

○方原戸仕丁米一斗

○委之取五十戸仕丁俥物□□
二斗三中神井弥［　　］□（三カ）斗

「方原《かたのはら》」は後の三河国宝飫郡形原郷、「委之取五十戸《わしとりのさと》」は三河国碧海郡鷲取郷のことで、そこから出仕した二人の「仕丁」、「俥物□□」と「神井弥□□」に支給した食料が記された木簡だ。仕丁とは律令に規定された役務者のことで、全国の各里（五十戸）から二名の出仕が定められている。これは、飛鳥に各地から仕丁が集められ、そこに行政府があったことを意味する。

更に七世紀（評制下）の官職名が記された次の木簡・土器が飛鳥宮（石神遺跡）・藤原宮地区から出土している。

○「大学官」「勢岐官」「道官」石神遺跡（天武期）
○「嶋官」「干官」苑池遺構（天武・持統期）
○「舎人官」「陶官」藤原宮跡大極殿院北方（天武期）

○「宮守官」藤原宮跡西南官衙地区（持統・文武期）
○「加之伎手官」（墨書土器）藤原宮跡東方官衙北地区（持統・文武期）
○「薗職」藤原宮北辺地区（持統・文武期）
○「蔵職」「文職」「膳職」藤原宮跡東方官衙北地区（持統・文武期）
○「塞職」藤原宮跡北面中門地区（持統・文武期）
○「外薬」藤原宮跡西面南門地区（持統・文武期）
○「造木画処」藤原宮跡東面北門地区（持統・文武期）

これらの官職名により、石神遺跡が七世紀後半における王宮を構成する官衙の一部と理解されたのだが、わたしには違和感があった。それは、木簡などの官職名に「二官八省」（神祇官・太政官・中務省・式部省・民部省・治部省・大蔵省・刑部省・宮内省・兵部省）のような中央省庁らしい名称が見えないことだ。(注6) 他方、大宝元年（七〇一）の王朝交代後の藤原宮（京）出土木簡には次の中央省庁名が見える。

○「宮内省移　佃糸四□」
「大宝二年八月五日少□□
中務省移［　］□（勘カ）宣耳」
木簡番号1482 藤原京左京七条一坊西南坪
○「中務省□（移）カ」
木簡番号1747 藤原京左京七条一坊西南坪
○「中務省牒□（留カ）守省」
木簡番号0 藤原宮跡内裏東官衙地区

○「中務省移」
「□○　○□□（和銅カ）」
木簡番号 1093 藤原宮跡内裏北官衙地区
○「中務省使部」
木簡番号 18 藤原宮跡北面中門地区
○「中務省　管内蔵二人」
木簡番号 17 藤原宮跡北面中門地区
○「粟田申民部省…○寮二処衛士」
「検校定○十月廿九日」
木簡番号 1079 藤原宮跡東方官衙北地区

この他にも、各省直属の官職名が記された木簡が藤原宮（京）跡から出土している。従って、評制下の飛鳥宮地区には中央省庁の出先（下部）機関はあったが、中央省庁そのものはなかったのではないか、そして王朝交代後の藤原宮（京）に至り、近畿天皇家は中央省庁を置くことができたのではあるまいか。

五、通説（一元史観）側からの反論

しかし、この見解は史料事実に対する解釈の一つに過ぎず、九州王朝説による作業仮説の域を出ない。なぜなら、通説側からの次の反論が想定できるからだ。
（1）飛鳥宮地区から出土した各国の荷札木簡や「仕丁」木簡の存在により、七世紀後半天武期の頃に、この地に全国統治した権力者がいたことを疑えない。その時代の他地域からは、そのような内容の大量の木簡は出土していない。

（2）飛鳥宮に近畿天皇家の天皇がいたとする『日本書紀』の記述と出土木簡（七世紀後半の同時代文字史料）の内容が整合・対応しており、『日本書紀』のこの時代の記事の信頼性が証明されている。

（3）飛鳥宮地区からは、当時としては大型の宮殿官衙遺構[注7]と天皇や皇子がいたことを示す次の木簡が天武期の層位から出土しており、[注8]天皇と皇子が居住していたことを疑えない。

○「天皇」木簡番号244、遺構番号SD1130、飛鳥池遺跡北地区
○「舎人皇子」木簡番号92、遺構番号SX1222粗炭層、飛鳥池遺跡南地区
○「大伯皇子」木簡番号64、遺構番号SX1222粗炭層、飛鳥池遺跡南地区
○「大来」『飛鳥宮跡出土木簡』104-25、土坑状遺構、飛鳥京跡
○「太来」『飛鳥宮跡出土木簡』104-26、土坑状遺構、飛鳥京跡
○「大友□」『飛鳥宮跡出土木簡』104-17、土坑状遺構、飛鳥京跡
○「□大津皇」『飛鳥宮跡出土木簡』104-18、土坑状遺構、飛鳥京跡
○「□□□（大津皇カ）」『飛鳥宮跡出土木簡』104-19、土坑状遺構、飛鳥京跡
○「大□□（津皇カ）」『飛鳥宮跡出土木簡』104-20、土坑状遺構、飛鳥京跡
○「□□□（津皇子カ）」『飛鳥宮跡出土木簡』104-21、土坑状遺構、飛鳥京跡
○「津皇」『飛鳥宮跡出土木簡』104-22、土坑状遺構、飛鳥京跡
○「皇子□」『飛鳥宮跡出土木簡』104-23、土坑状遺構、飛鳥京跡
○「□□（皇カ）」『飛鳥宮跡出土木簡』104-24、土坑状遺構、飛鳥京跡
○「穂積□□（皇子カ）」木簡番号65、遺構番号SX1222粗炭層、飛鳥池遺跡南地区

（4）これらの木簡に記された名前は、『日本書紀』に見える天智や天武の子供たちと同名であり、これだけの一致は偶然とは考えられず、天武とその家族が飛鳥宮[注9]に住んでいたことは確実である。

(5) 従って、七世紀後半に「天皇」「皇子」を名乗った最高権力者(近畿天皇家)が飛鳥京で全国を統治したとする通説は、出土木簡と『日本書紀』の記事により真実であると実証された学説である。

このように、七世紀後半においては実証的な史料根拠により通説が成立している。

六、「飛鳥京」の違和感

以前は飛鳥出土の宮跡のことを、『日本書紀』に見える各天皇の宮殿名と対応させるように、伝飛鳥板蓋宮跡とか飛鳥岡本宮跡、飛鳥浄御原宮跡と呼ばれていたのだが、いつの頃からか「飛鳥宮跡」「飛鳥京跡」と呼ばれるようになった。当地が「飛鳥京」といえるほどの大規模都城とは思えず、なぜこのような名称が定着したのか疑問に思っていた。古代史学の常識では、「京」と呼べるのは条坊都市を持つ大規模な平安京・平城京・藤原京、そして近年の発掘調査で条坊の存在が確実となった難波京くらいである。それと条坊を有する九州王朝の首都「太宰府(倭京)」(注10)も含まれるであろう。ウィキペディアの「飛鳥京跡」の項には次の解説がある。

〝地元では当地を皇極天皇の飛鳥板蓋宮の跡地と伝承してきたため、発掘調査開始当初に検出された遺構については「伝飛鳥板蓋宮跡」の名称で国の史跡に指定された。しかし、上述のようにこの遺跡には異なる時期の宮殿遺構が重複して存在していることが判明し、二〇一六年十月三日付けで史跡の指定範囲を追加の上、指定名称を「伝飛鳥板蓋宮跡」から「飛鳥宮跡」に変更した(平成二八年十月三日文部科学省告示第一四四号)。〟

同じく「飛鳥京」の項には次の説明がある。

〝主に飛鳥時代を中心に、この地域に多くの天皇（大王）の宮が置かれ、関連施設遺跡も周囲に発見されていることから、日本で中国の条坊制の宮都にならって後世に飛鳥京と呼ばれている。飛鳥古京《あすかこきょう》や「倭京」、「古京」などの表記（『日本書紀』）もみられる。君主の宮が存在していたことから当時の倭国の首都としての機能もあったと考えられる。

しかし、これまでの発掘調査などでは藤原京以降でみられるような宮殿の周囲の臣民の住居や施設などが見つかっておらず、全体像を明らかにするような考古学的成果はあがっていない。また遺跡の集まる範囲は地政的に「飛鳥京」とよべるほどの規模を持たず実態は不明確であり、歴史学や考古学の文脈での「飛鳥京」は学術的でない。しかし、現在では好事家や観光業などで広く使われ飛鳥周辺地域を指す一般名称の一つとしてよく知られる。〟

この解説によれば、従来は伝飛鳥板蓋宮跡と呼ばれていた遺跡が複数の宮の重層遺跡であることが判明したため、総称して飛鳥宮跡とされたわけで、この変更は妥当なものだ。

しかし、〝遺跡の集まる範囲は地政的に「飛鳥京」とよべるほどの規模を持たず実態は不明確であり、歴史学や考古学の文脈での「飛鳥京」は学術的でない〟としながら、〝現在では好事家や観光業などで広く使われ飛鳥周辺地域を指す一般名称の一つ〟として「飛鳥京」の名称が採用されているとのこと。好事家や観光業が趣味やビジネスで使用するのは理解するとしても、橿原考古学研究所編集発行の書籍などに遺跡名として飛鳥京苑地遺構が使われており、発掘調査報告書にも「飛鳥京跡」と記されている。

この「飛鳥京」の名称が不適切であると指摘したのが服部静尚「古代の都城―『宮域』に官僚約八〇〇〇人―」(注11)だ。同論は次の論理構造により成立している。

（1）律令政治には官僚が業務を行う官衙と、官僚とその家族が生活する住居、この二つが必須。

（2）『養老律令』では全国統治を行う中央官僚（宮域勤務の官僚）の人数が規定されており、その合計は約八千人。
（3）それら中央官僚の職場と住居スペースを持つ七～八世紀の大都市は前期難波宮（京）、藤原宮（京）、平城宮（京）、平安宮（京）である（いずれも条坊都市）。※後に太宰府条坊都市を追加。
（4）飛鳥にはそのような大規模都域はなく、全国統治が可能な王都とはできない。従って、「飛鳥京」という名称は不適切。

このように根拠や論理がシンプルで頑強なため、反論が困難である。

七、「飛鳥京」と木簡の最大の齟齬

最後に「飛鳥京」と出土木簡との最も大きな齟齬について考察する。

飛鳥出土の王宮跡や官衙遺構が、律令制による全国統治には不適切（不十分）な規模であることは自明だ。しかし、評制下の出土木簡（全国各地から献上された荷札木簡、「天皇」「皇子」「詔」「仕丁」木簡など）を見る限り、飛鳥に七世紀第４四半期における列島内最大の実力者がいたこともまた自明ではあるまいか。服部論稿の論証結果と出土木簡による実証結果の差異こそが「最大の齟齬」とわたしは考えている。

通説ではこの「最大の齟齬」の合理的説明は不可能と思われる。従来から指摘されてきたことだが、孝徳没後に近畿天皇家は飛鳥へ還都したと『日本書紀』にはあり、それならばあの巨大な前期難波宮（京）にいた大勢の官僚たちは飛鳥のどこで勤務し、家族はどこに住んでいたのか、という問いに答えられないのだ。

また考古学的にも次の指摘があり、『日本書紀』が記す難波や飛鳥の姿と、土器の出土事実が示す風景が全く異なっていることが判明している。

「考古資料が語る事実は必ずしも『日本書紀』の物語世界とは一致しないこともある。たとえば、白雉四年（六五三）には中大兄皇子が飛鳥へ〝還都〟して、翌白雉五年（六五四）に孝徳天皇が失意のなかで亡くなった後、難波宮は歴史の表舞台からはほとんど消えたようになるが、実際は宮殿造営期以後の土器もかなり出土していて、整地によって開発される範囲も広がっている。」

「孝徳天皇の時代からその没後しばらくの間（おそらくは白村江の戦いまでくらいか）は人々の活動が飛鳥地域よりも難波地域のほうが盛んであったことは土器資料からは見えても、『日本書紀』からは読みとれない。（中略）しかし、こうした難波地域と飛鳥地域との関係が、土器の比較検討以外ではなぜこれまで明瞭に見えてこなかったかという疑問についても触れておく必要があろう。その最大の原因は、もちろん『日本書紀』に見られる飛鳥地域中心の記述である。」

「本論で述べてきた内容は、『日本書紀』の記事を絶対視していては発想されないことを多く含んでいる。」佐藤隆「難波と飛鳥、ふたつの都は土器からどう見えるか」(注12)

この佐藤論文は、『日本書紀』の記事を絶対視しないと公言する考古学者が現れたという意味に於いても、研究史に残るものであろう。(注13)

他方、古田学派の研究者からは、王朝交代期の実相について諸仮説（藤原京九州王朝王都説など）が提起され、検証が続いてきた。これからの研究では、木簡や金石文などの同時代史料を主エビデンスとして、『日本書紀』などの文献に対しては多元史観（九州王朝説）による史料批判とそれらエビデンスと矛盾しない解釈が求められている。それにより研究が深化し、諸仮説が発展・淘汰され、「最大の齟齬」を合理的に説明できる最有力説に収斂していくものと期待している。〔令和五年（二〇二三）九月二十四日、改稿筆了〕

［注］

（1）大宝令（七〇一）から霊亀三年（七一七）以前に採用された「郡・里」制による行政区域表記。その後、「郡・郷・里」制に改められた。

（2）花谷浩「飛鳥池工房の発掘調査成果とその意義」『日本考古学』第八号、一九九九年。

（3）市大樹『飛鳥藤原木簡の研究』（塙書房、二〇一〇年）所収「飛鳥藤原出土の評制下荷札木簡」による。

（4）『日本書紀』持統八年（六九四年）十二月条に次の記事が見える。

「十二月の庚戌の朔乙卯（六日）に、藤原宮に遷り居《おは》します。」

（5）市大樹『飛鳥の木簡―古代史の新たな解明』中公新書、二〇一二年。

（6）浄御原令制下の官庁名は「〇〇官」と称されており、大宝令の名称とは異なる。中央官庁に匹敵する官職名を記した評制下木簡は知られていないようである。

（7）飛鳥宮は大宰府政庁Ⅱ期よりも大きい。ウィキペディア等によれば、両遺跡を取り囲む塀の規模は次の通り。

◇飛鳥宮最上層内郭　東西百五十二〜百五十八メートル　南北百九十七メートル

◇大宰府政庁Ⅱ期　東西百十一・六メートル　南北百八十八・四メートル

（8）奈良文化財研究所木簡データベース「木簡庫」。

『飛鳥宮跡出土木簡』橿原考古学研究所編、吉川弘文館、二〇一九年。

（9）当地が「飛鳥」と呼ばれていたことを示す「飛鳥寺」木簡が飛鳥池遺跡から出土していることや、法隆寺の金石文「観音像造像記銅板（六九四年）」に「飛鳥寺」が見えることを「洛中洛外日記」一九六七話（2019/08/04）〝七世紀「天皇」号の新・旧古田説（6）〟で紹介した。

（10）九州王朝の首都「太宰府（倭京）」については『古代に真実を求めて第二十一集　発見された倭京―太宰府都城と官道』（明石書店、二〇一八年）収録論文を参照されたい。

（11）服部静尚「古代の都城―『宮域』に官僚約八〇〇〇人―」『古代に真実を求めて第二十一集　発見された倭京―太宰府都城と官道』10）九州王朝の首都「太宰府（倭京）」については『古代に真実を求めて第二十一集　発見された倭京―太宰府都城と官道』（明石書店、二〇一八年。初出は『古田史学会報』一三六号、二〇一六年十月。

（12）佐藤隆「難波と飛鳥、ふたつの都は土器からどう見えるか」『大阪歴博研究紀要』十五号、二〇一七年。

（13）佐藤論文の意義について、次の拙稿で紹介した。

古賀達也「洛中洛外日記」一四〇七話（2017/05/28）〝前期難波宮の考古学と『日本書紀』の不一致〟

同「『日本書紀』への挑戦《大阪歴博編》」『古田史学会報』一五三号、二〇一九年。

『続日本紀』に見える王朝交代の影

服部静尚

一、はじめに

『旧唐書』(注1)は倭国伝と日本国伝を書き分けており、倭国伝では「倭国は古の倭奴国（中略）代々中国と通ず」と、『後漢書』『三国志』『宋書』『隋書』などに現われる倭国の系統の国と記している。

一方、日本国伝には「倭国の別種（中略）あるいは日本はもと小国であったが倭国の地を併せた」とあり、長安三年（七〇三）朝臣真人《あそんまひと》の来朝が記されている。これが中国史書における「日本国」の初出である。以降、中国史書は我が国のことを日本国と表記する。なお、この朝臣真人の派遣は、『続日本紀』の大宝元年（七〇一）正月「粟《あわ》田《た》朝臣真人を遣唐執節使と為す」、慶雲元年（七〇四）七月「粟田朝臣真人が唐国より至る」の記事に合致する。

対して倭国は、永徽《えいき》五年（六五四）十二月「倭国が琥珀《こはく》・碼瑙《めのう》を献ずる」、龍朔《りゅうさく》三年（六六三）の白村江戦の記述、麟徳《りんとく》二年（六六五）「泰山封禅《たいざんほうぜん》に新羅・百濟・耽羅《たんら》・倭の四ヶ国の酋長が列席した」の三記事を最後に消える。

つまり『旧唐書』は、六六五年以降七〇一年の間に、日本列島を代表する国が倭国から日本国に変わったと証言しているのである。

もちろんこれは、『日本書紀』(注2)これに続く『続日本紀』(注3)の全体を通しての我が王朝の有り様描写とは全く異にするところである。少なくとも王朝交代（定義が難しいが、ここでは王家内の相続争いは別にして国名が変わるようなレベルでの政権交代を言う）があったというような事件の記載は両書には無い。

しかし、実は以下に挙げる『続日本紀』の三記事に、『旧唐書』が証言する王朝交代の影が見えるのである。

○天皇即位宣命文《せんみょうぶん》に王朝交代の影が見える。
○大宝建元記事に王朝交代の影が見える。
○大宝律令制定記事に王朝交代の影が見える。

二、『日本書紀』の終り方と『続日本紀』の始まり方

『日本書紀』とこれに続く『続日本紀』は、国が制作を命じこれを認定した正史と言える。これらは我が国独自の形式でまとめられたものではなくて、これに先行する中国の正史に倣って作られたと見るべきだろう。例えば『宋書』は、年代記である「本紀」、分野別歴史の「志」、人物史の「列伝」で構成する。『日本書紀』、『続日本紀』はこれらの内の「本紀」にあたると考えられる。

「本紀」の構成を例えば『宋書』で見ると、宋の最後の皇帝である順帝が、次の王朝・齊の初代皇帝に禅位《ぜんい》して終る。又、齊《せい》の正史である『南齊書』の「本紀」は齊の太祖高皇帝の素性・業績を記載した後、宋からの禅位を受けて即位したところから始まる。

『日本書紀』、『続日本紀』がこれに倣ったとすれば、以下に示す『日本書紀』の終り方と『続日本紀』の始まり方は、前王朝の天皇より、新しい王朝（大和朝廷）の天皇が禅譲を受けて、そこで『日本書紀』つまり前王朝の正史が完了したと見えるのである。

しかも、その六九七年という年は先の『旧唐書』が示す六六五年以降七〇一年の間に当てはまるのである。しかし、これはあくまで『日本書紀』、『続日本紀』が中国正史に倣ったとしての話である。ここではあえて、三記事の

数には入れないことにする。

◆『日本書紀』持統十一年（六九七）八月天皇定策禁中《ていさくきんちゅう》、禅天皇位於皇太子。

◆『続日本紀』冒頭で文武天皇の素性を記載後、文武元年（六九七）八月受禅即位。

三、『続日本紀』の天皇即位宣命文に王朝交代の影が見える

文武天皇の即位時宣命文を現代語にすると次のような意になる。ここに二つの矛盾点が見える。

◆「日本国を統治する天皇が、ここに集まる皇子等王等百官人等天下公民の諸《もろもろ》に対し、大命を詔《みことの》りするので聞きたまえ。高天原《たかまがはら》に始まり遠き天皇の祖《おや》から今に至るまで、天皇の皇子に継承して、天《あま》つ神の御子として、天つ神から委託を受けて行使してきた統治権を、今日本を統治してきた倭根子《やまとねこ》天皇命から授かった。畏《おそ》れ多くも高き広きこの大命を受けて、この国を統治し、天下公民に恵みて安らかにするという天皇の大命を聞きたまえ。ここに百官等は、国の隅々、任を受けた国宰に至るまで、国法を過《あやま》ち犯すことなく明浄の正直な誠の心で、緩《ゆる》めず気を張って務め仕へという大命を聞きたまえ。この詔《みことのり》を聞き仕える人には、各に応じて位階を昇叙する。」

（1）一つ目の疑問は、「高天原に始まり遠き天皇の祖から今に至るまで」の部分である。実は、記紀は一貫して神武天皇を初代天皇としている。神日本磐余彦《かむやまといわれひこ》（神武天皇）は九州からはるばる大和に至り、橿原宮で初めて天皇即位したのであって、その父の鵜葺草萱不合命《うがやふきあえず》は天皇ではない。その祖父の山幸彦《やまさちひこ》も天皇ではない。

神日本磐余彦らが「邑《むら》には君《きみ》有り、村には長《おさ》有り。各自、境を設け互いにしのぎを削っている（我らの居場所が無い＝この部分は筆者解釈）」と歎《なげ》いていたところを、老人から「東に美しい土地があり、そこに天の磐船《いわふね》で天降《あまくだ》った饒速日《にぎはやひ》命がいる」と聞き、「我々もそこへ行って都を作ろう」と出立したのである。

（2）二つ目の疑問は、「今日本を統治してきた倭根子天皇命から授かった」の部分である。岩波書店版『続日本紀』の注は、この倭根子天皇命を持統天皇とする。しかしこれはおかしい。

持統天皇の名とは違っているのである。『日本書紀』では持統天皇を倭根子と呼称しない。『続日本紀』では持統天皇崩御後におくられた諡名《おくりな》の中に倭根子が含まれる。倭根子の部分は死後の諡名に見えるのみである。六九七年の文武宣命の時点で持統天皇は健在である。思うに文武天皇が即位宣言（宣命文）する傍《そば》には持統上皇も臨場《りんじょう》していたであろう。まさか、その生きている持統上皇を死後の名で呼ぶはずがない。

◆『日本書紀』鸕野讃良《うののさらら》皇女、高天原広野姫天皇。

◆『続日本紀』高天原広野姫天皇、七〇二年崩御。七〇三年火葬の際に大倭根子天之広野日女尊と諡名する。

（3）ここで念のために、文武天皇の死後に即位した文武の母、元明天皇の即位宣命文を確認する。現代語にすると次のようになる。

◆「慶雲四年（七〇七）秋七月壬子、天皇は大極殿にて即位する。詔して曰く、此の国を治める倭根子天皇が詔をする。親王・諸王・諸臣百官人等の天下の公民はこれを聞くように。かけまくもかしこき藤原宮御宇《しろしめす》倭根子天皇が、丁酉（六九七年）八月、此の業を日並知皇太子の嫡子《ちゃくし》である今の天皇に授けられて天下は治められてきた。これは、近江大津宮御宇大倭根子天皇の天地・日月と共に遠く長く不改常典《ふかいのじょうてん》と承って行われてきたものだ。去年十一月に我王＝朕の子天皇より「朕は病気なので譲位する」と言われたが辞退した。しかし何度も勧められ、今年六月十五日に至ってこれを受けることにした（後略）」

この宣命文についても、岩波書店版『続日本紀』の注など史学者の解釈は一定している。

藤原宮御宇倭根子天皇を当然持統天皇とする。しかし先に示した通り倭根子は持統天皇ではない。

近江大津宮御宇大倭根子天皇を天智天皇とする。しかし天智天皇の名は、葛城《かつらぎ》皇子・中大兄皇子・天命開別《あめみことひらかすわけ》天皇であって大倭根子の呼称はない。

つまり文武天皇とは持統天皇とは異なる倭根子天皇から禅位され、この禅位は大倭根子天皇から受け継いだ不改の常典に従って行われたものであるというのが両宣命文の意である。文武天皇の即位宣命文からは、前王朝から禅譲されて晴れて天皇即位したと宣言する姿が読み取れるのである。

（4）尚、倭根子天皇と大倭根子天皇では「大」の字の有無があっても同じ人物を指すのではないか、倭根子天皇とは個人名を指すのではなくて日本国天皇を指す普通名詞ではないか、との反論があると思われる。

しかし、将軍と大将軍では全く異なるということは衆知であろう。兄と大兄も兄⊂大兄であって同一ではない。倭根子天皇と大倭根子天皇は異なると考えざるを得ないのである。

次に、倭根子天皇は日本国天皇を指す普通名詞であろうか。文武の即位宣命文は「現御神〈止〉大八嶋國所知天皇」が「現御神〈止〉大八嶋國所知倭根子天皇命」から天皇の位を授かったとするので、もし普通名詞であるとすれば、この文章は「日本国天皇」が「日本国天皇」から天皇の位を授かったとなる。

このようにどう考えてもおかしいにも拘わらず、歴史学者達は「倭根子天皇が日本国天皇を指す普通名詞」と思い込んできた。なぜだろう。歴史学者達を惑わせたのは、元明天皇の即位宣命文の冒頭にある「現神八洲御宇倭根子天皇詔旨勅命」の部分だ。

ここでは「藤原宮御宇倭根子天皇」「近江大津宮御宇大倭根子天皇」「我王朕子天皇（文武天皇）」とそれぞれ特定しており、「現神八洲御宇倭根子天皇詔旨勅命」が元明天皇を指すことは間違いない。

七〇八年の元明の即位宣命文では、元明天皇自身のことを倭根子天皇とし、元明天皇以後の天皇もこれを用いる。ところが七〇一年の大宝律令公式令は、宣命文での自称を「明神御宇日本天皇」あるいは「明神御大八洲天皇」と規定している。ここには倭根子は存在しない。

つまり七〇一年から七〇八年の間で変化があり、天皇自称で倭根子天皇が使われるようになったことになる。その後この用法は七二〇年の『日本書紀』の編纂で完成したのであろう。この変化に気がつかないと、倭根子がずっと天皇の自称であったと惑わされてしまうのである。

(5)養老律令(大宝律令も同じ)儀制令元日条によると「元日には、親王以下の人を拝賀してはならない。」とある。この令に照らし合わすと、象徴的な記事が『続日本紀』にある。

◆「文武元年(六九七)閏十二月(二十八日)、禁正月往来行拝賀之礼。如有違犯者、依浄御原朝庭制決罰之。」

正月の拝賀礼を禁止し、これに違反すれば罰を与えるというのである。次に、

◆「文武二年(六九八)春正月元旦、天皇御大極殿受朝。文武百寮及新羅朝貢使拝賀、其儀如常。」

とある。先に禁止したがその直後、元日には文武天皇が拝賀を受けているのである。

八月に前王朝から禅譲を受けて、十二月にはその前王朝への元日拝賀を禁止し、明けて元旦、新しい王朝の天皇が拝賀を受けたと見えるのである。

四、『続日本紀』の大宝建元《けんげん》記事に王朝交代の影が見える

『日本書紀』では、次の三つの元号を改元と記述する。

◆「改天豊財重日足姫天皇四年、為大化元年」◆「改元白雉」◆「改元曰朱鳥元年」

しかし、『続日本紀』の大宝改元の場合は建元とする。

◆大宝元年(七〇一)三月二十一日条「建元為大宝元年、始依新令、改制官名位号」

建元と改元はどう違うのか。その違いは元号とは何かを紐解《ひもと》けば見えてくる。以下にそれを示す。

(1)元号(年号)とは何か。

中国の古代では、干支《かんし》で年を数えていた。あるいは、天子の治世《ちせい》年で(秦二世元年、漢高祖十一年という具合に)数

えていた。そして、

①漢の文帝は、天子のこの治世年という数え方を、途中から再スタートさせた。

◆『史記』封禅書第六(注4)

新垣平という人物が、漢の文帝に「日を再び南中させましょう」と宣言し、日を南中させた（皆既日食か？）。文帝は喜び、文帝十七年を元年と改めて、天下に酒をふるまった。

②漢の景帝は、その再スタートを二度行って、「中」「後」と名付けた。

◆『史記』孝景本紀第十一

文帝を継いだ景帝は、景帝七年に太子を廃して新たに膠東王を太子とした後、「中」と改元する。「中」は六年まで、次に「後」と改元しこれは三年で終る。

③漢の武帝は、この再スタートの「元」に命名することにした。

◆「『史記』孝武本紀第十二

景帝の子の武帝が即位して十五年後に、元は天があらわす瑞祥によって命名すべきで、一、二と数えるべきではないという官僚の提案を受け、一元を「建元」と命名し、二元は長星の光にちなみ「元光」と命名し、三元は一角獣を得たので「元狩」と命名した。

中国の漢の時代に、以上のように元号が始まった。その経過より私は次のルールが存在すると考える。

・一つの王朝で初めて元号を定めることを建元という。『隋書』『旧唐書』にその使用例がある。斉の初元号＝建元、新羅の初元号＝建元とする。

・天の瑞祥《ずいしょう》や、不吉な事件事象があった際に改元される。

・建元・改元は王朝のトップが行い、配下に使用させた。

・元々「○○帝△年」としていた中での改元であるので、新しい天子の即位で必ず改元される。

ちなみに、天子の死去によりその年か翌年に、漢では元号開始後二十二代全てで改元、曹魏では五代全てで改元、晋では十六代全てで改元、劉宋では八代全てで改元、南齊では七代全てで改元、梁では七代全てで改元、陳では五代全てで改元、隋では四代全てで改元、唐でも二十四代全てで改元と徹底されている。一方、我が国でも奈良時代から平安時代まで（淡路廃帝など例外を除き）三十九代中三十七代で改元が行われているのである。

（2）大宝建元記事では「建元」とする。『日本書紀』には、大化・白雉・朱鳥と先行する三元号があるのに、『続日本紀』は大宝が大和朝廷初めての元号とするのである。つまり、先行する三元号は、前王朝の元号だと言っているに等しい。

（3）『日本書紀』の三元号の一つが朱鳥、朱鳥改元の二ヶ月後に天武天皇が崩御したとある。

◆（天武十五年七月二十日）改元曰朱鳥元年朱鳥此云阿訶美苔利《あかみどり》、（同年九月四日）親王から諸臣まで川原寺で天皇の病気平癒を誓願した。（同九日）天皇は癒えず正宮にて崩御された。（同十一日）哀の礼を奉り南庭に殯《もがり》宮を建てた。

天武天皇が崩御したのだから、当然改元がされて新しい元号が始まるはずだが改元されていない。そして、『万葉集』（注5）の五〇番歌の左注記には、

「右日本紀曰、朱鳥七年癸巳秋八月幸藤原宮地、八年甲午春正月幸藤原宮、冬十二月庚戌朔乙卯遷居藤原宮」と、この朱鳥が八年まで続いたと記す。

又、現存する最古の天皇家系図『本朝皇胤紹運録』（注6）は、「草壁皇子（母は持統天皇）朱鳥四年四月薨」と記載する。鎌倉時代成立の『二中歴』（注7）には朱鳥は九年（六九四）まで続き、六九五年に大化に改元と記す。いわゆる九州年号である。天武天皇が崩御しても改元されていないのだから、朱鳥は大和朝廷の元号ではなかったのである。いわゆる九州年号は前王朝の年号だった。

五、『続日本紀』が伝える大宝律令は前王朝の律令に准正した

◆『続日本紀』大宝元年（七〇一）八月三日条、遣三品刑部《おさかべ》親王、正三位藤原朝臣不比等、従四位下下毛野朝臣古麻呂、従五位下伊吉連博徳、伊余部連馬養等撰定律令於是始成。大略以浄御原朝庭為准正。（刑部親王らに律令を撰定せしめ、ここに始めて成立する。大略は浄御原《きよみはら》朝庭を以って准正と為す。）

以上の大宝律令制定記事を普通に読むと次のように理解できる。

①大宝律令に先立つ律令があった。

②大宝律令はその先立つ律令になぞらえた。

③先立つ律令は、飛鳥浄御原律令である。

これに対して、東野治之氏（注3が示す補注2―八八）は次の二つの理由でこれを否定し、岩波書店版『続日本紀』もこれを引用する。以下に東野氏の論を示す。

◆この記事は、唐会要にある「（武徳律令は）大略以開皇為准　正五十三條」の引用である。唐の武徳律令は、大略隋の開皇律令に准じて作られ、ただ五十三条部分については改訂したという意である。『続日本紀』では、これを読み誤り「准正」があたかも成語・熟語であるかのように用いている。しかし、

①熟語としての准正の使用例が中国史料にない。

②字典類にも准正という漢語はみられない。唐の公的記録を下敷きにしているのだが、その意味の把握も不確かなまま利用したのだ。故に、浄御原令と大宝令の異同を論ずる場合、続紀のこの一段は考慮の外に置くべきである。

東野氏は字典類に准正という漢語がないとされるが、ところが『諸橋大漢和辞典』は、以下の『晋書』摯虞伝の用例を挙げて「准正とは一定の標準にあててこれを正す」と記している。

◆『晋書』摯虞伝、考二歩両儀一、則天地無レ所レ隠二其情一、准二正三辰一、則懸象無レ所レ容二其謬一

つまり、三辰（日・月・星）の観測結果（＝一定の標準）にあてて、（計量法）これを正すとなる。

さらに東野氏は、熟語としての准正の使用例が中国史料にないとされるが、上記『晋書』の他にも、『倶舎論記』[(注8)]に五十八カ所も准正が出現する。
◆『倶舎論記』（玄奘門下普光の書いた具舎論の解説書）～諸定不得為体　婆沙雖無評家　准正理論　以初師為正。（私訳）毘婆沙論に批判無きといえども、これにあてて理論を正す。以て初めて師は正と為した。
以上のように東野氏が挙げられた根拠はいずれも否定される。つまり、大和朝廷初めての大宝律令は飛鳥浄御原律令にほぼ準拠して制定されたのだ。ここで、東野氏が指摘された唐会要の記事にある武徳律令制定のいきさつを『旧唐書』で以下に確認する。
◆旧唐書（九四一年完成）志第三十刑法、（唐の）高祖が太原で初めて挙兵し、寛大な令を掲げた。隋の悪政に苦しむ百姓は競って帰順し、たちまち京城を平定した。高祖は禅譲を受けた後、劉文静ら当代の博識に命じて、（隋の文帝が定めた）開皇律令（五八一年）に基づき、（煬帝が定めた）大業（律令六〇七年）の悪法を削り増減させた。又、五十三条の格（律令の補足）を制定した。大略、開皇（の律令）に準じて（武徳）律令を選定し、諸事をここで始めて定めた。未だ辺境での戦いに追われる状況なので、五十三条の格を新律に加えただけで他に改めた所は無かった。
東野氏は次のように解説される。
◆『唐会要』の記事は、唐の武徳律令は大略隋の開皇律令に准じて作られ、ただ五十三条については改訂したという意だ。この記事には、煬帝の施政を否定し、それ以前の隋の高祖の方針にもどしたことを明示する意味があった。我国の律令編纂史にあっては、本来このような重大な断絶があったわけでなく、『何某を以て准と為す』というような表現が、真に必要であったかどうかは多分に疑わしい。
東野氏は『続日本紀』のこの記事が「前王朝の律令にほぼ倣って、大和朝廷最初の律令が制定された」と語っていると気付いているのであろう。

六、天平宝字元年十二月壬子条の功田記事には見えない前王朝の事績

『続日本紀』天平宝字元年（七五七）十二月壬子条に、「我が天下、乙巳以来人々功を立て各封賞を得た。但し大功・上功・中功・下功と（田）令で指定しているが、功田を賜ったという記事にはその等級が記載されない場合があった。今、それ故にこれら昔・今を比校してその等級をはかり定める。」と始まる功田記事がある。これは当時の政府が過去百年余の期間で、功田を授与した臣下功績の記載である。

ここには、乙巳（六四五）の功、壬申（六七二）の功、大宝律令作成の功、吉野大兄謀反の密告の功、橘奈良麻呂謀反の密告の功、遣唐使坂合部石敷漂着の功、養老律令作成の功の計七件の功績・功田授与記事が挙げられている。

ところが、大宝律令・養老律令作成の功があって、飛鳥浄御原律令作成に対する褒賞が無い。

なぜか、斉明紀の阿部比羅夫の蝦夷《えみし》・粛慎《しゅくしん》征討褒賞が無い。推測するにこれらは前王朝の事績でなかろうか。

七、まとめ

青木和夫氏（注3の巻頭言「続日本紀への招待」の中で）は、「続紀は正直だ」と次のように分析される。

◆『続日本紀』巻第一の四年間が、巻第二以後にくらべて特に研究者の関心を惹く。その期間が大宝律令施行以前の浄御原令時代という点である。持統三年に諸官庁に配布された浄御原令は、その全容を推測しうる大宝律令と違って、内容はほとんどわかっていない。いや、持統三年以後文武に譲位するまでの『日本書紀』の記事が役立つのではないかと思われるかも知れない。だが違う。『日本書紀』は編集に使った原史料の文章を、ひどく修飾してしまっている。その点、続紀は正直だ（後略）。

その『続日本紀』が記述する「文武天皇即位宣命文」、「大宝建元」、「大宝律令制定」記事に、『旧唐書』が証言する七世紀末の我が国における王朝交代のその影がハッキリ見えることを示した。

［注］

（1）『旧唐書倭国日本伝・宋史日本伝・元史日本伝』石原道博編訳、岩波文庫、一九八六年新訂版※石原氏は「(旧唐書) 本文を見ると、倭国と日本国の両条が書きわけてあってまず注目される。(新唐書の方は) 倭国と日本を併記するような不体裁なこともなく、……」とスルーしている。及び、『維基文庫自由的図書館』https://zh.wikisource.org/wiki/

（2）『日本書紀』小学館、一九九四年、校注・訳者小島憲之他

（3）『続日本紀』新日本古典文学大系、青木和夫他校注、岩波書店、一九八九年。補注2―八八で東野治之氏の説を挙げる。

（4）吉田賢抗『史記』明治書院、一九七三年、封禅書は一九九八年再版本。及び、『維基文庫自由的図書館』https://zh.wikisource.org/wiki/

（5）中西進『万葉集全訳注原文付（一）』講談社、二〇一九年

（6）『本朝皇胤紹運録』一四二六年後小松上皇が内大臣洞院満季に命じて作らせた帝王系図。中御門宣胤写本を早稲田大学図書館が公開。紅葉山文庫写本を国会図書館が公開。

（7）『二中歴』国会図書館デジタルコレクション、年代歴に所蔵。

（8）『SAT大正新脩大藏經テキストデータベース』https://21dzk.l.u-tokyo.ac.jp/SAT/

「不改常典」の真意をめぐって

―王朝交代を指示する天智天皇の遺言だったか―

茂山憲史

一、はじめに

天智天皇が定めたと伝わる「不改常典《ふかいのじょうてん》」は、その意味するところをめぐって諸説あり、議論が続いています。肝心の『日本書紀』天智紀に一切登場しないばかりか、『続日本紀』巻第四の元明天皇即位の宣命で初めて「不改常典」に言及があり、しかもその具体的な意味、内実はその後の史書にもほとんど説明されないまま、今日に至っているのです。そのため、「皇位継承の法」だという解釈のほか、近江令のことだとか、天智天皇にこと寄せて元明天皇が勝手に言い出したことだとか、歴史学的な観点からの諸解釈が続いてきました。しかし、当時の古代の人々がどう理解していたのか、初出の史書『続日本紀』は何を言おうとしていたのか、という言葉の意味に即した理解は、私の浅学のせいもあって見当たりません。

今回、言語の意味の論理的な帰結に従って読み解きを進めた結果、「不改常典」は「王朝交代を指示する天智天皇の遺言」が発端だったのではないか、という着想に至りました。

二、「不改常典」登場と伝承の不自然な姿

元明天皇の即位（七〇七年）の宣命は不自然な姿をしています。自らの即位の意味ではなく、まず持統天皇からの譲位を受けて先代の文武天皇が即位した過去の出来事に言及し、その正当性の根拠について「是《こ》は関《かけま》くも威《かしこ》き近江大津宮に御宇《あめのしたしらしめ》しし大倭《おほやまと》根《ね》子《こ》天皇（天智）の、天地《あめつち》と共に長く日月と共に遠く改《かは》るましじき常《つね》の典《のり》（原文は「不改常典」）と立て賜ひ敷き賜へる法《のり》を、受け賜り坐《ま》して行ひ賜ふ事(注1)」と宣命しているのです。皇位継承の正当性に関わりそうな重大事と思えるのに、このことがなぜ『日本書紀』天智紀に明記されていないのか、さらには当の『続日本紀』の文武天皇の即位の記事にさえも触れられていないのか、という疑問が重たく、消えません。なぜなら、この元明天皇の宣命は七〇七年のことであり、その後にわたっても編纂され続けていたはずの『日本書紀』が完成して次代の元正天皇に撰上されたのは十三年後の七二〇年のことだからです。元明天皇が勝手に言い出したことという説を取らないのであれば、少なくとも関係者は天智天皇の不改常典を知っていて、敢て『日本書紀』には書かなかったし、文武天皇の即位に際して持統も文武自身も敢て触れなかったということになります。「不改常典」の四文字が天智、天武、持統、文武と四代も「文書化」されることなく、およそ四十年間も隠されつつ、禁中の一部の皇族には伝承されていたことになります。その理由が説明できなければなりません。

それでも、元明天皇が天智天皇に仮託して勝手に言い出したことという説は採用できないと思います。文武天皇の即位は、持統天皇だけではなく、天智天皇の皇女で、かつ天武・持統天皇の嫡子（故）草壁皇子の妃、かつ文武天皇の母だった阿閇《あへ》皇女（後の元明天皇）、その娘で文武天皇の姉でもある氷高内親王（後の元正天皇）の三女性に見守られての即位でした。『日本書紀』持統紀と『続日本紀』文武紀には「不改常典」の直接発言が記録されてはいませんが、元明の宣命で公にされて以降、折に触れて「不改常典」が顔を出し、皇統が天智天皇に淵源するという趣旨の発言が続いているのです。元明天皇ひとりのはかりごとと考えるのは無理があります。少なくとも、元明天皇がまだ若かったころ、父天智天皇の晩年に側に居て直接「不改常典」を聞いた可能性は高いのです。持統天皇ら

が直接聞いていなくても、元明天皇が伝えた可能性はさらに高いと思います。

元明天皇によって「不改常典」実現の当事者だったと公表されている持統天皇と文武天皇になぜ「不改常典」への言及がないのか、その理由については七、八節で解読を試みます。

三、白川静氏の「常典」

元明天皇以降に頻出する「不改常典」について、諸説紛々で議論が絶えない事情のひとつには、各正史がその内実を詳細に説明していないことにあると思います。宣命は詔勅を広く親王・諸王・諸臣・百官・天下公民に知らしめる大事な行事なのですが、天智天皇が定めたという「不改常典」に触れながら、それがじつは何なのかという説明がないのです。まるで「分かりきったことでしょう」と言わんばかりです。官僚を含めて当時の『続日本紀』読者も「分かりきったこと」で納得したように見えます。宣命を聞いて「何を言っているのだ?」「何が言いたいのだ?」「けしからん」という疑念や反発の声を上げた様子はありません。

ですから「皇位継承の法」など後世の学者・研究者らの諸説が、当時の人々に「分かりきったこと」として納得されたその内容とは考えにくいのです。きまりとしての皇位継承法など古代にありますでしょうか? 現実は粛清・暗殺という混乱の極みで権力闘争が続き、あげく皇族中心の定策で日嗣が決まるのが常でした。男系男子や長子に継承するといったようなルールの現実はありません。

ここは、原義にかえって語彙そのものを読み解くのが手順だと思います。

「不改」は「かはるましじき」と訓読され、「改わることのない」と理解されているようです。あるいは「改えてはならない」というニュアンスもあるのかも知れません。宣命での実際は「ふかいのじょうてん」と読み上げられていたかも知れないのですが、どちらにしろ宣命を聞いた人々も「不改」をそう理解したと思われます。

問題は「常典」にあります。一般に「常《つね》の典《のり》」と訓読されていますが、その内実に諸説があって焦点を結びません。諸橋大漢和辞典によれば「常典」は㈠定まったおきて。かはらないみち。㈡五経などの経典をいふ。とあり、宣命で用いられた意義は㈠だと思われます。その用例の筆頭に「〔蔡邕《さいよう》、宗廟《そうびょう》迭毀議《てっきぎ》〕爲無窮之常典」を採用しています。「無窮《むきゅう》の常典《じょうてん》となす」とは「永遠に続くきまりとする」ということでしょう。白川静氏の『字通』普及版を見ると、「常」は①つね、つねに、ひさしい。②さだめ、のり、かわらぬ。③ひごろ、おおむね。④かつて。⑤長さの単位、尋常。⑥はた、太常。⑦もすそ。⑧忌明けの祭り。とあり、「常典」の項では「不変の法。」と言い換えて、大漢和辞典と同じく用例は蔡邕の宗廟迭毀議から「數世の闕《か》くる所を正し、無窮の常典と爲す。禮制の舊則に稽《かんが》へ、神明の歡心に合せん」と引用しています。しかし、「常」が「不変の」（かわらぬ）だというのは右記十五解のうちのひとつに過ぎません。「常」の解釈が「無窮」「不改」という修飾語に引っ張られすぎている気がします。

白川氏の『字統』によれば「常」は「声符は尚。尚に常の意がある。（中略）常時の意に用い、常談とは日常の茶話をいう」と解説しています。さらに「尚」を見ると、「会意　向と八とに従う。向は窓明かりの入るところに祝禱《しゅくとう》を収める器の𠙵《さい》を供え、神を迎えて祀《まつ》ることをいう。上の八の形は、そこに神気のあらわれることを示す。」としています。これらは「字典」や「辞典」ですから項目のいずれもすべてが宣命の意味として当てはまるわけではありませんが、古代人の語感の理解を考える上では参考になると考えます。いずれにしても「常」を「不変の」「変わらない」という意味にとれば、「不改常典」「無窮之常典」は冗語的な不体裁になってしまいます。

四、「宗廟迭毀議」における「常典」

そこで、両氏が用例として共通して上げた「宗廟迭毀議」を検討してみます（注2）。これは、後漢末期の儒者で政治家、左中郎将・蔡邕《さいよう》の『蔡中郎集』に収められた一文です。後漢最後の皇帝献帝の混乱期で、宗廟の制度をどうすべきかという蔡邕の建議です。蔡邕は「焚書坑儒を行った秦の滅亡を受けて興った漢では、宗廟の制度として周禮の法が用いられず、皇帝が崩御する毎に一廟を立てたため、七廟で止めることや、昭穆《しょうぼく》の序列、親が薄くなった廟の迭毀（太祖廟などは別として、親族の遠近に従って疎遠になった祖先の廟を毀《こわ》し、宗廟を入れ替えて更新すること）などの規則が正しく行われていませんでした」と前漢時代からの制度の変遷を説き、「天子七廟」の旧禮に復することを建白しました。秦の後を受け、王莽の新をはさんだ前漢・後漢を通じて議論が起きた課題ですが、帝位が傍系や兄弟に移ったときはことさら問題が起きたようです。帝位に即いたことがない父や祖父の霊を宗廟として七廟の中にどう組み込むか、誰と誰を合祀して廟数の辻褄を合わせるか、親孝行は七廟の外と考えて制限をなくすかなど、政争も絡んで議論は絶えなかったようです。

「宗廟」や「迭毀」の制度が「変わらない」どころか混乱してしまっているので「正しい制度」に戻して、それを未来永劫、一般的なきまりにしようという話です。「常典」の用例に引用された部分を示します。

「正數世之所闕、為無窮之常典、稽制禮之舊則、合神明之歡心」

祖先の欠けたところを正しい廟数にしてこれを無窮（永遠不変）の常典（祭祀の一般のきまり）とし、制礼の旧の規則にならって祖先の御霊が喜ぶように合わせましょう、と上奏しているのでしょうか。日本の宗廟制は中国諸王朝とは別とはいえ、根本の思想は強く影響を受けていると思われます。

五、伊勢神宮における「常典」

じつは、天智天皇の七世紀、ヤマトの人々にとって「常典」といえばすぐ伊勢神宮に思い至るはずなのです。日本で「宗廟」と言えば、徳川家康の「日光東照宮」もありますが、なんといっても古代から続くのは伊勢神宮でしょう。祭神の中心は天照大神です。『古事記』『日本書紀』の主張によれば、天皇家は天照大神の子孫で九州に降臨した天孫の一族です。神武天皇のときにヤマトに進出したとしています。いわゆる「東征」です。伊勢神宮の創建譚や天武天皇の斎宮制度確立、『古事記』と『日本書紀』の伊勢神宮をめぐる説話の違いなど興味が尽きない謎が多いのですが、今回は深入りしません。ただ、伊勢神宮が中国の太祖廟のような位置にあることは確かでしょう。伊勢神宮でも中国漢王朝の宗廟祭祀と同様に、食事を捧げる祭祀があります。ここではその祭祀の名称・語義だけを検討します。

伊勢神宮のホームページ(注3)では、重要な大祭として六月と十二月の月次祭《つきなみさい》、十月の神嘗祭《かんなめさい》を「三節祭」と呼び、神宮の最も由緒深い祭典と紹介しています。豊受大神宮と皇大神宮の両正宮に続いて、別宮を始め摂社・末社・所管社に至るすべての神社において行われる祭典です。

これとは少し性格の異なるのが「常典御饌《じょうてんみけ》」です。ここに「常典」が登場します。日本語では「日別朝夕大御《ひごとあさゆうおおみ》饌祭《けさい》」と表記しています。朝と夕の毎日二度、外宮の御饌殿でつくった食事を内宮と外宮、別宮の祭神にそれぞれ奉り、祈りと感謝を捧げる祭典です。外宮の鎮座にはじまり今に至る千五百年間、毎日朝夕に続けられているといいます。同じようなことを、いまでも続けている家庭が日本にはかなりあるでしょう。礼を欠いて忘れていたり、簡素化したりしているかも知れませんが、それぞれの家の神棚や仏壇で行われる祖先崇拝の毎日朝夕の儀式です。天皇家の祭祀だから御饌、大御饌といいますが、通常は神饌《しんせん》です。漢語・日本語の祭祀名から「御饌」「大御饌」を引き算すると、「常典」が「日別朝夕祭《ひごとあさゆうのまつり》」と翻訳されていることがわかります。「常」が毎日の朝夕で「典」が祭、つまり祭祀です。古典的な漢文の語義を日本語にかなり正確に写しているといえるでしょう。

「常」は「不改」と意味内容が重なって「変わらない」「変えてはいけない」のように理解される向きもあるかも知れませんが、四節の「宗廟迭毀議」にいう「常典」と伊勢神宮の「常典御饌」を併せて考えれば、天智天皇が定めた「不改常典」の「常」は、一義的には「ふつうの」「いつも通りの」という意味だと思われます。「尋常高等小学校」の常です。「非常口」は「朝夕に使ういつもの出入り口ではない、非常時の出入り口」ということですから、同じような基本的な常の意味で「不改常典」と言ったことになります。「皇位継承の法」のように、不確定な未来について規定しているのではなく、「祖先崇拝」（誰を祀《まつ》るのかという血筋の正統性）を間違いなく行うように、という過去に向かって規定しているのだと思います。そうだとすれば、宣命で語義をとりたてて説明するまでもなく、表面的には「分かりきったことでしょう」とスルーされ、聞く方の百官人も聞き流してしまったのはなぜなのか、という疑問が解けます。

ここまでの検討で、天智天皇が殊立てていう「常典」を簡潔に言い換えれば、皇帝や天皇が祖先を敬い祀る儀式のきまりですから、本当は「宗廟」のことだったといってもいいでしょう。問題は、天智天皇の発言意図や元明天皇以下の宣命の意図が一義的ではなく、それぞれに隠された多様な意味があるらしいことです。これについても、七節以降で改めて解読を試みます。

六、「常典」と分かちがたい「食国法」

その前に、「常典」の真意を考えるのに不可欠の要素があります。「食国法《おすくにのほう》」です。元明天皇の即位の宣命では「常典」と分かちがたく並列して登場します。二節で述べたように元明天皇の即位の宣命は、過去に持統天皇から文武天皇へ譲位されたその意義を明かすことから始まるのですが、自らの即位についてはこれを受けて、後段で以下のように宣命しています。（注4）
「又天地之共長遠不改常典立賜食国法傾事無動事無渡将去所念行詔命衆聞宣」この意味は、前段を合わせ読めば『天地と共に長く遠く変わることのない決まりとして（天智天皇が）お立てになった天下統治の食国法は、（親王、諸王、諸臣、百官が浄い心で天皇を輔佐してくれることで）傾くことなく、動じることなく続いていくであろうと思う、とおっしゃるお言葉を皆聞くように、と宣べる』という意味になるでしょう。ここでは、「不改常典」が「食国法」を修飾するかのように「不改常典立賜食国法」と「常典」と「食国法」がほぼ同義に扱われています。
『古事記』では伊邪那岐命《いざなぎのみこと》が天照大神、月読命《つきよみのみこと》、須佐男命《すさのおのみこと》の三人による三分割統治を決める場面で「食国」が初登場します。月読命が治めることになるのが「夜之食国」で、「食《おす》」と読んで意味は「治める」とされています。
『続日本紀』では六九七年の文武天皇の即位を告げる宣命で「此の食国天下を調《ととの》へ賜ひ平《たいら》げ賜ひ、」と初登場します。これは、「（持統天皇が）治めてこられたこの天下を（私文武が）まとめて平安にし、」という意味でしょう。諸々の宣命や詔勅で「四方食国《よもつおすくに》の業《わざ》」「食国天下の政」「食国の東方陸奥国」「食国天下の諸国」などと頻出しますから、「食国」は「支配力が及ぶ国々をまとまった天下とみての用語」で問題はないように思われます。

だとすれば、「常典」が「宗廟の思想」でもあったように、「食国」は「社稷《しゃしょく》の思想」といえないでしょうか。宗廟社稷というシステムは最高権力者の支配の淵源だとする中国古来の祭祀なのですから、即位の宣命で不改常典と食国法が分かちがたく同時に現われるのは当然のことだと思われます。

七、天智天皇は壬申の乱を知らない

「不改常典」は天智天皇の言葉であり、「宗廟（祖先崇拝の決まり）を違えないように」という教えだとは思います。しかし、天智には天智なりの特別の意味があったように思います。

天智天皇の側《そば》には当時、後に宣命で「不改常典」を明らかにした阿閇《あへ》皇女（のちの元明天皇）が居た可能性はあるでしょう。しかし、発言のその場に大海人《おおあま》皇子（のちの天武天皇）と鸕野讃良《うののさらら》皇女（のちの持統天皇）の夫妻が居たとは思えません。第一議的には、「常典」は「祖先崇拝」なのですから誰も疑念は持ちませんが、「宗廟」となれば食国《おすくに》の支配権が誰の手にあるのかという天下の帰属問題になります。通説なら天智天皇は倭国ないし日本国の支配者なのですから宗廟について発言しても問題はないと考えるでしょう。しかし、私は古田武彦が論証した通り、七〇一年に「倭国」から「日本国」へ王朝交代したと考えていますから、九州王朝倭国が風前の灯火にしろ存在していた天智天皇の時代に、「宗廟」を云々することは謀反と言われても仕方ない状況です。うかつな相手には口にできない話です。もちろん、天智天皇はじめ近江朝にいた右記の関係者すべてにとって、自分たちが時代の大きな変わり目にいることは周知の事実だったでしょうけれど。

そうした時代に天智天皇は「不改常典」で何を言おうとしたのでしょうか。時は壬申の乱直前です。天智天皇は不穏な空気を察しつつも、壬申の乱が起きることや、その結果、天武、持統、文武と皇統が展開していく没後のことなど夢にも知りません。前後の様子は『日本書紀』がかなり正直に伝えています。

一連の出来事は『日本書紀』天智紀と天武紀に分けて書かれていますので、合わせた読みで理解しました。

天智十年（六七一）十月十七日、天智天皇の病はいよいよ重くなり、東宮（世継ぎの皇太弟・大海人皇子）を召して皇位を授ける勅を出します。召された大海人は天皇に拝謁する直前、意を通じていた蘇賀臣安《そがのおみやす》麻侶《まろ》から「（天皇の前では）こころして言葉に気をつけるように」と耳打ちされます。それで大海人は陰謀があることを悟ります。皇位を継ぐことを辞退し、「天下を皇后（倭姫王）に附《よ》せて、大友皇子を皇太子にして下さい。私は出家して修道します」と申し上げて難を逃れ、二日後の十九日に吉野へ逃げます。対応を間違っていればこのとき大海人皇子が粛清されただろうことは、『日本書紀』や『続日本紀』に記された数多の例で分かります。一方、大友皇子は十一月二十三日、蘇我赤兄、中臣金、蘇我果安、巨勢人、紀大人らと「心を同じくして、天皇（天智）の詔《みことのり》をうけたまわる。もし違《たが》うことあらば、必ず天罰をこうむるだろう」と誓い合います。その旬日後の十二月三日に天智天皇は崩御し、世の中は壬申の乱に向かいます。詔の内容は書かれていませんが、皇位を実子の大友皇子に継がせるつもりだったことは間違いないでしょう。「不改常典」「食国法」の発言で天智天皇が想定していた現実の一面は、大友皇子への皇位継承だったはずです。天智天皇と大友皇子は世継ぎと定められていたはずの皇太弟・大海人皇子を排除しようとしていたわけです。

しかし、天智天皇が考える「不改常典」の意味には別の一面があったのではないでしょうか。それは、九州王朝系を排除して王朝交代を目指せ、という大友皇子らへの遺言だったのだと考えます。白村江の敗戦で倭王権は壊滅状態でした。二十七集を数える本論集でこれまで、この日本の危機を支えていたのが天智天皇の近江朝だったのではないか、という論文がいくつか発表されています。天智天皇が新王朝の創始を望んでもおかしくない歴史の流れです。

そもそも、大海人皇子という人物は『日本書紀』を見ても矛盾や謎が多く、正体不明です。若いうちは、九州の著名な豪族胸形（宗像）徳善の娘を娶り、長男の高市皇子をもうけています。その後天智の娘の鸕野讃良皇女《うののさらら》（後の天武皇后で持統天皇）と結ばれますが、高市皇子が長じて壬申の乱の立役者になったことは有名です。壬申の乱で大海人皇子は九州系の勢力を味方につけ、唐の後ろ盾も得ていたようです。後に高市皇子の嫡子長屋王は天皇になってもおかしくないほどの係累と地位を築き、平城京に巨大な邸宅を構えます。つまり、ここに九州系の大勢力が出現しているのです。

一方、天智の娘でもある鸕野讃良皇女は、壬申の乱で大海人皇子に並ぶ実力を発揮し、天武天皇即位で皇后になります。皇后を母とする草壁皇子が母の異母妹、皇子には叔母にもあたる阿閇《あへ》皇女（後の元明天皇）を娶り、高市皇子を超えて一挙に天武朝のナンバー2になるのですが、天武崩御後に皇后が持統天皇として皇位を嗣ぐと間もなく、草壁皇子は夭折してしまいます。

八、『続日本紀』の全体構成と「常典」

結局、天智天皇が「不改常典」と「食国法」でめざした王朝交替、自らの血脈である大友皇子によって新王朝を開くという夢は消え去りました。失敗したことは、書くメリットが無ければ史書には残さないものでしょう。持統天皇も自らの血脈である草壁皇子によって新王朝を開こうと、皇后の立場から天皇に即位してバックアップしますが、皇子の夭折によって一旦挫折します。

ここから持統、阿閇《あへ》皇女（元明）、氷高内親王（元正）の姉妹・母娘、三女性のリレーによる王朝交代完成への道のりがはじまりました。望みは草壁皇子の長男で持統天皇にとっては孫の軽皇子《かるのみこ》（後の文武天皇）だけです。これは、天智天皇の構想とは違った、半分は天武の血でもあり、周辺で九州勢がうごめく不安定な別の姿ではありましたが、三人は力を合わせて新王朝の安定を目指したのです。王朝交代を果たしたものの、文武も早世してしまいます。母の身で残された元明、姉だった元正は、まだ幼い文武の子 首 皇子《おびとのみこ》（のちの聖武天皇）に繋ぐため、皇位をリレーしました。

文武天皇の即位の宣命は、七〇一年の王朝交代より前ですから、あからさまに天智を王朝創始の「宗廟」とすることは憚られます。ですからこの時点では、まだ「不改常典」は口にできません。しかし、現実的な政治の面では誰憚ることなく「四方の食国を治め奉れ」と宣命しています。神代より伝わる「食国法」で地の神、豊穣の神を祀る「社稷」の祭祀であれば、問題は起きないということでしょう。

「不改常典」は、七〇一年に独自の元号を建てるという王朝交代の画期（ハードル）を越えたことから、七〇七年の元明天皇即位の宣命で初めて公にされます。しかも、「天智天皇が立て賜ひ、敷き賜へる法」と主権の淵源まで明らかにされました。

その後、聖武天皇の世になると高市皇子の嫡子長屋王と吉備内親王の夫妻が自死に追い込まれています。夫妻はどちらかが天皇になってもおかしくない地位にあり、実力も備わっていました。もちろん、関係者の様々な欲望と権力欲が複雑に渦巻き、事件の背景は一筋縄では決められませんが、『続日本紀』は全編を通して、九州系勢力の反抗が絶えず、九州系に対する粛清が続く傾向がはっきり見えます。

「わが子に皇位継承を」という意図では「不改常典」はルールにさえなりません。「常典」とは宗廟や社稷のことだということは分りましたが、「不改」とか「無窮」という表現で主張されていたのは、誰を祀り、誰を祀らないのか、という権力闘争に関わるイデオロギーの問題でした。日本の場合はとりわけ「倭国」から「日本国」へという王朝交代の問題だったのだと思います。だからこそ天智天皇、持統天皇、元明・元正天皇から光仁・桓武天皇へと、それぞれが同床異夢、微妙に異なる動機を抱きながらそれぞれにとって好ましい形を選んで解釈した「不改常典」を守ろうとしたのでしょう。これは『日本書紀』の編集方針と同じです。「九州王朝」という歴史の影を宗廟からできるだけ消していけば、あるいは抹殺してしまえば、天照大神に繋がっている天皇家の皇位継承の正当性が確保できる、ということを考えたのだと思います。

文武天皇の「食国天下」と元明天皇の「不改常典」の宣命で始まった『続日本紀』は、桓武天皇のエピソードで終わる構成になっています。

桓武天皇は天応元年（七八一）四月三日に即位すると、四月十五日の宣命で「（父の光仁天皇が）『此の天日《あまつひ》嗣高座《つぎたかみくら》の業を掛《か》けまくも畏《かしこ》き近江大津宮に御宇《あめのしたしらしめ》しし天皇（天智）の勅《の》り賜ひ定め賜へる法の随《まま》に被《う》け賜はりて仕へ奉れ』と（桓武天皇に）仰《おほ》せ賜ひ授《さず》け賜へば（後略）」と、光仁天皇の発言として間接的ながら「不改常典」と「食国法」によって即位することを告げています。「法の随に」といっても、相変わらず法の本当の中身については説明されません。「誰かを差別し排除する意図」が含まれる法なので、明け透けには言いにくく、おおっぴらに説明するのを憚るのだと思います。本意は行動で示されます。桓武天皇は延暦四年（七八五）十一月十日に交野の柏原（今の大阪府枚方市片鉾本町）で、同六年（七八七）十一月五日にも交野で、藤原朝臣継縄《つぐただ》を遣わして昊天上帝《こうてんじょうてい》（天帝、天の神）を祀る郊祀《こうし》を執り行っています。これは中国の皇帝祭祀にならった天子の作法です。同六年の祭文には「高紹天《たかつがすすめら》皇《みこと》（光仁天皇）の配神作主《はいしんさくしゅ》、尚《こひねが》はくは饗《う》けたまへ」とあります。父の光仁天皇の御霊を天帝と並べて配祀しますからどうかうけて下さいということで、宗廟制でいえば光仁天皇を天帝に合祀し、王朝の始祖（太祖）並みの待遇をしていることになります。

締めくくりのエピソードは延暦十年（七九一）三月二十三日の太政官の奏上です。（注5）「『礼記』を調べますと、天子が祀る廟は左に三昭、右に三穆《ぼく》、中央に太祖で計七廟とあり、その後も血縁が遠い祖先を捨てて替わって新しい祖先を諱《い》む（追号して祀る）のが普通の規則で、そのようにして宗廟七を遵守しています。今国忌が多くなり、（桓武天皇と）縁が尽きた廟も増えています。国忌の日は務めをやめますので政務が滞ります。どうか血縁が遠い祖先の国忌を省いていただくようお願いいたします」と申し上げ、桓武天皇の許可が下りています。

これはまさしく、後漢・蔡邕《さいよう》の「宗廟迭毀議」と同じ光景です。桓武の血統は父光仁天皇、母高野新笠、祖父施《し》基《き》親王（田原天皇と追号）、祖母紀朝臣橡姫《とちひめ》、曾祖父天智天皇、曾祖母越道君伊羅都売《こしのみちのきみのいらつめ》と遡上します。太政官の奏言に従えば、天武天皇はもちろん、持統天皇以下称徳天皇まで九代八人の天武の血が混じる天皇がすべて宗廟から消え、または早晩消えてゆくことになります。巧まずに、『続日本紀』の始まりで不明瞭だった「食国法」「不改常典」の深い意味をここでしれっと謎解きしているエピソードといえるでしょう。桓武天皇にとっての「不改常典」の成就です。天智天皇が望んで果たせなかった夢ともいえるでしょうか。その結果なのかどうか、天皇家の菩提寺とされる京都・泉涌寺の霊明殿には天武天皇から称徳天皇までがないようです。現代の宮中祭祀はまた別なのかも知れません。

［注］

（1）元明天皇即位の宣命の前段：現神《あきつみかみ》と八洲《おほやしまぐに》御宇《しらしめす》倭根子天皇（元明）（「日本根子天皇」の間違いか故意の誤記か）が詔旨《おほみこと》らまと勅《の》りたまふ命《おほみこと》を、親王・諸王・諸臣・百官人等、天下公民、衆《もろもろ》聞きたまへと宣《の》る。関《かけま》くも威《かしこ》き藤原宮に御宇《あめのしたしらしめ》しし倭根子天皇（持統）、丁酉《ひのとのとり》（持統十一年）の八月に、此の食国天下《おすくにあめのした》の業《わざ》を、日並所知皇太子《ひなみしのみこのみこと》の嫡子、今御宇しつる天皇に授け賜ひて、並び坐《いま》して此の天下を治め賜ひ諧《ととの》へ賜ひき。是は関くも威き近江大津宮に御宇しし大倭根子天皇（天智）の、天地と共に長く日月と共に遠く改《かは》るましじき常《つね》の典《のり》と立て賜ひ敷き賜へる法《のり》を、受け賜り坐《ま》して行ひ賜ふ事と衆《もろもろ》受け賜りて、恐《かしこ》み仕へ奉りつらくと詔りたまふ命を衆聞きたまへと宣る。（『新日本古典文学大系　続日本紀一の巻』第四　岩波書店より。文中（）解説注は筆者）

（2）『蔡中郎集』巻九「宗廟迭毀議」より（出典：中国哲学書電子化計画電子図書館）
左中郎將臣邕議，以為漢承亡秦滅學之後，宗廟之制，不用周禮，每帝即位，輒立一廟，不止于七，不列昭穆，不定迭毀。孝元皇帝皆以功德茂盛，尊崇廟稱，孝文曰太宗，孝武曰世宗，孝宣曰中宗，時中正大臣夏侯勝猶執議欲出世宗，至孝成帝，議猶不定，太僕王舜、中壘校尉劉歆據經傳義，謂不可毀。上從其議。古人考據慎重，不敢私其君父，若此其至也。後遭王莽之亂，光武皇帝受命中興，廟稱世祖。孝明皇帝聖德聰明，政參文宣，廟稱顯宗。孝章皇帝至孝烝烝，仁恩溥大，海內賴祉，廟稱肅宗。比方前事，得禮之宜。自此以下，政事多釁，權移臣下。嗣帝殷勤，各欲襃崇至親而已。臣下懦弱，莫能執夏侯之直，故遂衍溢。無有方限，今聖遵古復禮，以求厥中，誠合事宜。禮傳封儀，自依家法。不知國家舊有宗儀，聖主賢臣，所共刱定，欲就六廟，黜損所宗，違先帝舊章，未可施行。臣謹案禮制七廟、三昭、三穆、與太祖七。孝元皇帝世在弟八，光武皇帝世在弟九，故以元帝為考廟，尊而奉之。孝明遵制，亦不敢毀。元帝于今朝九世，以七廟言之，則親盡，宜數，以宗廟言之，則非所宗。八月酬報，可出元帝主，比惠、景、昭、成、哀、平帝，五年一致祭。孝章皇帝、孝桓皇帝，親在三昭，孝和皇帝、孝順皇帝、孝靈皇帝，親在三穆，廟親未盡，四時常陳。孝明以下，穆宗、敬宗、恭宗之號，皆宜省去，以遵先典。殊異祖宗不可參竝之義，今又總就一堂，崇約尚省，不復改作。惟主及几筵應改而已。正數世之所闕，為無窮之常典，稽制禮之舊則，合神明之歡心。臣愚戇，議不足采，臣邕頓首頓首。

（3）https://www.isejingu.or.jp/ritual/annual/

（4）元明天皇即位の宣命の後段：親王を始めて王臣・百官人等の、浄《きよ》き明《あか》き心を以て弥務《いやつと》めに弥結《いやしま》りに阿奈々ひ奉り輔佐《たす》け奉らむ事に依りてし、此の食国《おすくに》天下《あめのした》の政事は、平けく長く在らむとなも念《おもほ》し坐す。また、天地と共に長く遠く改るましじき常の典と立て賜へる食国の法も、傾《かたぶ》く事無く動く事無く渡り去《ゆ》かむとなも念し行《め》さくと詔《の》りたまふ命を衆聞きたまへと宣る。（後略）（『新日本古典文学大系　続日本紀一の巻』第四　岩波書店より）

（5）太政官奏言「癸未、太政官奏言、謹案礼記曰、天子七廟、三昭・三穆与太祖之廟而七。又曰、舍故而諱新、注曰、舍親尽之祖、而諱新死者。今国忌稍多、親世亦尽。一日万機、行事多滞。請、親尽之忌、一従省除。奏可之」（『新日本古典文学大系　続日本紀五の巻』第四十　岩波書店より）

「王朝交代」と二人の女王
―武則天と持統―

正木　裕

一、中国史書に記す我が国の「王朝交代」

1、歴代の中国史書と『日本書紀』『古事記』

歴代の中国王朝の史書に記す、我が国、即ち「倭国・倭」の「王（天子）」の名は、大和朝廷が編纂し「天皇家」の歴史を記した『日本書紀』（七二〇年成立）『古事記』（七一二年成立）には記されない。すなわち、

①『後漢書』倭伝（范曄《はんよう》三九八～四四五ほか。五世紀に成立）で、建武中元二年（五七）に、光武帝から金印を下賜された「倭奴国王《ゐのこくおう》」、

②同、安帝の永初元年（一〇七）に生口百六十人を献じた倭国王帥升《すいしょう》、

③『三国志』東夷伝倭人条（『魏志倭人伝』）（陳寿二三三～二九七。三世紀末成立）に記す、景初二年（二三八）に魏の明帝（曹叡《そうえい》）に朝貢し、親魏倭王として金印紫綬を下賜された女王俾弥呼《ひみか》やその後継の壹與《ゐよ》、

④『宋書』（沈約四四一～五一三。六世紀初頭成立）等に記す五世紀の讃・珍・済・興・武（＊いわゆる「倭の五王」）、

⑤『隋書』（魏徴《ぎちょう》五八〇～六四三ら。六三六年本紀・列伝成立）に記す開皇二十年（六〇〇）・大業三年（六〇七）に、隋の文帝（楊堅）・煬帝（楊広）に「日出ずる處の天子」を自称し朝貢した、阿毎多利思北孤《あまのたりしほこ》、などの王たちだ。

そして、逆に『記紀』に記す「天皇」の名は、こうした中国史書には見えない。これは中国史書の「倭国」と「天皇家（＊ヤマトの王家・八世紀の大和朝廷）の国」が別の国であることを示している。

2、『旧唐書』に記す「倭国から日本国」への王朝交代

これを裏付けるように、唐代の歴史を記す『旧唐書』（劉昫《りゅうく》八八七～九四六ほか。九四五年成立）には、我が国に「倭国」と「日本国」があるとする。

①「倭国」は倭奴国王から多利思北孤まで続く国で、東西を行くのに五カ月、南北を行くのに三カ月かかる範囲に、五十余国を従える大国だと記す（左図）

『旧唐書』に記す「倭国」と日本国の領域

「倭奴国」は福岡県の志賀島出土の金印を下賜された国で、多利思北孤の国も「阿蘇山あり」と記すから、「倭国」は一世紀～七世紀まで続く九州の国となる。そこから、古田武彦氏は、これを「九州王朝」と名付けている。（＊本稿では古田氏の命名に基づき「倭国（九州王朝）」と表記する）[注1]。

◆『旧唐書』倭国は古の「倭奴国《ゐのこく》」なり。京師（＊長安）を去ること一萬四千里、新羅の東南大海の中に在り、山島に依りて居す。東西五月行、南北三月行。世々中国と通ず。其の国、居するに城郭無く、木を以て柵とし、草を以て屋とす。四面小島。五十余国、皆付属す。其の王、姓は阿毎氏、一大率を置き、諸国を検察す。皆これを畏附す。

②倭国（九州王朝）の統治範囲は全国に及ぶ

「東西五月行、南北三月行」の実距離を知るには、『後漢書』南蛮伝に、「軍行三十里を程（＊一日に進む距離）とす」という規

定が参考になる。それによれば、「東西五月行」の「五カ月（百五十日）」は、当時の「毎五日洗沐制（＊五日働いたら一日休む規定）」では行軍日数百二十五日となる。一日三十里（漢代の一里約四百三十メートルで約十三キロメートル）なら、約千六百キロメートル程度で、凡そ九州西岸から津軽海峡付近までの距離だ。同様に「南北三月行」は七十五日、一日十三キロメートルで約千キロメートル程度となり、対馬から南西諸島の南端付近までの距離となる。つまり、「東西五月行、南北三月行」は、北海道を除く今日の我が国の領域を示すことになる。

③日本国の統治範囲は大和朝廷の畿内国とその周辺

一方、日本国は、「倭国の別種」で「東西南北各数千里」を領域とし、東と北に「大山」があり、その外に「毛人国」があるという。

◆『旧唐書』日本国は、倭国の別種なり。その国、日の辺に在るが故に、日本を以って名と為す。あるいは曰く、倭国自らその名の雅びならざるをにくみ、改めて日本と為す、と。あるいは云ふ、日本はもと小国にして倭国の地をあはせたり、と。その人朝に入る者、多くは自ら大なるをおごり、実を以って対せず、故に中国はこれを疑ふ。また云ふ、その国界は東西南北各数千里西界と南界は大海にいたり、東界と北界には大山ありて限りとなす。山外はすなはち毛人の国なり。

「一里」が大宝律令の「一里三百歩・一歩六尺・一尺約三十センチメートル」の単位なら約五百四十メートルとなる。数千里は二千キロメートル〜三千キロメートルで、これでは中国大陸の洛陽付近まで「日本国の範囲」になるから、「律令の里の単位」ではありえない。

一方、『倭人伝』の一里約七十五メートルの短里なら、数千里は約三百キロメートル〜四百キロメートル程度となる。[注2] また、東と北の「大山」は日本アルプス、その東に「上毛・下毛・蝦夷国」があることを考えれば、大和朝廷の「畿内国」とその周辺の範囲と一致する。

3、武則天による「日本国（大和朝廷）」の承認

①「日本国」の使者粟田真人への官位授与

『旧唐書』では、大和朝廷が七〇二年に中国に派遣した粟田真人を「日本国の使者」と記し、七〇三年に武則天が司膳卿《しぜんけい》の官位を授けている。これは、「日本国」とは「大和朝廷」を指すことを示す。＊本稿では「日本国（大和朝廷）」と表記する。

◆『続日本紀』大宝元年（七〇一）正月丁酉（二十三日）粟田朝臣真人を遣唐執節使とす。

◆『旧唐書』（日本国）長安三年（七〇三）、其の（＊日本国の）大臣朝臣真人（＊粟田真人）来りて方物を貢ぐ。朝臣真人は、猶中国の戸部尚書《こぶしょうしょ》のごとく、進徳冠を冠し、其の頂は花をなし、四つに分かれ散り、身に紫袍を服《き》て絹をもって腰帯とす。真人は好く經史を読み、文を解屬し、容止は温雅である。則天は麟徳殿に宴《あ》へたまひ、司膳卿《しぜんけい》の官を授けて、本国に還す。

歴代中国王朝は、冊封国（＊中国王朝を宗主国として臣従する国）と認める証として、国王やその臣下に印綬や官位を与えてきた。(注3) 従って、武則天が粟田真人に司膳卿という唐の官位を与えたのは、「倭国（九州王朝）」に代えて、初めて「日本国（大和朝廷）」を冊封国とし、我が国の代表者と認めたことを示している。

②「王朝交代」を示す七〇一年を画期とした制度変革

また、大和朝廷は、武則天による「日本国」承認前夜の七〇一年に律令を制定し、七〇〇年までの「倭国の地方制度と考えられる評制」を「郡制」に改める。また、大宝年号が建元され、五一七年の「継体」（または五二二年の「善記」）以来続いてきた「倭国年号（九州年号）」が七〇〇年をもって途絶える。(注4) このような七〇一年を画期とした諸制度の変革は、「倭国（九州王朝）」から「日本国（大和朝廷）」への「王朝交代」を証している。

③疑われた「日本国」

ただ、粟田真人が「日本国の使者」を名乗った際には、中国に「日本国」の認識はなかった、あるいは薄かったことが『続日本紀』の記事から分かる。

◆『続日本紀』慶雲元年（七〇四）七月甲申朔。粟田朝臣真人、唐国より至る。初め唐に至りし時に、人有りて来りて問ひて曰く、「何処の使人ぞ」といふ。答へて曰く、「日本国の使なり」といふ。

「倭国」からは留学生も滞在し、白村江以降唐の使節も派遣され、軍も駐留していたのに「何処の使人ぞ」と問われている。これは、「日本国」がそうした交流をしていなかった、「なじみのない国」であることを示している。

ちなみに、『旧唐書』は「あるいは曰く」として「名前が変わっただけで倭国と日本は同じ国」（倭国は「自らその名の雅びならざるをにくみ、改めて日本と為す」）との日本国の使者の主張も紹介している。しかし、日本国は、中国史書に記す倭国と、王の名・交流事績や地勢が異なる（倭国は「四面に小島」、日本国は「北と東に大山」など）。それなのに「同じ国」と言うので「実を以って対せず（嘘を言う）」と中国に疑われた（＊「故に中国はこれを疑う」）のだ。

4、「王朝を交代」させた武則天と持統

そして、日本国を承認したのは中国唯一の女帝「武則天」で、六九〇年に即位し、「李氏の唐」から「武氏の周（武周）」へと「王朝を交代」させた。

一方、我が国の女帝持統（六四五〜七〇三）も、六九〇年に即位し、六九七年に文武（軽皇子）に皇位を譲った後も、「太上天皇（上皇）」[注5]として実権を保持した。従って、七〇一年の律令制定・大宝建元・武則天への粟田真人派遣は、事実上持統上皇の事績だ。つまり、持統は『旧唐書』にいう「倭国から日本国へ」の王朝交代を実現した天皇となる。

以下、『旧唐書』に記す武則天の事績と、『書紀』に記す持統の事績を対比しながら、我が国での「王朝交代」の実際を明らかにしていきたい。

二、「唐王朝」を廃し「周（武周）」を建国した武則天

1、「皇帝（高宗）」に代わり国政を専断した則天武后

「武則天」（＊姓は「武」、諱は「照」、高宗の皇后時代は「則天武后」、即位して「武則天」）（六二四～七〇五）は、資産家の政治家、武《ぶ》士《し》彠《しゃく》の娘として生まれ、十四歳で唐の二代目皇帝「太宗（李世民）」の後宮に入る。太宗崩御後、次代の皇帝「高宗（李治）」の王皇后・蕭淑妃《しょうしゅくひ》を追い落とし、六五五年に皇后に即位する。『旧唐書』によれば、「武皇后」は知略に優れ、病気がちの高宗にかわり、「百司の表奏、皆天后の詳決に委ぬ（官僚の上奏は、全て皇后が決裁した）」とあるように、「天后」と称して「垂簾聴政《すいれんちょうせい》」(注6)をおこない、七〇五年に崩御するまでの数十年間国政の全てを取り仕切った。

◆『旧唐書』本紀第六（則天皇后）永徽《えいき》六年（六五五）王皇后を廃して武宸妃を皇后に立つ。高宗を天皇《てんこう》と称し、武后また天后《てんこう》と称す。后、素より智計多く、文史を兼渉す（＊文章と歴史。中国の聖賢の書をいい、武皇后はこれに通暁していたとする）。帝、顕慶（六五六～六六〇）より後、風疾（＊中風か）に苦しむこと多く、百司の表奏、皆天后の詳決に委ぬ。これより数十年内国の政を輔《たす》け、威勢は帝と異ならず、當時二聖と称す。

従って、六六〇年～六六三年の「百済の役（半島遠征）」(注7)も、武皇后の「詳決（決定）」によるもので、この戦の中、倭国は百済を支援したが、白村江で大敗北し膨大な犠牲者を出している。

◆『旧唐書』仁軌、倭兵と白江の口に遇い、四戦捷《か》ち、其の舟四百艘を焚く。煙と焔《ほのお》は天に漲ぎり、海水は皆赤くなる。賊衆は大潰し。余豊（＊扶余豊璋）は身を脱《のが》れ走り、其の宝剣を獲る。偽王子の扶余忠勝、忠志等、率いる士女、及び倭衆、併せて耽羅国使ら一時に並び降る。

2、白村江で「倭国酋長」が捕虜となり封禅の儀に参列した

この勝利を受け、武皇后は麟徳二年（六六五）十月、高宗に「封禅《ほうぜん》の儀《ぎ》」(注8)の挙行を勧め、これに従い高宗は泰山

に向かい、翌麟徳三年（六六六）正月朔に封禅を挙行し、「乾封《けんぷう》」に改元する。
この封禅の儀で、我が国にとって重要な事実が記されている。それは「倭国酋長の扈従《こじゅう》（＊つきしたがうこと）」だ。『旧唐書』劉仁軌伝や『冊府元亀』では、その時、白村江で捕虜となっていた「倭国酋長」が「封禅の儀」に列している。

◆『旧唐書』麟徳二年（六六五）冬十月戊午、皇后、封禅を請う。

◆（同）麟徳二年十二月、泰山に封ず。仁軌、新羅及び百済、耽羅、倭四国の酋長を領《ひき》ゐて赴会す。高宗、甚だ悦び、大司憲を擢拜《てきはい》す。

『旧唐書』によれば、新羅の文武王、百済の故義慈王の太子扶余隆、耽羅国の国主佐平徒冬音律《ととうおんりつ》（＊六六二年に新羅に投降）が、共に参列したと考えられる。

そして、唐はこれら臣従した「酋長」を、「羈縻政策《きびせいさく》」により、唐の官吏である「都督」として帰国させている。「羈縻政策」とは、中国に従う夷蛮の王を、中国の官吏である「都督」に任命し、その国の王として統治させる政策だ。高宗は、百済では、太子扶余隆を六六四年に「熊津都督《ゆうしん》」に任命し、旧百済王城の熊津城に帰す。高句麗では、宝蔵王を六六八年に長安に連行、その後、六七七年に開府儀同三司・「遼東州都督」朝鮮王に任命し遼東城に帰す。新羅では、文武王を六六二年に「鶏林大都督《けいりん》」に任命し、各々の国を統治させた。このように新羅・百済・耽羅の「酋長」は、王や、王不在の場合にはそれに代わる太子・王子であり、「倭国酋長」もこれに準じる人物となろう。

ちなみに、『旧唐書』には「新羅・百済・耽羅・倭」四国とあるが、『冊府元亀《さっぷげんき》』（王欽若ら。十一世紀に成立）では、多数の王や太子・王子たちが「酋長」として参列し、都督に任命されている。（注9）

3、「倭国酋長」は筑紫君薩夜麻《さちやま》

そして、『書紀』は「筑紫君薩夜麻」が白村江（百済の役）で捕虜となり、唐の郭務悰らと筑紫に帰還したと記す。

◆『書紀』天智十年（六七一）十一月癸卯（十日）に、対馬国司、使を筑紫大宰府に遣して言はく、「月生《た》ちて二日、沙門道久・筑紫君薩野馬・韓嶋勝《からしまのすぐり》娑婆・布師首《ぬのしのおびと》磐、四人、唐より来曰、唐国の使人郭務悰等六百人、送使沙宅孫登等一千四百人、総合二千人、船四十七隻に乗りて、倶に比知島に泊る（後略）

◆『書紀』持統四年（六九〇）十月乙丑（二十二日）。百済を救う役に、汝唐の軍の為に虜にせられたり。天命《あめみこと》開別《ひらかすわけ》天皇（天智）三年（六六四）に洎《およ》び、土師連富杼・氷連老・筑紫君薩夜麻・弓削連元宝児四人（後略）

ここで、薩夜麻以外の唐の捕虜の持つ「連《むらじ》」の称号は、「八色《やくさ》の姓《かばね》」で七番目に位置付けられる姓《かばね》で、「倭国酋長」に相応しいのは「筑紫君薩夜麻」のみだ。従って「倭国酋長」とは「薩夜麻」で、彼は倭国（九州王朝）の王だったと考えられる。（注10）

ちなみに、『書紀』では、ヤマトの王家（天皇家）は六六一年に斉明天皇が筑紫朝倉宮で崩御し、天智（中大兄）は大和に帰還、白村江には出陣しなかったとする。加えて、大海人（天武）はもちろん、天智の皇子の志貴皇子・大友皇子・阿閇皇子・川島皇子、天武の皇子の草壁皇子・大津皇子・高市皇子・忍壁皇子など天皇家の皇族、さらに藤原氏も参戦していない。従って白村江を主導したのは倭国（九州王朝）で、捕虜となった「倭国酋長」は、ヤマトの王家の人物でなく、薩夜麻だったことになる。

4、薩夜麻は天智六年（六六七）、「筑紫都督府」に帰還した

そして羈縻政策に照らせば、薩夜麻も「都督」として筑紫に送り返され、倭国の統治にあたったことになろう。

そして、「都督」なら、彼の政庁（府）が筑紫都督府のはずで、これを裏付けるように『書紀』の天智六年（六六七）十一月に、『書紀』で初めて「筑紫都督府」の名称が記される。

◆『書紀』天智六年（六六七）十一月（九日）百済の鎮将劉仁願、熊津都督府熊山県令上柱国司馬法聰等を遣して、大山下境部連石積等を筑紫都督府に送る。

「都督府」がある以上「都督」がいるはずだが『書紀』には記載がなく、一貫して「筑紫大宰府・大宰」とする。

しかし、筑紫には現在も「都督府古趾」と記す石柱があるように、現地名称には「都督府」が遺存している。『書紀』は、薩夜麻の筑紫への帰還を、天智十年（六七一）十一月と記すが、『旧唐書』との対比で、『書紀』の天智十年記事には「三年以上のずれ」が認められ、「都督薩夜麻」の帰還は、「都督府」の存在が記される天智六年（六六七）と考えられよう。(注11)

5、則天武后時代の唐は我が国を支配していた

薩夜麻とともに渡来した唐の郭務悰らは、その後筑紫に駐在していた。これは、壬申の乱直前の六七二年の記事でわかる。

◆『書紀』天武元年（六七二）三月己酉（十八日）に、内小七位阿曇連稲敷を筑紫に遣し、天皇の喪を郭務悰等に告げしむ。是に、郭務悰等、咸《ことごとく》に喪服を着て三遍擧哀《みねたてまつる》、東に向いて稽首《おが》む。壬子（二十一日）、郭務悰等、再び拝みて書函と信物を進る。

『書紀』では、天武は壬申の乱に勝利し、翌六七三年二月に飛鳥浄御原宮で即位したとある。そうであれば、壬申の乱直後の外交舞台は飛鳥であって当然なのに、その記事は無く、ほぼ全て筑紫だ。

◆『書紀』の天武元年・二年の外交記事

①天武元年（六七二）十一月辛亥（二十四日）に、新羅の客金押実《きんおうじち》等に筑紫に饗たまふ。（中略）十二月癸未（二十六日）に、金押実等罷り帰りぬ（＊飛鳥での饗宴記事無し）。

②天武二年（六七三）六月壬辰（八日）。耽羅、王子久麻芸《くまぎ》（中略）等を遣して朝貢す。己亥（十五日）新羅、韓阿湌《あさん》金承元（中略）、一吉湌金薩儒《いっきちさんこんさちぬ》（中略）等を遣す。（中略）送使貴干宝（中略）を筑紫に送り、（中略）筑紫に饗へたまふ。（中略）筑紫より国に返る。八月癸卯（二十日）。高麗、上部位頭大兄邯子《しょうぼういづだいけいかむし》（中略）等を遣す。仍りて新羅、韓奈末金利益《かんなまこんりやく》を遣して、高麗使人を筑紫に送る。戊申（二十五日）賀騰極使金承元等、中客以上廿七人を京に喚す（＊飛鳥での外交・饗宴記事無し）。因りて大宰（＊筑紫太宰）に命せて、耽羅使人に詔し、（中略）筑

紫より返す。十一壬申（二十一日）高麗の邯子・新羅の薩儒等に筑紫の大郡に饗へたまふ。

これは、壬申の乱以後の政治の中心は飛鳥ではなく、「筑紫都督府」があり、唐の郭務悰と軍が駐在していた九州だったことを示している。結局、近江朝の滅亡以後の倭国は、唐の郭務悰と軍の駐留のもとで、都督倭王薩夜麻が統治するという、「唐の間接統治」下にあったことになろう。

6、後継皇帝を次々廃位し自ら皇帝となり「武周」を建国した武則天

高宗は、東夷平定・封禅の儀挙行の後、病が進み（＊『旧唐書』に「顕慶（六五六～六六〇）より後、風疾に苦しむ」と記す）、代わって国政を専断した則天武后の権力は一層強固となる。そして、武后は六八三年の高宗崩御後は、次代の「中宗（李顕）」を五十五日で廃位し、次の睿宗《えいそう》（李旦）も六年で廃する。そして、六九〇年には「李姓」を持つ唐の実力者を次々に粛清し(注12)、自らが六十七歳で皇帝に即位、「李氏の『唐』」に代えて「武氏の『周（武周）』」を建国、「聖神皇帝」と称し、中国初で唯一の女帝「武則天」となる。

◆『旧唐書』天授元年（六九〇）九月九日壬午、唐の命（＊天命）を革《あらた》め、国号を改めて周とす。

こうした政敵粛清や高宗の王皇后・蕭淑妃を殺害したことなどで、「呂后」（呂雉《りょち》）、漢の高祖・劉邦の皇后）、「西太后」（清の咸豊帝《かんぽうてい》の側妃で、同治帝《どうちてい》の母）と並ぶ中国三大悪女の一人といわれるが、様々な改革に取り組み、姚崇《ようすう》・宋璟《そうけい》などの有能な官僚を育て国内を安定させ、後代の玄宗皇帝時代の「開元の治」の基を築いた功績も大きいと考えられている。

7、武則天の改革

武則天は、唐の旧制を大胆に改めた。

①永徽《えいき》六年（六五五）、皇后即位と共に「皇帝・皇后」の尊号を「天皇《てんこう》・天后《てんこう》」に改めた（＊六七四年説も）。

我が国でも飛鳥池遺跡から六七〇年代と思われる「天皇木簡」が見つかっており、武后の改称に拠るとの説もある。

②「頻繁な改元」高宗崩御後の二十一年間で十九回改元し、こうした年号は「則天年号」と称される。
③「暦法改定」麟徳二年（六六五）五月に、暦法を「戊寅暦」から「麟徳暦（儀鳳暦）」に変える。
④「周正の採用」六八九年～六九〇年に、唐の「寅月＝冬至の翌々月の一月を正月」とする「夏正」から、「子月＝冬至月の十一月」を正月とする「周正」に改め、永昌元年（六八九）十一月を載初元年正月と定めた。
⑤「仏教の優遇」六九〇年の即位後は、唐代の「道先仏後（道教優遇）」施策を「仏先道後（仏教優遇）」に改める。
⑥漢字を改変し「則天文字」を使用（六九〇年～七〇五年）。

武則天は、七〇三年の「日本国承認」の二年後の七〇五年二月、健康を害し退位、「則天大聖皇帝」の尊号をうけ、同年十二月に崩御、同年中宗が復位し「国号の唐」も復活した。

こうした武則天の事績の中で「日本国承認」は、「東夷の小国に関する些細な外交事績」かもしれないが、我が国にとっては古代史上かつてない重要な出来事だった。

三、倭国（九州王朝）を廃し「日本国（大和朝廷）」を建てた持統

1、持統天皇（上皇）時代に「王朝交代」がおきた

そして、我が国でも武則天と同年に即位した女帝持統の時代に、『旧唐書』に記す「倭国から日本国へ」の「王朝交代」がおきた。

持統は、六四五年に中大兄（天智）の娘（鸕野讃良皇女《うのささらのひめみこ》）として生まれ、六五七年に十三歳で叔父の大海人皇子（後の天武天皇）の妃となる。そして、壬申の乱の勝利後の六七三年二月、天武の即位に伴い皇后となる。武則天は高宗の皇后時代から国政を担ったが、持統も、大海人の妃の時代から、天武の皇后の時代を通じて、国政に深く関与したと記されている。

◆『書紀』（持統摂政前紀）「皇后、始めより今にいたるまで、天皇をたすけて天下を定めたまふ。毎《つね》に侍執《つかへ》まつ

る際に、輒《すなは》ち言、政事に及び、毗《たす》け補ふ所多し。」

持統は六八六年の天武崩御後に、「称制即位」し国政の全てを取り仕切り、六九〇年に天皇に即位する。六九七年には孫の文武を即位させ皇位を降りるが、「太上天皇（上皇）」として実権を保持し、七〇三年に五十八歳で崩御した。

「王朝交代」を示す七〇一年の「律令制定・大宝建元・粟田真人の唐への派遣決定」などは「文武天皇」の時代だが、実際は「持統上皇」の事績と考えられる。

2、王朝交代への重要な岐路「壬申の乱」

天武・持統が歴史の表舞台に立つ契機が六七二年の「壬申の乱」だった。そして、「壬申の乱」も白村江敗戦と薩夜麻の捕囚が遠因となったと考えられる。

①倭国の白村江敗戦とヤマトの王家（天皇家）

『書紀』で「壬申の乱」は、天智の後継者「大友皇子」と、大海人皇子というヤマトの王家内の「後継者争い」として描かれている。

六六三年の「白村江の戦い」の際、中大兄（天智）は出兵せず、損失を最小限に留めた。このことから、中大兄は薩夜麻が唐に抑留されている間、代わって近江で国政を担う。これが「天智称制」だ。

その薩夜麻は、「羈縻政策」により「唐の官僚の都督倭王」として六六七年に帰還し、「筑紫都督府」で唐の郭務悰のもとで政務をとった。これは実質「唐の傀儡」であり、中大兄は「政権返還」に反対し、倭国の有力臣下や豪族らの支持を得て、天智七年（六六八）に「倭姫王《わのひめのおおきみ》」を皇后に娶り、「倭国の王」に即位、近江宮で政務を続けたと考えられる。これが六六八年の「天智即位」だ。（注13）

②天智崩御と『書紀』に記す「壬申の乱」

しかし、六七一年の天智崩御後、天智の息子の大友皇子は、後継に「倭姫王」を推挙した大海人を除こうとし、大海人・鸕野皇女らは「吉野」に逃れ、六七二年に近江朝の大友皇子を討伐する。これが『書紀』が描く、「壬申の乱」だ。

その際、『書紀』は、鸕野皇女が、東国に入って戦にも参画し、作戦を練り、軍に命令したと記す。

◆『書紀』（持統称制前紀）天武元年（六七二）六月。（鸕野皇女は）天渟中原瀛眞人《あまのぬなはらおきのまひと》天皇（大海人・天武）に従ひて、難を東国に避けたまふ。旅（軍）に告げ衆を会《つど》へて遂にともに謀を定む。すなはち分ちて敢死者《たけきひと》（＊死をも辞さない者）数万に命じて、諸の要害の地に置く。

こうした「壬申の乱」の記事では、武則天が高宗の皇后時代に軍政に関与し、百済や高句麗を討伐したように、持統も大海人の妃時代から軍政に関与し活躍したとする。

3、実際の「壬申の乱」は「倭国全体の覇権争い」

ただし、「壬申の乱」は、「大友皇子対大海人皇子」という「ヤマトの王家の跡目争い」ではなく、「九州から東国を巻き込んだ倭国全体の戦い」であり、大海人と鸕野皇女は、「奈良吉野」でなく「佐賀吉野」に逃れ、「郭務悰や唐の軍と、筑紫都督府の薩夜麻」らの支援で大友を倒し、「東国」(注14)の覇権を握ったと考えられる。(注15)

①まず、壬申の乱当時、九州には唐の郭務悰と軍、唐の都督（筑紫都督倭王）の薩夜麻がおり、『釈日本紀』に天武が唐人から戦術を教わった記事がある。

◆『書紀』天武元年（六七二）三月己酉（十八日）内小七位阿曇連稲敷を筑紫に遣し、天皇の喪を郭務悰等に告ぐ。

◆『釈日本紀』（調連淡海・安斗宿祢智徳等日記に云ふ）天皇、唐人等に問ひて曰はく、「汝の国は数《あまた》戦ふ国也。必ず戦術を知らむ、今如何」と（中略）。

②次に、吉野宮とされる奈良吉野の宮滝遺跡付近には、天武時代に多数の同伴者や臣下・兵を収容できる施設は存在しない。

③また、吉野宮は人麻呂が「舟並めて　朝川渡る　舟競ひ　夕川渡る」「水激る　瀧の宮処」と歌うが、宮滝付近には、

船遊びする川幅もなく、滝もない。一方、佐賀には「吉野山」を源とし、佐賀平野の吉野付近に流出する嘉瀬川には雄淵の滝があり、平野部では川幅も広く、今日も船を競う行事が行われている。
④さらに、「東国」の美濃国の兵三千人・尾張の兵二万人という規模の兵は「一国が総力を挙げて戦った白村江の戦い」に匹敵する。一方で、本家ヤマト周辺での戦闘の規模は数百人、大和の吹負が集めた兵はわずか数十人で桁違いに少ない。
⑤そして、「西国」では大友皇子は吉備や大宰府にも使者を発し、大海人側に付くことを戒めたが拒否されている。

4、都督・薩夜麻は「壬申の乱」で倭国の統治権を回復

薩夜麻は、唐の捕囚になっていた間、天智に統治権を委ねていたが、天智崩御後、唐の力を借り天武を支援し、胸形君徳善の娘の尼子娘を母とする、「九州王朝系の高市皇子」に指揮させて大友皇子の近江朝に勝利する。そもそも『書紀』に大海人が直接軍や戦闘を指揮した記事は無く、次のとおり、最高司令官は「高市皇子」で、「壬申の乱」は倭国（九州王朝）の主導だったことを示している。
①「和蹔原《わざみはら》（＊関ケ原）で軍衆に号令」（高市皇子、軍衆に号令す。）
②「不破に軍事を監す」（高市皇子、不破にて軍事を監す。）
③「諸臣・豪族を召喚す」（高市皇子の命を擧げ、穂積臣百足を喚す。）
④「論功行賞を行う」（高市皇子、近江の群臣の犯状を宣す。）これは、戦の主導者が行うべき論功行賞を、大海人でなく高市皇子が行っていることを示すもの。
『書紀』は、これら高市皇子の活躍記事に「遣し・命じ」の語句を付し、すべて「大海人皇子」の事績の様に描くが、実際に戦を主導したのは高市皇子だった。

本来、①の「命高市皇子号令軍衆」は「高市皇子号令軍衆」、②の「遣高市皇子於不破令監軍事」は「高市皇子於不破令監軍事」、④の「命高市皇子宣近江群臣犯状」は「高市皇子宣近江群臣犯状」で、「壬申の乱」の最高司令

官は九州王朝系の高市皇子だったことを記していたのではないか。

この勝利により、倭国（九州王朝）の薩夜麻は、「唐の都督」という立場であるが、我が国の統治権を回復する。

天武の和風諡号の「天渟中原瀛眞人天皇《あまのぬなはらおきのまひと》」の「真人」は天武自身が天武十三年（六八四）に定めたとされる「八色の姓《やくさのかばね》」で臣下の最上位の称号だ。天皇が臣下の姓を名乗るのは不自然だが、これを「倭国（九州王朝）が定めた姓」で、「薩夜麻の臣下の最上位」を意味すると考えれば矛盾なく理解できる。天武は臣下のトップの「真人」として東国の統治を委ねられたと考えられる（注16）。

不思議なことに天武時代には一名の大臣も任命されなかった。これは、通説では天武天皇と皇親（皇族）のみによる「皇親政治」のあらわれとするが、実際は唐が駐留し、そのもとに都督の薩夜麻が執政している中で、ヤマトの王家では大臣の任命が出来なかったからではないか。

5、薩夜麻の倭国（九州王朝）の衰退

新羅では、唐に臣従した時点で、「唐制」の採用や、唐の年号の使用が求められており、唐の駐留の下での薩夜麻の統治権にも制約が課せられていたと考えられる。白鳳年号が二十三年間改元されなかったのはこれが原因ではないか。

◆『三国史記』（新羅本紀）六四九年。初めて中朝（唐）の衣冠を服す。六五〇年。新羅年号（太和）を廃止、唐の永徽《えいき》を用いる。

また、重要施策には唐の承認が必要で、駐留軍の経費負担も生じる。倭国（九州王朝）は、白村江敗戦（六六三）の打撃に加え、筑紫大地震（六七八）で本拠筑紫・筑後が大打撃を受け、主要な建物も多く倒壊・破損する（＊小郡には当時倒壊した建物の遺跡が存在）。さらに「灰降れり」との火山噴火の記事もあり、倭国（九州王朝）の疲弊は加速していったと推測される。

◆『書紀』天武七年（六七八）十二月是月。筑紫国大きに地動く。地裂くること広さ二丈、長さ三千余丈、百

姓の舎屋村毎に多く仆壊たり。

加えて六七〇年代後半の「唐の半島撤退（注17）」により、駐留していた唐の軍も撤退し、軍事的後ろ盾も失う。
そして、倭国（九州王朝）の重要な全国統治の拠点である「難波宮」も、白鳳大地震（六八四）で罹災、九州年号を「朱雀」に改元する。

◆『書紀』天武十三年（六八四・朱雀元年）十月壬辰（十四日）の人定《にんじょう》（＊亥の刻で二十一時〜二十三時）に逮《いた》りて、大きに地震る。国を挙げて、男女叫唱し不知東西《まどひ》ぬ。則ち山崩れ河涌《わ》く、諸国郡官舎及び百姓倉屋・寺塔神社、破壊の類あげて数ふべからず。是により、人民及び六畜、多死傷す。時に、伊豫湯泉、没して出ず、土左国田苑五十餘萬頃《しろ》（三百六十歩・二百五十歩とも）、没して海となる。

白鳳大地震は東海・東南海・南海地震が連動しておきたもので、その被災地は「筑紫」ではなく東海・近畿・四国であり、現在の想定では難波宮付近も相当の揺れ（震度五強・中央防災会議予測）と津波（二〜三メートル・同）の被害が発生するとされている。「近畿での地震」が九州年号朱雀改元の原因なら、薩夜麻は、筑紫大地震以来「難波宮」に移っていた可能性が高い。

筑紫大地震・白鳳大地震と続く災害の連続の中で、九州王朝の統治力はいよいよ衰え、治安が乱れ社会不安が高まった。これは『二中歴』細註でわかる。

◆『二中歴』朱雀（甲申・六八四〜六八五）（細註）兵乱・海賊始めて起る。又安居《あんご》始めて行はる。

『二中歴』からは、強盗・海賊はもちろん、被災地後は各地で「兵乱」（武器による抗争）が発生していたと推察できる。

「安居」とは、僧侶たちを一か所に留め、四月十五日から七月十五日まで修行させる、インド発祥の仏教行事だ。
『書紀』では天武十二年（六八三）七月の「この夏」条と、天武十四年（六八五）四月十五日条に「安居」記事がある。

◆天武十二年（六八三）秋七月。是夏、始めて僧尼を請せて宮中に安居せしむ。因りて、浄行者《おこなひびと》卅人を簡《えら》びて出家せしむ。

◆天武十四年（六八五）夏四月庚寅（十五日）、始めて僧尼を請せて宮中に安居せしむ。

「始めて」が「初回」の意味ならどちらの記事にもあるのは不審で、天武十二年は「安居が終わる」七月の記事だから「安居を始めた」ことにもならない。また、七月は「秋」なのに「是夏」とあるのも不自然だ。

安居が終わった七月十五日には「臘《ろう》」という修行年数による僧侶の格が与えられた。つまり「卅人を出家」させたというのも安居の「終わり」に相応しい行事で、決して「始めて」と書かれるべきものではない。

このことから、二つの「始めて」のうち天武十二年記事は、本来天武十四年（朱雀二年）夏四月に「始まった」安居の「終わり」の記事が移されたもので、「安居」は九州王朝が、朱雀二年（六八五）に白鳳大地震で死亡した多くの人々を「供養」するために行ったものだと考えられる。

結局『二中歴』「朱雀」細註の「兵乱海賊始起又安居始行」は、「白鳳大地震」の影響による兵乱の発生、及び九州王朝が被災者の鎮魂・供養のため「安居」を行ったことを示していたのだ。

しかし、法要や改元も虚しく、六八六年に、「難波宮」も焼失し、倭国（九州王朝）は筑紫・難波両統治拠点を失うことになる。

◆朱鳥元年（六八六）正月乙卯（十四日）の酉の時に、難波の大藏省に失火、宮室悉く焚けぬ。或曰はく、「阿斗連薬家の失火、引《うつ》りて宮室に及ぶ。」といふ。唯し、兵庫職のみは焚けず。

この罹災をうけ、藤原宮の造営に取り掛かるが、実権はヤマトの王家に移り、藤原宮造営も、その位置を地域的に見ればヤマトの持統らにより遂行されたと考えられる。

四、倭国（九州王朝）を排除し自らの血統を継がせた持統

1、持統は皇后即位後、自らの子である草壁皇子の即位をはかる

『書紀』に「皇后、言、政事に及び」とあり、持統の力はヤマトの王家の「後継天皇」の選定に及んだことが、

実子「草壁皇子」の皇太子擁立経緯から分かる。

天武八年（六七九）五月六日に、草壁を皇子の最上位とする「六人の皇子の結束の盟《ちかひ》」（＊俗に「吉野の盟約」と言われ、草壁が率先して盟約した）が行われる。そこで天武が「母は違っても、どの皇子も同じ母の様に慈しむ」と盟約し、六人の皇子を抱き、皇后も同じ内容を盟約したと記す（＊皇后の盟たまふこと、また天皇の如し。）。しかし「同じ母の様に慈しむ」との言葉や、皇子を抱くとの記述は、天武でなく、我が子以外の皇子を多く抱えた皇后の言葉に相応しいのではないか。

そして、二年後の六八一年には、最年長で九州王朝系の高市皇子や、大津皇子（母は天智皇女の大田皇女）・忍壁皇子（母は宍人《ししひとの》櫢媛《かじひめ》娘）など「生母が異なる皇子」を差し置いて、自らの実子の草壁皇子を立太子させた。
◆天武十年（六八一）二月甲子（二十五日）に、草壁皇子尊を立てて皇太子とする。因りて万機を摂《ふさねをさ》しめたまふ。
この経緯から「吉野の盟約」は「実子草壁を皇太子にしても、皆平等に扱う」との表明で、皇后による草壁立太子のための布石だったと考えられる。

2、天武崩御と倭国（九州王朝）の王の崩御

天武は朱鳥元年（六八六）九月丙午（九日）に病が癒えず崩御するが、「朱鳥改元」はそれ以前の六八六年七月二十日だ。岩波『書紀』の注釈では「天武の病気平癒を願ってのこと」とするが、「病気平癒祈願の改元」など例は無い。しかも結局平癒せず、かつ、天武崩御による改元は記されない。天皇の崩御で改元されない例はないから、「朱鳥改元」は九州王朝の改元だ。（注18）
そして、『書紀』（持統称制前紀）朱鳥元年に「是歳、蛇と犬と相交《つる》めり。俄《しばらく》ありて倶《とも》に死ぬ。」という不可解な記事がある。この記事は「本来相容れぬ者同士が、なれ合い一体となって（統治して）きたが、この年に共に死んだ」という意味の「わざうた」（政治的な風刺歌）と考えられよう。
「この年に死んだ一人」は天武だが、もう一人「天武がなれあった」人物がともに死んだことになる。「九州年号

の改元年」だから、倭国（九州王朝）の人物で、壬申の乱で天武を支援し、以後白鳳・朱雀の間、倭国を統治してきた筑紫君薩夜麻が相応しい。そうであれば、朱鳥元年にヤマトの天武と倭国（九州王朝）の薩夜麻が共に崩御したことになる。

これを証するのが、朱鳥元年（六八六）の「度重なる天武の病」記事だ。

①五月癸亥（二十四日）天皇「始めて體不安《あつしれ》」たまふ。因りて川原寺にして薬師経を説かしむ。宮中に安居す。戊辰（二十九日）金智祥等を筑紫に饗へ禄賜ひ、筑紫より退る。是月、左右大舎人等を遣し諸寺の堂塔を掃き清む。天下に大赦し囚獄已に空し。

②六月戊寅（十日）、天皇の病を卜ふに、草薙剣に祟れり。その日に尾張国熱田社に送り置く。（中略）甲申（十六日）、伊勢王及び官人等を飛鳥寺に遣し、衆の僧に勅して曰く、「近ごろ朕身『不和《やくさ》』む。願ふ、三寶の威に頼り、身體安和《やすらか》なること得む。」

以下大きな法要・神事や減税・大赦などが次々と行われる。

③六月丁亥（十九日）、燃燈供養し大きに悔過《けか》（＊三宝に対して自ら犯した罪や過ちを悔い改めること）す。

④七月庚子（二日）、宮中で悔過す。辛丑（三日）、大解除《おおはらえ》（＊大祓・万民の罪と穢を祓う）す。壬寅（四日）、天下の調を半減、徭役を免除す。癸卯（五日）幣帛を寺社に奉納す。丙午（八日）金光明経を宮中で読誦す。（中略）癸丑（十五日）大赦す。

そして七月戊午（二十日）に朱鳥に改元する。

◆朱鳥元年（六八六）七月戊午（二十日）元を改め朱鳥元年と曰ふ。朱鳥、《此をば阿訶美苔利《あかみとり》といふ。》仍りて宮を名づけ飛鳥浄御原宮と曰ふ。

これらの法要・神事は単なる病平癒行事とは思えず、九州年号の改元に続くことから、薩夜麻の崩御を目前にした、回復祈願行事である可能性が高い。そうであれば、「薩夜麻」に相応しい「菩薩像」の安置を伴う八月一日の法要は、「薩」の字をその名に冠する薩夜麻の薨去に伴う法要に相応しいだろう。

⑤八月己巳（一日）朔、天皇の為に、八十の僧を度《いへで》せしむ。庚午（二日）に、僧尼幷て一百を度せしむ。因りて、百の菩薩を宮中に坐えて観世音経二百巻を読ましむ。

そして、倭国（九州王朝）には「新王（天子）」（＊仮に「朱鳥の天子」という）が即位したはずだ。

これに対し、次の八月九日の病記事は、天武の皇子の名が見える。そして九月九日の天武崩御まで六月〜七月にかけての盛大な法要・神事に比べ「神祇に祈る・土左大神に幣奉る」という簡素なものだ。この差は倭国（九州王朝）の王薩夜麻と臣下の称号「真人」を持つ天武との「位の差」を示しており、八月九日の病記事が本来の天武の病記事だったのではないか。

⑥八月丁丑（九日）に、天皇、「体不予《みやまひ》」したまふが為に、神祇に祈る。辛巳（十三日）、秦忌寸石勝を遣して、土左大神に幣奉る。是日、皇太子・大津皇子・高市皇子に、各四百戸加封す（中略）。

3、天武崩御後は草壁皇子の競争者を排除し国政を専断

そうした法要の甲斐なく、天武は九月九日に崩御する。そして、皇后は、天武崩御直後の九月二十四日に、「謀反をはかった」罪で、容姿・才能に優れ天智が愛したとされる「大津皇子」を捕らえ、十月二日に自死させ、その側近たちも追放する。その上で、自ら「称制」を敷き、武則天同様に国政を専断した。これを『書紀』では「皇后（持統）の臨朝称制」と記す。結局「吉野の盟約」での、「どの皇子も同じ母の様に慈しむ」とは、草壁を太子にするための虚言だったことになる。

◆（持統称制前紀）朱鳥元年（六八六）九月丙午（九日）に、天渟中原瀛眞人天皇（＊天武）崩りましぬ、皇后臨朝称制す。

（天武紀下）九月辛酉（二十四日）大津皇子、皇太子を謀反《かたぶ》けむとす。

（持統称制前紀）十月己巳（二日）皇子大津を逮捕《から》め、幷せて皇子大津の為に詿誤《あざむかれ》し、直廣肆八口朝臣音橿……三十余人を捕む。庚午（三日）に、皇子大津を譯語田に舎に賜死せしむ。時年二十四。妃皇女山辺、髪を被《みだ》し

て徒跣《そあし》で、奔り赴き殉《ともにし》ぬ。見る者皆歔欷《なげ》く。皇子大津は、天渟中原瀛眞人天皇（天武）の第三子なり。容止《みかを》墻《たか》く岸《さがし》くして、音辭《ことば》俊《すぐれ》朗《あきらか》なり。天命開別天皇（天智）の愛する所なり。長ずるに及びて弁・才学有り。もっとも文筆を愛で、詩賦の興、大津より始れり。

4、「持統称制」は九州王朝系の高市即位を阻止する方便

高市皇子は、ヤマトの天皇家では「長子」だが、筑紫宗形君の血統であることから、草壁・大津に比して序列は低いとされる。しかし、倭国（九州王朝）から見れば、天武の後継者は高市皇子が望ましいはずだ。

本来の「称制」は、「正当な天皇（皇帝）が存在する中で、母后（太后）など他者が政務を執る」ものだ。二十五歳に達していた太子草壁皇子をあえて即位させず、自ら「称制即位」したのは、草壁とは別に「正当な天皇」、あるいは「天皇の後継者と決定していた人物」が存在したからだと考えられる。その場合、最有力候補は高市皇子となろう。持統は、称制することで、九州王朝系の天皇の誕生を避けたのではないか。

5、「武則天」と同年の六九〇年に高市皇子を抑えて自ら天皇に即位

六八九年三月に、持統の実子で皇太子の草壁皇子が薨去する。『書紀』は、高市皇子が皇位継承の最高位となったが即位させず、六九〇年に自ら天皇（高天原廣野姫天皇）に即位したと記す。そして、七月に高市を太政大臣に任命したと記す。この太政大臣は、律令の制と異なり、「万機を親《みずから》す」（『漢書』魏相伝、『懐風藻』大友皇子伝）という、天皇の大権を有する職と考えられ、九州王朝系の高市を天皇にしない代わりに、それに匹敵する地位を与えるという措置だったのではないか。（注19）

そして、持統はそれまでの倭国（九州王朝）の制度を大胆に変革した。

①武則天は「暦法」を「麟徳暦」に変えたが、持統も即位年（六九〇）から元嘉暦と麟徳暦（わが国では「儀鳳暦」という）を併用し、文武元年（六九七）以後は唐（武周）の麟徳暦に切り替える。

◆持統四年（六九〇）十一月甲申（十一日）、勅を奉りて始めて元嘉暦と儀鳳暦を行う。

②六八七年の難波宮焼失をうけ、「藤原宮」の造営が始まるが、この事業は持統と、九州王朝系の高市皇子の手で進められたことが、藤原宮視察記事から分かる。

◆持統四年（六九〇）十月壬申（二十九日）に、高市皇子、藤原宮地を観るに、公卿百寮従《みとも》なり。（中略）十二月辛酉（十九日）天皇、藤原に幸して宮地を観る（以下同文）。

持統は六九四年末に藤原宮に遷居するが、翌六九五年に九州年号が「大化」に改元されるから、藤原宮は「形式上」倭国（九州王朝）の宮として造営され、薩夜麻の跡を継ぐ「朱鳥の天子」がその主となっていたと考えられる。そうであれば、高市皇子の視察も「朱鳥の天子」の随行なのかもしれない。

6、「朱鳥の天子」による日本国（大和朝廷）への「禅譲」

その高市皇子は、六九六年・「九州年号大化二年」七月に薨去するが、『書紀』大化二年（六四六）三月に「皇太子奏請」と呼ばれる、「皇太子が天皇に自らの膨大な資産（入部五百二十四口、屯倉百八十一所）を献上した記事」がある。

これは全国的規模で、当時の「中大兄」が「孝徳天皇」に献上する意味が不明であり、また評制が施行されたのは六四九年ごろで、全国を直接統治し、豪族から徴税権を奪うのが可能になるのはそれ以降のはず。従って、この記事は『書紀』大化二年（六四六）でなく九州年号大化二年（六九六）三月のものであり、「朱鳥の天子」からの「倭国（九州王朝）の資産を日本国（大和朝廷）に引き継ぐ」という「禅譲の申し出」だったと考えられよう。[注20]

高市皇子の薨去で、ヤマトの王家内の倭国（九州王朝）に繋がる有力者はいなくなる。薨去に際し、誰をヤマトの王家の後継とするか紛糾したが、[注21] 翌六九七年二月に軽（珂瑠）皇子が太子となり、八月に文武天皇として即位する。そして、これを境に『旧唐書』にいう「併合」に相応しい事変が起きる。それが南九州の「隼人討伐」だ。[注22]

五、持統による倭国（九州王朝）の武力併合（隼人討伐）と王朝交代

1、七〇〇年の薩末比売の反乱討伐

『続日本紀』には七〇〇年と七〇二年に南九州の討伐記事がある。

◆『続日本紀』文武四年（七〇〇）六月庚辰（三日）、薩末比売・久売・波豆、衣《え》の評督衣君県（＊薩州頴娃《えい》郡）、助督衣君弖自美《てじみ》、又、肝衝《きもつき》（＊日向国肝衝郡）の難波。肥人（肥後）を従え、兵を持して覓国使《くにまぎし》刑部真木等を剽劫《おびやか》す。是に於て竺志惣領に勅して犯に准へて決罰せしむ。

律令施行（七〇一）前の七〇〇年では「隼人」とは表現せず「薩末比売」、郡司ではなく「評督」と、倭国（九州王朝）時代の官名で記され、大和朝廷による直接の討伐でなく「竺志惣領」によって乱を収める措置をとっている。

2、七〇一年の律令制定・大宝年号建元

こうした反抗を抑え込み、文武は即位式典を挙げ「律令」を制定、「大宝年号」を「建元」し、形式上も王朝が交代する。

◆『続日本紀』大宝元年（七〇一）正月乙亥朔。天皇、大極殿に御して朝を受く。其の儀、正門に烏形の幢、左に日像・青竜・朱雀の幡、右に月像・玄武・白虎の幡をたつ。蕃夷の使者、左右に陳列す。文物の儀、是に備れり。（中略）丁酉（二十三日）粟田朝臣真人を遣唐執節使とす。（中略）三月甲午（二十一日）対馬嶋金を貢ず。建元して大宝元年とす。始めて新令に依り官名・位号を改制す。

こうした我が国の「王朝交代」は『新唐書』にも記される。

◆『新唐書』長安元年（七〇一）其の（日本国）王文武立ちて、大宝と改元し、朝臣真人粟田を遣して方物を貢ぐ。

この粟田真人を派遣したのが持統上皇で、彼を受け入れ、冠位を与え日本国を承認したのが武則天だった。

3、七〇二年の南九州の「隼人」討伐は持統の倭国(九州王朝)討伐

持統は律令施行の翌年、七〇〇年と同じ南九州の勢力を、「王化」に従わず「王命」に抵抗する「荒ぶる賊隼人」と呼び武力討伐する。

◆『続日本紀』大宝二年(七〇二)八月丙甲(一日)薩摩・多褹《たね》(*種子島)、化を隔て、命に逆ふ。ここに於いて、兵を発し征討し、遂に戸を校《しら》べ、吏を置く。(中略)九月戊寅(十四日)薩摩の隼人を討ちし軍士に、勲を授くること各差有り。(中略)十月丁酉(三日)是より先、薩摩の隼人を征する時、大宰の所部の神九処を禱み祈るに、実に神威に頼りて遂に荒ぶる賊を平げき。爰に幣帛を奉りて、其の禱を賽す。唱更の国司等〈今の薩摩国なり。〉言さく、「国内の要害の地に柵を建てて、戍《まもり》を置きて守らむ」とまうす。許す。諸神を鎮め祭る。参河国に幸せむとしたまふ為なり。(中略)戊申(十四日)律令を天下の諸国に頒ち下す。

全国には、まだ倭国(九州王朝)を支持し、大和朝廷の支配を認めない国・勢力が多数あり、律令を頒布できなかった。そこで律令施行に抵抗する勢力の本拠「倭国(九州王朝)」を「隼人」と蔑称し武力討伐した。これにより大和朝廷はようやく律令が頒布できたと考えられる。

4、太宰府に帰った倭国(九州王朝)の「朱鳥の天子」

『続日本紀』には、慶雲元年(七〇四)十一月二十日条に「始めて藤原宮の地を定む。」との記事がある。『書紀』で、藤原宮は持統八年(六九四)十二月六日に持統が遷居しており、その十年後に「始めて宮地を定める」のは不審だ。

七〇四年は、粟田真人が武則天から「倭国から日本国」への王朝交代の承認を得て帰国し、年号が「慶雲」に改元されている。真人は十月九日に拝朝し、「宮地を定めた」のはその翌月だ。こうした経緯から、この記事は「藤原宮の完成」を言うのではなく、唐の承認により、名分上も大和朝廷の文武が我が国の代表者となり、九州王朝の天子に代わって「始めて藤原宮の主になった」ことを表していると考えられよう。

そして、九州年号も「大長」(注23)に変わる。「大長」年号は『開聞古事縁起』『運歩色葉集』『伊豫三嶋縁起』に記され

るが、『開聞古事縁起』では「大長元年（七〇四）」に「（天智）帝」が太宰府に帰還し、「九州諸司に宣旨」したとある。七〇四年に「天智」が九州に赴く筈はなく、朱鳥元年に即位した倭国（九州王朝）の「朱鳥の天子」を指すことになろう。

この点、西村秀己氏は「六九四年の藤原京遷都は倭王のためのもので、持統たちは必ずや倭王を手元に置いていたであろう」、即ち「藤原宮には倭国（九州王朝）の王」がいたとされている。（注24）

唐は、高宗（則天武后）時代に倭国（九州王朝）の薩夜麻を都督・倭王に任じていた。従って、武周（武則天）時代に「日本国（大和朝廷）」が我が国の代表者として承認されるかどうかは、『旧唐書』に「日本国の使者は実を以って対せず。中国はこれを疑う」とあることからも、持統には不安があったと思われる。しかし、結局無事承認が得られ、軍事的にも九州の抵抗を鎮圧し、「朱鳥の天子」を藤原宮に留め置く必要が失われた。そこで太宰府に送られた、あるいは、壬申の乱時の大海人のように、自ら危険を感じ九州に逃れたのかもしれない。

5、持統上皇は王朝交代に向け「全てをやり尽くして崩御」した

持統は、七〇一年に律令を制定し、大宝年号を建元、外国使節を招き盛大な文武の即位式典を挙行し「文物の儀、是に備れり」と、大和朝廷の成立を宣言した。

その翌年の七〇二年八月に「薩摩隼人」を討伐、軍士に恩賞を与え、十月三日に薩摩に柵（＊とりで）を築き守りを固めさせたのち、十日から、律令の施行のためと、これに伴い起きるかもしれない倭国（九州王朝）と呼応する東国の反抗を防ぐ目的で、參河国・尾張国・美濃国・伊勢国・伊賀国を巡行する。そして、十月十四日に律令を頒布し、その受け入れを図るため、各地で減税や恩賞を施し、十二月二十二日に五十八歳で「全てをやり尽くし」崩御する。

そして、「唐から周へ」王朝を交代させ、日本国を承認した武則天は神龍元年（七〇五）十一月に崩御する。奇しくも同時代を生きた日中二人の女帝は、双方の王朝交代の当事者となったのだ。

[注]

（1）古田武彦『失われた九州王朝—天皇家以前の古代史』（朝日新聞社、一九七三年。二〇一〇年ミネルヴァ書房から復刊）ほか。以下倭国（九州王朝）と表示する。

（2）『三国志』韓伝に「韓地は方（一辺）四千里」とあり、実測値は約三百キロメートルだから、一里約七十五メートルとなる。

（3）倭奴国王に金印紫綬を下賜。俾弥呼を親魏倭王とし金印紫綬を、難升米を率善中郎将、都市牛利を率善校尉に任じ、銀印青綬を下賜。「倭の五王」にはそれぞれ将軍・大将軍などの官位・官職を授与し、倭王と認めている。

（4）①「評制」藤原宮木簡ほかにより、七〇〇年以前の我が国の地方制度は「評」であることが分かっており、我が国の古代資料に見える六四九年の「立郡」は「立評」を示すことになる。

◆『常陸国風土記』「香島郡」には「己酉（六四九）年……別きて神の郡（評）を置く」、『皇太神宮儀式帳』に「難波朝廷天下立評給時」、同『神宮雑例集』に「以己酉（六四九）年に始めて度相郡（評）を立つ」とある。

②「九州年号」我が国には「継体」（五一七～五二二）（或いは「善記」五二二～五二五）に始まり「大化」（六九五～七〇〇）まで続く年号があった。これは中国史書でいう、九州を本拠とする「倭国（九州王朝）」の時代であり、倭国年号というべきものだが、鶴峰戊申著『襲国偽僭考』に記された「古写本九州年号」という表記に基づき「九州年号」と呼ばれ、『二中歴』ほか多数の文献や『続日本紀』の「聖武天皇の詔報」にも見える。そして、『書紀』に見える大化・白雉・朱鳥も、年次はずらされているがもともと九州年号に存在する。

（5）「太上天皇」とは「譲位により皇位を後継者に譲った天皇（上皇）」のことで、文武に譲位した「持統」が史上初の太上天皇。

（6）「垂簾聴政」とは、中国で皇后・皇太后が、皇帝の玉座の後ろの御簾から摂政政治（称制）を行うことが語源だが、敷衍して皇帝を差し置いての皇后・皇太后による専制にもこの言葉を使う。

（7）唐が新羅の要請を受け、六六〇年に百済を討伐し、王都泗沘城は陥落、義慈王は捕虜となり、百済は滅亡する。その後遺臣が百済復興を目指し唐と戦い、倭国も六六三年に参戦するが白村江で大敗し、出兵していた倭国軍の二万数千人は死ぬか捕虜となったと考えられる。

（8）古代中国で、功と徳のある天子が天と地に感謝を捧げる儀式。おもに泰山《たいざん》（山東省泰安市。高さ千五百四十五メートル）で挙行された。

（9）『冊府元亀』突厥・于闐《うてん》（＊ホータン国）・波斯《はし》（＊ペルシャ）・天竺国（＊前期チャールキヤ朝インド）・罽賓《けいひん》・烏萇《うじょう》・崑崙（＊亀茲《ぎじ》か）・倭国、及び新羅・百済・高麗等諸蕃の酋長、各の其の属を率ゐて、扈従《こじゅう》す。

そのほか、高句麗宝蔵王の王子福男が参列し、波斯《はし》（＊ペルシャ）では、六六二年に、ヤズデギルド三世の遺子卑路斯《ぺーろーず》（六六一～六七〇年に入唐）が波斯都督波斯王に任命されている。罽賓《けいひん》では、罽賓王曷擷支《かっけつき》が六六一年に脩鮮《しゅうせん》州等十一州諸軍事兼脩鮮都督に任命されており、彼らは時期的に見て参列したことは確実だ。また、参列の有無は定かでないが、崑崙（亀茲《ぎじ》）では、白訶黎《かれい》布失畢《ほしつひつ》または、その子白素稽《はくそけい》が亀茲都督に任命されている。

(10)「八色の姓」(『書紀』では天武十三年(六八四)制定とする)「一つに曰く、真人。二つに曰く、朝臣。三つに曰く、宿禰。四つに曰く、忌寸。五つに曰く、道師。六つに曰く、臣。七つに曰く、連。八つに曰く、稲置」

なお、古田武彦氏は「古田武彦と百問百答」(東京古田会編、二〇〇六年)で次のように述べている。

「天智一〇年一一月には、注目すべき人物が返されています。『筑紫君薩夜麻』です。これは、九州王朝の天子であり、(白村江戦の直前の)白鳳元年(六六一)に、天子だった人物です。(記紀関係・問三三)」

但し『古田武彦が語る多元史観』(二〇一四年)では「薩夜麻は皇太子ないし摂政では」とされている。白鳳元年(六六一)時点で天子だったか太子だったかは確実でないが、羈縻政策に照らせば、「倭王」として帰還した可能性は高いことになる。

(11)『書紀』で薩夜麻は天智十年(六七一)十一月筑紫に帰還。しかし、

①天智十年正月に劉仁願による李守真等派遣記事があるところ、『旧唐書』で劉仁願は三年前の天智七年(六六八)八月に雲南へ配流されており「三年以上のずれ」がある。

②天智六年(六六七)十一月の『書紀』には「筑紫都督府」が記される。都督府があれば都督が存在するのは言うまでもないが、『書紀』では誰も「都督」に任命された形跡がない。羈縻政策では薩夜麻は「都督(倭国王)」として帰されるから、薩夜麻が都督で、戻る「府」が筑紫都督府のはず。

③天智十年(六七一)の薩夜麻帰還記事と、天智六年(六六七)の都督府帰還記事は「同じ十一月」であることも「年次のずれ」を示すものと言えよう。

『書紀』は、唐からの帰還記事を「二分割」し、「対馬まで」を天智十年十一月に、「筑紫都督府まで」を天智六年十一月に記したと考えられる。なお、この点は拙稿「薩夜麻の「冤罪」Ⅲ」(『古田史学会報』八三号、二〇〇七年十二月)に詳しい。

(12)「粛清された主な李姓の実力者」梁郡公李孝逸、豫章郡王李亶《りたん》、沢王李上金、許王李素節と子の李璟《りけい》、南安郡王李頴《りえい》、鄅国公李昭、鉅鹿郡公李晃、および諸宗室の李直・李敞《りしょう》・李然・李勲・李策・李越・李黯《りあん》・李玄・李英・李志業・李知言・李玄貞など。

(13)これは我が国が、「唐とその下での都督倭王薩夜麻」と「天智の近江朝」の「二重権力状態」になったことを意味する。なお、薩摩『開聞故事縁起』からは、「倭姫王」は「倭国(九州王朝)の姫王の大宮姫」で、かつ七〇〇年に律令制に抵抗し反乱を起こした「薩末姫」だと考えられる。天智は倭姫王を皇后に娶り、事実上九州王朝の後継者となったから、即位の段階で直ちに戦乱が起きなかったのではないか。ちなみに大宮姫は、壬申の乱で大友から逃れ薩摩頴《えい》娃郡に帰り以後三十余年九州で過ごし、和銅元年(七〇八)に没したとする。なお、薩末姫らの反乱の地として頴娃郡が挙げられている。

天智を事実上の九州王朝の後継者とすることは拙著「『近江朝年号』の実在について」(『古田史学会報』一三三号、二〇一六年)に、倭姫王を九州王朝の姫とすることは「大宮姫と倭姫王・薩末姫」(『古代に真実を求めて第二十二集 倭国古伝』明石書店、二〇一九年)

に記す。
(14)「東国」とは、実際に戦闘が起きた近江・大和・尾張・美濃・河内といった「九州から見た東国」とその周辺を指す。これは『旧唐書』に言う「日本国」の領域と合致する。
(15)以上は古田武彦『壬申大乱』(ミネルヴァ書房、二〇一二年八月)による。
(16)天武時代の薩夜麻の統治については、本集所載の「難波宮は天武時代「唐の都督薩夜麻」の宮だった」に記す。
また、「八色の姓」制定は「小野毛人墓誌」などから実際は六八四年の三十四年前、九州年号常色四年(六五〇)の九州王朝の事績と考えられる。(拙著「九州王朝と大化の改新」『古代に真実を求めて第二十五集　古代史の争点』明石書店、二〇二二年に詳述。)
(17)六七〇年に、唐と高句麗復興運動を支援する新羅との唐・新羅戦争がはじまり、六七五年に新羅軍は、唐の薛仁貴・李謹行の軍を破り、六七六年には唐の水軍も破る。唐は、熊津都督府と安東都護府を遼東に移し、朝鮮半島から撤退した。
(18)九州年号であれば、元号に「白雉・白鳳」と「白色の鳥」が二度採用され、その後「朱雀・朱鳥」と「赤色の鳥」が二度採用されるという「規則性を持つ命名」となる。難波宮完成時(六五二)に白雉改元し、「難波宮焼失」で朱鳥改元したことになる。
(19)「長屋親王木簡」から、高市皇子即位説も根強い。長屋王は天武の孫で高市皇子の皇子だが、『大宝令』の規定で「親王」の称号は天皇の子か兄弟姉妹しか名乗れない。さらに「大命符(天皇の命)・大御服(天皇の服)・大御物(天皇の食事)・若翁(皇太子・親王)・勅旨」などと記す木簡もあり、天皇即位か、あるいは、高市の任命された太政大臣が「親万機」という「天皇の大権を有する職」と考えれば「親王」の称号が理解できよう。
(20)「皇太子奏請」については、本集所載の「『王朝交代』と消された和銅五年(七一二)の『九州王朝討伐戦』」の「三の1、『書紀』大化二年の皇太子奏請条」に詳述。
　なお、「九州王朝から近畿天皇家へ『公地公民』と『昔在《むかし》の天皇』」(『古田史学会報』九九号、二〇一〇年)では「九州王朝系の高市皇子が奏上したのを皇太子に擬制したか」としたが、奏上者が誰かは別として、実質は「朱鳥の天子が、ヤマトの王家に禅譲を表明した」ことになる。
(21)『懐風藻』(葛野王伝)高市皇子薨りし後、皇太后、王公卿士を禁中に引い継嗣を立てむと謀る。時に群臣各の私好を挟み、衆議紛紜す。
(22)『古代に真実を求めて第二十三集　『古事記』『日本書紀』千三百年の孤独』(明石書店、二〇二〇年)掲載の「『海幸・山幸神話』と『隼人』の反乱」で『続日本紀』に記す「隼人の反乱」を大和朝廷による倭国(九州王朝)の討伐とした。
(23)「大長」年号の典拠。
◆総論①「大長」を記す資料は『海東諸国記』・『如是院年代記』など有力な九州年号資料に記され、創作・偽作・誤記説では説明しがたく、その実在が強く推定できる。②ただしその年代は資料ごとに異なる。③最も信頼度の高い九州年号資料の『二中歴』では、七世紀末の九州年号は「朱鳥・大化」であり、「大長」を「朱鳥・大化」と重複する年代には比定しがたい。④「大長」を八世紀の「九州王朝の年号」と考えれば、運歩色葉集、伊予三島縁起等による七〇四年元年・七一二年末年とする「大長」が、「武則天による日本国の承認（七〇三年）とその報告（七〇四年）」と、「隼人討伐（七一二）」と整合する。従って「大長」は七〇四年〜七一二年まで続く九州年号とするのが合理的。

◆資料①『運歩色葉集』（＊室町時代編纂の国語辞典。京大図書館蔵・一五七一年写本）「柿本人丸」の項に「大長四年丁未（七〇七）於石見国高津死。」

②『伊豫三嶋縁起』内閣文庫（番号　和三四七六九）天武天王御宇大長九年壬子為東夷征罰。

＊天武時代に「壬子年」は無く、『続日本紀』での東夷（蝦夷）討伐は和銅五年壬子（七一二）九月だから、大長九年壬子は七一二年となる。従って、正しくは「元明天皇御宇大長九年壬子」であり、「文武天王御宇大長」とあるのは、大長年号が建てられた大長元年（七〇四）が文武時代にあたる為と思われる。

③『八宗伝来集』（作者不明、正保四年・一六四七年）「持統天皇ノ御時大長元年壬辰（六九二）三論宗広マル文武ノ時大長九年庚子（七〇〇）倶舎宗広マル」

④『開聞古事縁起』同十年辛未（＊天智十年・六七一年）冬十二月三日《大長元年尤歴代書年号》帝帯一宝剣、騎一白馬潜行幸山階山、終无還御。凌舟波路嶮難、如馳虚空、遂而臨着太宰府、御在于彼。越月奥於当神嶽麓欲営構離宮。故宣旨九州諸司也。五来重編『修験道史料集（Ⅱ）西日本編』（名著出版、二〇〇〇年）

⑤『襲国偽僭考』（鶴峯戊申）文武天皇二年戊戌（六九八）大長元年。年契（＊和漢年契）曰、文武帝時大長（中略）右大化以後年号。九州年号ここに終る。今本文に引所は。九州年号と題したる古写本によるものなり。（「国立国会図書館デジタルコレクション」より）

＊「大長」を九州年号と題する古写本にある年号で、かつ「大化以後の年号」とする。大化を九州年号（六九五〜七〇三）とすれば「大長」は八世紀で七〇四年が元年となる。

古賀達也「続・最後の九州年号—消された隼人征討記事」（『古代に真実を求めて第十一集』明石書店、二〇〇八年）、同「最後の九州王朝—鹿児島県『大宮姫伝説』の分析」（『市民の古代』第十集、一九八八年）ほか。

拙著「大宮姫と倭姫王・薩末比売」（『古代に真実を求めて第二十二集　倭国古伝』明石書店、二〇一九年）

（24）西村秀己「削偽定実の真相—古事記序文の史料批判」（『古田史学会報』六八号、二〇〇五年六月）

「王朝交代」と「隼人」

―隼人は千年王朝の主だった―

正木　裕

一、「倭国から日本国へ」の「王朝交代」と「隼人」の真実

中国の唐代の歴史を記す『旧唐書』には、七世紀～八世紀初頭の我が国には「倭国」と「日本国」があるとする。そして、倭国は紀元五七年に漢の光武帝から金印を下賜されて以来、七世紀初頭に隋に遣使した「日出る処の天子」（阿毎多利思北孤《あまのたりしほこ》）まで続く、本拠を九州とする国で、その支配は東西を行くのに五月、南北は三月かかる範囲に及び、五十数国を従える大国だと記す。古田武彦氏は、これを九州王朝と呼ぶ（注1）。

一方、日本国は元小国だったが、大国の倭国を併合したとする。そして、七〇三年に武則天が日本国の使者の粟田真人に官位を与えたとある。粟田真人は大和朝廷の使者だから、これは、日本国とは大和朝廷のことで、かつ、中国が「倭国に代わって大和朝廷を我が国の代表と認めた」こと、つまり「倭国から日本国への王朝交代」があったことを意味する。

これに対応するように、大和朝廷の史書『続日本紀』には、七〇一年に大和朝廷により律令が制定され、「大宝」年号が建元（＊初めて年号を建てたこと）される。そして七〇〇年・七〇二年・七一二年・七二〇年に南九州の勢力の討伐が記され、律令制定後の七〇二年以降は「蛮夷の隼人の討伐」とする。

◆養老四年（七二〇）六月戊戌（十七日）に詔して曰はく、「蛮夷害をなすこと、古より有り。（中略）今西隅の小賊、乱を怙《たの》み化に逆らひて、屢《しばしば》良民を害《そこ》なふ。因りて（中略）大伴宿禰旅人を遣して、其の罪を誅罰《つみな》ひ、彼の巣居を尽《つき》さしむ。兵を治め衆を率て兇徒を剪り掃ひ、酋帥《しょうすい》面縛せられて、命を下吏に請《こ》ふ。寇党叩頭《かうたうこうとう》して、争ひて敦風《とんふう》に靡く。」

また、こうした隼人討伐と並行し、七一二年には『古事記』が、七二〇年には『日本書紀』が、大和朝廷により編纂され、その中の「海幸彦・山幸彦神話」で、隼人は天孫降臨以来、ヤマトの天皇家に服従し、仕えてきた部族だとされた。

しかし、こうした『記紀』に記す隼人像は、「王朝交代」を果たした大和朝廷による造作であり、「隼人」とは『旧唐書』にいう倭国―九州王朝側の勢力を指すものだった。

本稿では、大和朝廷が討伐した「隼人」とは、「九州を拠点とし、千年続いた王国『倭国（九州王朝）』の主だった」ことを示していく。

二、「記紀神話」と「隼人」

1、『記紀』に記す「海幸彦・山幸彦神話」

『古事記』（＊七一二年成立）・『書紀』（＊七二〇年成立）に記す「海幸彦・山幸彦神話」では、「天孫降臨」を果たした「ニニギノミコト」（注2）と鹿葦津姫《かしつひめ》（神吾田津姫《かむあたつひめ》・木花開耶姫《このはなさくやひめ》ともいう）の子である「海幸彦・山幸彦」兄弟のうち、「天皇家の祖先である弟の山幸」が「隼人の祖先である兄の海幸」を屈服させ、これ以来隼人は代々天皇家に服従することとなったと記す。

『記・紀』で内容は若干異なるが、神話の大要は概ね以下のとおりだ。

①兄の海幸（＊火闌降命《ほのすそりのみこと》）は海の漁、弟の山幸（＊彦火火出見尊《ひこほほでみのみこと》）は山の猟を司る神。あるとき兄弟は漁猟場を入

れ替え、道具も交換し漁猟に出かけたが、山幸は海幸の大切な釣り針（釣鉤）を失った。別の釣り針を多数作り償ったが、兄の海幸は元の釣り針でないとして許さない。

②山幸は困り果てるが、塩土翁に助けられ、海神の宮へ行き、海神の娘豊玉姫と結ばれ、無事に釣り針を探し出す。海神は山幸に「兄に釣り針を返すとき、まず「貧鉤《ひじち》」と唱えよ」といい、また塩満玉・塩乾《しおひる》玉を授け「塩満玉で兄を溺れさせよ。兄が悔い改めれば塩乾玉で助けよ」と言って、鰐の背に乗せて送り返した。

③山幸は教えられたとおりにして、兄の海幸を屈服させ、海幸は子孫代々昼夜を分かたず弟の山幸を守護することを約束した。これにより海幸の子孫の隼人は、代々「吠ゆる狗《いぬ》」となり、また溺れた折の所作を演じる「俳優《わざおき》（＊俳人・わざひと）の技」をもって天皇に奉仕することとなった。

2、山幸彦は天皇家の祖、海幸彦は隼人の祖

『書紀』では、「海幸彦・山幸彦」兄弟は、「天孫降臨」を果たした瓊瓊杵尊《ににぎのみこと》と鹿葦津《かしつ》姫の子で、弟の「山幸彦（彦火火出見尊）」は天皇家の祖先（＊神武の祖父）、兄の「海幸彦（火闌降命）」は隼人の祖先とする。なお、二人のほかに火明命《ほのあかりのみこと》がおり、尾張連等の祖先とされている。

◆『書紀』（神代下第九段本文）（＊瓊瓊杵尊が、降臨時に吾田長屋笠狭之碕で出会い妻とした）鹿葦津姫の、始め起る烟の末に生れ出ずる児は、火闌降命（＊海幸彦）と号《まう》す。《是れ隼人等が始祖也。（細註以下略）》次に熱《ほとほり》を避りて居《いま》すに生れ出ずる児は、彦火火出見尊（＊山幸彦）と号す。次に生れ出ずる児は、火明命と号す。《是れ尾張連等が始祖也。》凡て三子。久しくて天津彦彦火瓊瓊杵尊崩《かむざ》りき。因りて筑紫の日向の可愛《此を埃（＊え・あい）と云う》之山の陵に葬りまつる。

◆同（神代下第十段本文）兄火闌降命、自ずから海の幸有り（細註略）。弟彦火火出見尊、自ずから山の幸有り。

一方、『古事記』では「海幸」の別名は「火照《ほでり》の命」で「隼人の阿多の君の祖」であり、山幸は「火遠理《ほとおり》の命、またの名は天津日高日子穂穂手見の命」という。（＊他に火須勢理の命がいる。）

◆『古事記』（上巻）（「神阿多都比賣」、亦の名「木花之佐久夜毘賣」が）其の火の盛りに焼ゆる時に生める子の名は、火照《ほでり》の命（＊海幸彦）《此は隼人の阿多の君の祖》。次に生める子の名は、火須勢理の命（細註略）。次に生める子の御名は、火遠理《ほおり》の命（＊山幸彦）、またの名は天津日高日子穂穂手見の命。火照の命は海佐知毘古として、鰭《はた》の廣物《ひろもの》、鰭の狭物《さもの》を取り、火遠理の命は、山佐知毘古として、毛の麁物《あらもの》、毛の柔物《にこもの》を取りき。

また、『書紀』では彦火火出見（＊山幸彦）の子が鸕鷀草葺不合尊《うがやふきあへずのみこと》で、神武（神日本磐余彦）の父とし、『古事記』でも火遠理（＊山幸彦）の子が鵜葺草葺不合命《うがやふきあへずのみこと》で神武（神倭伊波禮毘古）の父とするから、「海幸・山幸神話」では、『記紀』いずれでも「天皇家の祖の山幸彦」が、「隼人の祖の海幸彦」を屈服させ、それ以来（＊天孫降臨時代以来）隼人は天皇家に服従することとなったとする。

この「隼人の服従」は『記紀』に次の様に記されている。

◆『古事記』（海幸彦）「僕《やつかれ》は今より後は、汝命《いましみこと》の晝夜の守護人《まもりひと》となりて仕へ奉らむ」と曰しき。故、今に至るまで、其の溺れし時の種種《くさぐさ》の態《わざ》、絶えず仕へ奉るなり。

◆『書紀』（神代下第十段一書第二）火酢芹命（火闌降＊海幸彦）の苗裔《のち》、諸の隼人等、今に至るまでに天皇の宮墻《みかき》の傍を離れずして、代《よよ》に吠《ほ》ゆる狗して奉事者《つかへまつる》なり。

3、「天孫降臨神話」では「隼人は天孫」

『記紀』に記す瓊瓊杵尊の降臨神話（天孫降臨）の伝える「史実」とは、紀元前二世紀ごろ、朝鮮海峡の対馬・壱岐の勢力が、青銅の武器を持って、当時「大国（出雲）」の支配下にあった北部九州の水田地帯（瑞穂の国）博多湾岸・唐津湾岸に侵攻し、在地勢力を平定し、その支配を固めたことを言う。(注3)

『古事記』に「邇邇芸命」の降臨地は、「筑紫の日向の高千穂の久士布流多気《くしふるたけ》」とあり、「日向」は一般に「宮崎なる日向」を指すとされる。

しかし、宮崎では降臨時の邇邇芸命の詞「此の地は、韓国に向ひ真来通り」とあわず、天孫の象徴である「三種の神器（剣・鏡・玉）」の、紀元前（神話時代）に遡る出土も乏しい。

この点、博多湾岸の高祖山地周辺の怡土平野や吉武地区には「日向山・日向川・日向峠」や「くしふるやま」の地名もあり、我が国で最も早く紀元前二世紀ごろに「三種の神器」がセットで出土する。従って文献的・地理的・考古学的にも「天孫降臨の地」は「博多湾岸、福岡なる筑紫の日向」が相応しい。

そうであれば、瓊瓊杵尊が降臨時に鹿葦津姫と会った「吾田長屋笠狭之碕」も博多湾岸で、瓊瓊杵尊と鹿葦津姫の子の火闌降（＊海幸彦）が「隼人の始祖」だから、「隼人」は本来天照大神～瓊瓊杵尊に繋がる「天孫族」だったことになる。

それなのに、大和朝廷は、「同じ天孫族」であるはずの「隼人」を、「大和朝廷にまつろわない南九州・薩摩・大隅の蛮族」として、七〇〇年・七〇二年・七一三年・七二〇年と連続して討伐した。(注4)

4、海幸・山幸神話の「三重構造」

そして、「天皇家と同じ天孫族のはずの隼人」が、大和朝廷が編纂した『記紀』で、「天孫降臨時代から天皇家に服従する蛮族」とされ、討伐された背景には、「海幸・山幸神話の三重構造」がある。すなわち、「海幸・山幸神話」は、①天孫降臨時代、②弥生時代後期、③八世紀初頭の三つの時代の「力関係の逆転の歴史」を反映しているからだと考えられる。
①、まず紀元前二世紀ごろの「天孫降臨時」では、「海が山」を征服する。則ち「アマ（海）＝対馬・壱岐を拠点とする青銅や鉄の武器を有する勢力（海幸に擬せられる）」が、「ヤマ（陸）＝北部九州の、縄文水田を耕作し、或は漁労採取生活を営み、専ら石製の武器を使用する在地勢力（山幸に擬せられる）」を征服した。こうした歴史事実が反映されたから、「海幸が兄で山幸に釣鉤を償うことを命じる優位者」となっていた。
②、「弥生時代後期（紀元前後～三世紀ごろ）」には、金印を下賜された博多湾岸の「倭奴国王」が示すように、「ヤマ（陸）＝北部九州を征服し生産力を発展させた勢力（邪馬壹国＝九州王朝）」が、かって本拠だった「海＝対馬・壱

岐の勢力」を凌駕するという「力関係の逆転」がおきる。これを反映し、「弟の山幸が海幸を服従させる」話となる。

③、八世紀初頭では、大和朝廷が、それまで我が国を代表していた「九州の勢力（九州王朝）」を服従させ「王朝交代」を果たした。こうした歴史事実を反映し、『書紀』編者は、本来の「山幸の末」である九州の勢力（九州王朝）を「隼人」と呼び、「海幸の末」とし、九州王朝を服従させた天皇家（大和朝廷）こそが「山幸の末」とする神話に改変した。すなわち、八世紀の「倭国（九州王朝）」とは「蛮族の隼人」であり、その祖は「海幸」だとし、一方、ヤマトの天皇家（大和朝廷）の祖こそが「海幸が服従した山幸」だとしたのだ。（注5）

三、隼人は千年王朝の主だった

1、鶴峯戊申《つるみねしげのぶ》の述べる「隼人」

こうした『記紀』神話や『続日本紀』の描く、「天孫降臨以来天皇家に奉仕してきた蛮族という隼人像」に対し、「隼人は千年以上九州にあって王と称し、強大な権勢を誇ってきた」とするのが豊後国出身の国学者鶴峯戊申（一七八八～一八五九年）だ。鶴峯戊申は、その著書『襲国偽僭考《そのくにぎせんこう》』（一八二〇年）で「隼人は紀元前から続く千年王朝の主」だと記し、その歴史は「養老四年（七二〇）の元正帝の征西で終わる」と述べている。

◆『襲国偽僭考』（鶴峯戊申）此書は。古昔《むかし》呉の支庶。我西鄙（＊九州）に逃来り。其子孫強大にして錦繍を粧ひ。城郭を築き。そのかみより。漢の文字を取扱ひ（＊漢字を使い）。みつから王と称して。国号を建て（＊「倭国」）。漢土に通じ。或は。新羅と婚し。もし意に合ざれば。文を移して。侵掠し。暦を作り年を記し。寺を建銭を鋳。すべて漢土の僭偽の国に異ならず。書紀に熊襲と書きたるなり。また今来隼人といへるも是なり。かくてしば々々征伐有しかども。千有余年を経て。猶亡びず。元正帝の養老四年（七二〇）の征西に至て。遂に亡びたるといふ。

ここで、「呉」とは「句呉」（紀元前五八五年頃～四七三年）をいう。「新羅と婚し」以下は、『三国史記』三一二年、倭国王から王子の通婚を要求。阿飡（六等官）の急利の娘を嫁に送る。再度の要求を断り戦になったことをいう。「年を記し」とは九州年号を指す。これは『襲国偽僭考』に「九州年号ここに終る。今本文に引所は。九州年号と題したる古写本によるものなり。」と記すことからわかる。「僭偽」とは、分をこえて上位の者のまねをすることだ。「元正帝の養老四年（七二〇）の征西」については後述する。

2、『襲国偽僭考』の隼人討伐

『襲国偽僭考』の「しば々征伐有」は、七〇〇年・七〇二年の討伐に加え、七一二年に大規模な隼人討伐戦があったことが、『続日本紀』和銅六年（七一三）の「隼人討伐将軍」らへの恩賞から知ることができる。

◆『続日本紀』和銅六年（七一三）秋七月丙寅（五日）、詔して曰はく、「授くるに勲級を以てするは、本、功有るに拠る。若し優異せずは、何を以てか勧奨《すす》めむ。今、隼の賊を討つ将軍、并せて士卒等、戦陣に功有る者一千二百八十余人に、並びに労に随ひて勲を授くべし」とのたまふ。

そして、この大規模な恩賞に先立ち、隼人の拠点領域である現・鹿児島県（当時「日向国」）に「大隅国」が置かれた。

◆『続日本紀』和銅六年（七一三）四月乙未（三日）、（中略）日向国の肝坏《きもつき》、贈於《そお》、大隅、始羅《あひら》の四郡を割きて、始めて大隅国を置く。大倭国疫す。薬を給ひて救はしむ。

大隅国は、「隼人」討伐戦の勝利後に、諸手続きを経て設置されたこと確実だ。従って大隅国設置が七一三年四月なら、討伐戦は七一二年中の出来事と考えられよう。

そして、七一二年に、『開聞古事縁起』『運歩色葉集』『伊豫三嶋縁起』に記す、最後の九州年号『大長』が終わり、（注6）その後九州年号らしき年号が消える。これは「隼人討伐」が倭国（九州王朝）の残存勢力の討伐だったことを示す。

3、大和朝廷による「歴史改ざん」

その七一二年に『古事記』が上程され、『風土記』の編纂が始まる。これは、大和朝廷が、隼人討伐の過程で、「禁書」とされる九州王朝の史書を入手し、歴史と地史の改ざんに着手したことを示している。

◆『古事記』(序文) 故《かれ》、天御中主神以下、日子《ひこ》波限《なぎさ》建《たけ》鵜草《うがや》葺《ふき》不合《あへず》命《のみこと》以前を上巻となし、神倭《かむやまと》伊《い》波《は》礼《れ》毘《ひ》古《こ》天皇以下、品陀《ほむだ》(＊応神天皇)の御世以前を中と為し、大雀《おほさざき》(＊仁徳)皇帝以下小治田《おはりだ》大宮(＊推古時代)以前を下巻となし、并せて三巻を録《しる》し、謹しみ以て献上す。和銅五年(七一二)正月廿八日正五位上勳五等太朝臣安万侶。

◆『続日本紀』和銅六年(七一三)五月甲子(二日)畿内七道諸国郡・郷名、好字を著けよ。其の郡内に生まれる銀、銅、彩色、草、木、禽、獣、魚、蟲等物具に色目を録せ。土地の沃堉、山川原野の名號の所由又古老の相傳ふる舊聞異事史籍に載せ言上せしめよ。(＊これは『風土記』の編纂令とされる。)

そして、『続日本紀』によれば、七〇七年・七〇八年に「禁書を隠し持つ者への出頭命令」が出されている。

◆『続日本紀』慶雲四年(七〇七)七月壬子(十七日)。山沢に亡命して軍器を挾藏し、百日まで首せずんば、罪に復すること初めの如くす。

◆『続日本紀』和銅元年(七〇八)正月乙己(十一日)。山沢に亡命して禁書を挾蔵し、百日まで首せずんば、罪に復すること初の如くとす。

また、七二〇年には舎人親王らにより『日本書紀(日本紀)』が上程される。

◆『続日本紀』養老四年(七二〇)五月癸酉(二十一日)是より先、一品舎人親王勅をうけたまはりて日本紀を修《あ》む。是に至りて功成りて奏上ぐ。紀卅巻系図一巻なり。

七一二年に完成の『古事記』と七二〇年完成の『書紀』を比較すると、わずか八年しか離れていないのに『書紀』の記事量が圧倒的に多い。これは、「禁書」とは「隼人=倭国(九州王朝)の保持していた史書」であり、七一二年の討伐で、こうした史書を入手し九州王朝の歴史を『書紀』に取り込むことが出来たからだと考えられる。(注7)

4、七二〇年の「隼人の降伏」は倭国(九州王朝)の滅亡

養老四年(七二〇)に、隼人は三度めの大規模な反乱をおこす。大和朝廷はこれを武力討伐し千四百人を斬首、あるいは捕囚とする。隼人の酋帥(王)は捕らえられ命乞いをしたとある。これが『襲国偽僭考』に言う「元正帝の征西」だ。

◆『続日本紀』養老四年(七二〇)二月壬子(二十九日)、大宰府奏して言はく、「隼人反き、大隅国守陽侯《かや》史麻呂を殺す」。三月丙辰(四日)。(中略)大伴宿禰旅人を以て征隼人持節大将軍とし、(中略)笠朝臣御室(中略)巨勢朝臣真人を副将軍とす。(中略)六月戊戌(十七日)に詔して曰はく、「蛮夷害をなすこと、古より有り。(中略)今西隅の小賊、乱を怙《たの》み化に逆らひて、屢《しばしば》良民を害《そこ》なふ。因りて持節将軍(中略)大伴宿禰旅人を遣して、其の罪を誅罰《つみな》ひ、彼の巣居を尽《つき》さしむ。兵を治め衆を率て兇徒を剪り掃ひ、酋帥《しょうすい》面縛せられて、命を下吏に請《こ》ふ。寇党叩頭《かうたうこうとう》して、争ひて敦風《とんふう》に靡く(中略)。」(*隼人の王(酋帥)が捕らえられ命乞いをし、賊ら一党は頭を下げて従った。)

◆『続日本紀』養老五年(七二一)七月壬子(七日)征隼人副将軍(中略)笠朝臣御室(中略)巨勢朝臣真人等ら還帰《かへ》る。斬りし首・獲し虜《とりこ》合せて千四百余人。

『襲国偽僭考』では、この戦をもって「隼人はついに滅んだ」という。これは倭国(九州王朝)の滅亡を意味する。『続日本紀』には『古事記』編纂記事がない。七二〇年の討伐―倭国(九州王朝)の滅亡により、『書紀』を「公定の史書」として世に示し、「我が国は神武以来一貫してヤマトの天皇家が統治してきた」とする歴史を創造できたのだ。

「日本国(大和朝廷)」は、併合した「倭国(九州王朝)」を貶めるため「隼人」と蔑称し、『記紀』では「海幸・山幸神話」を創作して、天孫降臨以来「吠ゆる狗」となり、「山幸の末」の天皇家に仕えてきた「海幸の末」とし、『続日本紀』では「西隅の小賊・蛮夷の兇徒隼人」として討伐を正当化した。

しかし、歴史の真実は、七二〇年に最終的に討伐された「隼人」とは、天孫降臨以来千有余年続いてきた「千年

王朝」倭国（九州王朝）のことだった。

なお、「隼人」が、「九州南部の蛮族」でなく、九州王朝の勢力であることは、すでに西村秀己氏が「隼人原郷」（『古田史学会報』一一五号、二〇一三年四月）で述べられている。

［注］

（1）古田武彦『失われた九州王朝―天皇家以前の古代史』（朝日新聞社、一九七三年。二〇一〇年ミネルヴァ書房から復刊）ほかによる。

（2）天孫降臨を果たした「ニニギノミコト」は、『書紀』では「瓊瓊杵尊」、『古事記』では「邇邇芸命」と表記。

また、『記紀』での海幸彦・山幸彦の呼称はほぼ次のとおり。

①「山幸彦」（古事記）火遠理命《ほおりのみこと》または日子穂穂手見命《ひこほほでみのみこと》、（書紀）彦火火出見尊。

②海幸彦（古事記）火照命《ほでりのみこと》、（書紀）火酢芹命《ほのすせりのみこと》または火闌降命《ほのすそりのみこと》。

（3）「天孫降臨神話」が伝える史実については、古田武彦『盗まれた神話―記紀の秘密』（角川文庫、一九七九年。ミネルヴァ書房より二〇一〇年復刊）を参照されたい。

（4）『続日本紀』の隼人討伐記事については、本書所収の拙稿「『王朝交代』と二人の女王―武則天と持統」の「五、持統による倭国（九州王朝）の武力併合（隼人討伐）と王朝交代」に記す。

（5）「海幸・山幸神話」と隼人の関係については、拙稿「『海幸・山幸神話』と『隼人』の反乱」（『古代に真実を求めて第二十三集 『古事記』『日本書紀』千三百年の孤独』明石書店、二〇二〇年）に詳述。その中で、本来の隼人舞は九州王朝のもとでの「農耕民」の神事で、「吠ゆる狗」とは『延喜式』に記す「吠聲《はいせい》」だったとする。

（6）九州年号「大長」（七〇四〜七一二）については本書所収の拙稿「『王朝交代』と二人の女王―武則天と持統」の「注23」に詳述。

（7）古田武彦氏は「禁書」とは「当然九州王朝を正統とする立場の書物であろう」（「九州王朝終末期の史料批判―白鳳年号をめぐって」『古田史学会報』一〇一号、二〇一〇年）とする。

倭国から日本国への「国号変更」解説記事の再検討

——新・旧『唐書』における倭と日本の併合関係の逆転をめぐって——

谷本 茂

一、はじめに

『旧唐書』（九四五年成立）の東夷列伝において、倭国と日本国の二つの項目を立て、「日本国は倭国の別種なり」と解説したことが、日本古代史の研究者の間で今以て決着していない永い議論を生起させたのは疑いようがない。

主な論点は、「別種」という表記をどのように理解するかが分岐点となって、倭国から日本国への呼称変更が、国家としての実体は同一で単に「国号変更」を実施しただけなのか、あるいは、両国の実体は異なり実質的に「王朝交代」が起ったのか、ということになる。

さらに事情を複雑にしているのは、『新唐書』（一〇六〇年成立）の関連した記述が『旧唐書』の記述と整合しない部分があり、それらが一見相反する説明になっていることである。後で詳述するように、たとえば、『旧唐書』では〝日本国が倭国を併合した〟と説明している部分が、『新唐書』では〝日本が倭に併合された〟と読みうる説明になっていて、新・旧の両唐書により倭と日本の併合関係が逆転している、とみなされてきた。小林敏男氏は『日本国号の歴史』[注1]の中で、〝どうして『旧唐書』と『新唐書』で、倭国—日本の併合関係が逆転してしまったのか、『旧唐書』の「別種」の問題も含めてこの点は議論が多いところである〟と的確に指摘している。しかし、諸検討の結果として、〝結局、『新唐書』において日本国と倭国の併合関係が『旧唐書』とは違って逆転しているのはよくわからないといわざるをえない〟という。

本稿は、「別種」の問題、「併合関係の逆転」の問題を中心に、『新唐書』における「国号変更」解説記事を、従来の解読方法とは異なる新しい視点から、再検討を行ない、いわゆる「併合関係の逆転」が原漢文の誤読に基づく誤解であった可能性が高いことを示す。さらに、『古事記』・『日本書紀』の「（大）倭」、「（大）日本」の全用例から、記紀における（七世紀後半から八世紀初頭時期の）「倭」から「日本」への用語の変遷状況を推定し、両唐書に記された国号の「倭」から「日本」への変遷事情と比較する。結果として、国内史書と両唐書との間で〝倭→日本〟の（表記）変遷に関して齟齬が生じていないことを確認できた。

二、『旧唐書』・『新唐書』の該当記事の比較と従来の解釈

まず初めに、両唐書の原漢文と現代語訳を確認する。原漢文は商務印書館刊・縮印百衲本二十四史の版本に準拠したものである。現代語訳は、多くの研究者が認めている従来の漢文解釈に基づくものであり、分かり易いといわれている解説書に掲載されているものを例示した。（筆者は必ずしもこれらの解釈／訳に賛同しているわけではない。）なお、現代語訳は、【東洋文庫二八三】[注2]、【中国の古典一七】[注3]から引用した。

◇『舊唐書』巻一百九十九上 列傳一百四十九上 東夷

（1）倭國者 古倭奴國也 去京師一萬四千里 在新羅東南大海中 依山島而居 東西五月行 南北三月行 世與中國通 其國居無城郭 以木爲柵以草為屋 四面小島五十餘國皆附屬焉…（中略）…

【東洋文庫二八三】倭国は古《いにしえ》の倭奴国である。［唐の］京師（長安）からは一万四千里、新羅の東南の大海の中にある。［倭国の人々は］山［の多い］島によって生活をしている。［倭国の境域は］東西が五ヵ月、南北が三ヵ月の行［程］

である。代々中国［諸王朝］に通［好］している。倭国［の人々］の住んでいる処には［中国のように］城郭はなく、木で柵をつくり、草で屋［根］を葺いている。［倭国の］四面［に散在する］小島［にある］五十余国は、すべて［倭国王のもとに］従属している。

【中国の古典一七】倭国は、古《いにしえ》の倭の奴国である。都の長安から一万四千里、新羅の東南方の大海の中にある。倭人は山がちの島をねじろとして住んでいる。その島の広さは東端から西端までは歩いて五か月の行程、南北は三か月かかる。代々中国へ使節を通わせている。この国の集落には城廓はなく、木で柵をこしらえ、草で屋根を葺いてある。その周辺の小島五十国余りは、すべて倭国に所属している。

（2）日本國者倭國之別種也

【東洋文庫二八三】日本国は倭国の別種である。

【中国の古典一七】日本国は倭国の一種族である。

（3）以其國在日邊故以日本爲名

【東洋文庫二八三】その国が日（太陽）［の昇るところ］の近くに位置しているので、日本を［国の］名としたのである。

【中国の古典一七】その国が太陽の昇るかなたにあるので、日本という名をつけたのである。

（4）或曰倭國自惡其名不雅改爲日本

【東洋文庫二八三】或いは、倭国［の人々］はみずからその［国の］名が雅《うるわ》しくないのを嫌って、日本と改称したともいう。

【中国の古典一七】「倭国では倭国という名が雅美でないことを彼ら自身いやがって、そこで日本と改めたのだ」とも言われるし、

（5）或云日本舊小國併倭國之地

【東洋文庫二八三】或いは、日本は旧《もと》は小国であったが、倭国の地を併［合］した。

【中国の古典一七】また、「日本は、古くは小国であったが、その後倭国の地を併合した」とも言われる。

（6）其人入朝者多自矜大不以實對 故中國疑焉

【東洋文庫二八三】その国の人で［唐朝に］入朝してきた者（日本使節）は、多くみずから尊大にふるまい、事実を述べて［中国側の応対に］対処することがなかったので、中国［側］では［彼らの言を］疑わしくおもっている。

【中国の古典一七】日本人で唐に入朝した者の多くは、自分たちの国土が大きいと自慢するが、信用のおける事実を挙げて質問に応じようとはしない。だから中国では、彼らの言うことがどこまで真実を伝えているのか疑わしい、と思っている。

（7）又云其國界東西南北各數千里 西界南界咸至大海 東界北界有大山爲限 山外即毛人之國

【東洋文庫二八三】また［彼らが］言うところでは、日本国の境域は東西・南北それぞれ数千里［に及び］、西の境も南の境もみな大海に達しており、東の境と北の境には大山があって、［外部との］境界をなしている。その山の外側は毛人の国であるという。

【中国の古典一七】また、「その国界《くにざかい》は、東西・南北それぞれ数千里、西界と南界はいずれも大海に達し、東界と北界にはそれぞれ大きな山があって境界をつくっている。その山の向こう側が、毛ぶかい人の住む国なのである」とも言う。

（次に『旧唐書』の項目に対応する形で『新唐書』の関連記事を記す。）

◇『新唐書』巻二百二十 列傳一百四十五 東夷

①日本 古倭奴也 去京師萬四千里 直新羅東南 在海中島而居 東西五月行 南北三月行 國無城郛 聯木為柵落以草茨屋 左右小島五十餘 皆自名國而臣附之…（中略）…

※百衲本では「日本」と刻している。「本」の音は本来「トウ」であり、「本」の音「ホン」とは異なるが、通常は「本」の別字体とみなされ、両字は互換性を有する。一般には、「日本」は「日本」と同じとして扱われている。

（二〇〇四年に中国で発見された井真成墓誌銘［七三四年製作］には「國号日本」とある。）

【東洋文庫二八三】日本は、古《いにしえ》の倭奴［国］である。［唐の］京師（長安）からは一万四千里、ちょうど新羅の東南［に位置している］。海のなかに島があって、［人々は］そこで生活している。［日本の境域は］東西が五ヵ月、南北が三ヵ月の行［程］である。国には［中国のように］城郭はなく、木を連ねて柵をつくり、艸《くさ》で屋［根］を葺いている。［日本の］周囲には小さな島が五十余［あって］、みなみずから国と称し［日本に］臣従している。

【中国の古典一七】日本は古《いにしえ》の倭の奴国である。都長安から一万四千里、新羅の東南にあたり、海中にある島国である。その国土の広さは東西は歩いて五か月の行程、南北は三か月の行程である。国都には城郭がなく、材木を並べて木柵《もくさく》とし、草で屋根をふいている。周辺には五十余りの小島があり、それぞれ勝手に国と号し、日本国に臣下として服従している。

②［『舊唐書』の（２）に対応する記述無し］

②a 咸亨元年 遣使賀平高麗［↑『冊府元龜』巻九七〇 外臣部 朝貢第三 には「咸亨元年三月…倭國王遣使賀平高麗」とある。咸亨《カンコウ》は唐の第三代皇帝＝高宗・李治の治世に使用された年号で、咸亨元年は六七〇年。『冊府元龜《さっぷげんき》』は一〇一三年成立の類書。］

【東洋文庫二八三】［高宗の］咸亨元年（六七〇）、［日本は］使を遣わして［唐の］高［句］麗平定を奉慶した。

【中国の古典一七】咸亨元年（六七〇年）、日本は唐に使者を遣わして、唐が高句麗《こうくり》を平定した（六六八年）ことを慶賀した。

②b 後稍習夏音 悪倭名 更號日本［※『舊唐書』の（４）に対応する記述］［↑『三国史記』新羅本紀第六では「文武王十年［六七〇年］十二月条に「…倭國更号日本 自言近日所出以爲名」とある。『三国史記』は、現存する最古の朝鮮半島の史書であり、一一四五年に成立。］

【東洋文庫二八三】その後、［日本人は］少しく夏音（中国の言葉）を習い、「倭」という名［のよくないことを知ったので、それ］を嫌い、［国号を］更《あらた》めて「日本」と号した。

【中国の古典一七】その後日本人は、しだいに中国語に習熟し、倭《わ》という呼び名をきらって日本と改号した。

③使者自言 國近日所出 以為名。

【東洋文庫二八三】〔これについて日本の〕使者は、《国が日（太陽）の昇るところに近いので、〔日本を国の〕名としたのです。》と、みずから説明をした。

【中国の古典一七】使者がみずから言うに、「わが国は太陽の出る所に近いから、それで国名としたのだ」と。

④〔後稍習夏音 惡倭名 更號日本〕（②bの再掲）

〔※『舊唐書』の（4）に対応する記述なので、『新唐書』の記述④として扱う。〕

⑤或云日本乃小國為倭所并故冒其號

【東洋文庫二八三】或いは、《日本は〔もとは〕小国であって、倭〔国〕に併〔合〕されたが、〔倭国は〕その〔国〕号を借りたのである。》ともいう。

【中国の古典一七】また、こういう説もある。「日本は小国だったので、倭に併合され、そこで倭が日本という国号を奪ったのだ」

⑥使者不以情故疑焉

【東洋文庫二八三】使者は実情〔を述べ〕なかったので、〔中国側では〕疑わしくおもっている。

【中国の古典一七】使者が真相を語らないのでこの日本という国号の由来は疑わしい。

⑦又 妄夸（誇）其國都方數千里 南西盡海 東北限大山 其外即毛人 云

【東洋文庫二八三】また〔日本の〕国都は数千里四方であると、誇大に偽っている。〔日本の境域の〕南と西は海に達し、東と北は大きな山が〔外部との〕境になっており、その〔山の〕外側には毛人〔がいる〕といっている。

【中国の古典一七】また、その使者はいいかげんなことを言ってはほらを吹き、日本の国都は数千里四方もあり、南と西は海に達し、東と北は山に限られており、山の向こうは毛人の住む地だ、などと言っている。

以上、『旧唐書』と『新唐書』の対応する記述を七つの項目にして対比した。国の歴代史を（『日本書紀』流に）一本化した日本伝しか記載のない『新唐書』が、『旧唐書』の（2）に対応する記述をもたないのは当然としても、両唐書の内容は、ある部分では微妙に、ある部分では正反対に、相違している。

（1）と①においては、『旧唐書』の倭国紹介記事が、ほぼ同様の内容で『新唐書』の日本紹介になっている。『新唐書』では、明確に、「日本」は従来の中国の史書で「倭（国）」と呼ばれていた存在と同じものである、という日本側の主張を受け入れている。ただし、『旧唐書』の倭国伝にある「世與中國通」（代々中国〔諸王朝〕に通〔好〕している）という文章に対応するものが、『新唐書』には無いことに注意する必要があろう。

『新唐書』の日本伝の②aの「咸亨元年 遣使賀平高麗」記事に関しては、先述のように『冊府元龜』では倭国王の遣使となっている。『新唐書』により倭国関係記事が日本国の記事として一本化され書き直されている一例であるが、本稿のテーマとは少し離れるので、ここでは詳細な分析は割愛する。

（3）と③においては、『旧唐書』が「日辺」とするのに対して、『新唐書』では「日所出」としており、似た表現ではあっても、同一とみなせるかは、微妙な点である。それはともかく、従来、「日辺」や「日所出」という表現が、単に〝中国（唐）の東の方向にある〟という説明だと誤解されてきたのではなかろうか。というのも、日本国＝倭国とするならば、倭国が中国から見て東の方向にある（そして朝貢する東夷の中で最も東側に位置する）との認識は、中国側にとって従来から明らかなことであり、それだけの意味であれば、改めて一説を記載する必然性は乏しいと思われる。つまり、「日の昇る所に近い」とは、中国から見てという意味ではなく、別の比較対象に関して〝より東側である〟ことを説明しているとすれば、（中国側にとって新しい知見となる）この説明を記載する必然性が理解できることになる。では、その比較対象とは何か？ 最も自然な理解は、従来の「倭国」に対して、「日本国」がより東側に位置する、と日本国の遣使が説明しているとみなすことであろう。つまり、論理的には、「倭」と「日本」の相互位置関係に基づく「（より）近い」であると考えなければならない。そうであれば、領域が異なる「倭」と「日本」が並存した時期があって、「日本」が「倭」よりも「日の出る所に近い」から、「日本」と呼称した、という背景を想定するのが最も自然な解釈であろう。こうした状況であれば、〝倭が日本列島の西側、日本はその倭の東側〟

と日本の使者が自認していた時期が存在したと想定することは充分可能である。

通説のように、（中国に対して）「日の出る所に近い」という理由で（同一実体の国が）国号を改称しただけとの説明であるとするならば、中国側にとっては、格別目新しくもない情報に基づく国号変更ということになり、意味不明な変更理由と映り、取り上げる価値の乏しい説明を記載していることになるのであるが、本稿のような視点で理解すれば、価値のある情報を提供している説が紹介されている、ということになる。

（4）と④においては、『旧唐書』が日本への改称時点を示していないのに対して、『新唐書』では、六七〇年からやや後の時点であることを示唆している。後代史料ながら、『三国史記』新羅本紀は日本への改称時点が六七〇年の十二月であることを明記している。『三国史記』のこの記述が、古い情報源に基づくものなのか、『新唐書』日本伝を参考にして後代に挿入・追記されたものなのか、俄かに判断するのは難しい。『三国史記』新羅本紀には、孝昭王七年（六九八年）三月条に「日本國使」とあり、聖徳王二年（七〇三年）七月条にも「日本國使」とあり、これらは新羅における独自情報であり確実な「日本国」の用例とみなしうる。小林敏男氏は、対外的な日本国号の使用は、唐よりまず新羅に対して用いられたと考えるのが自然であろう、として、六九八年より前である可能性は高いと指摘している。[注4] 一方で中国の史料には則天武后のときに日本国号を「公式に承認した」旨の記事が散見している。（これは『続日本紀』に記載された粟田眞人の遣唐使派遣により「日本」国号の情報が公式に唐へ伝えられたと考えられる。七〇二年～七〇三年頃の出来事である。）外国史書による限り、対外的な日本国号の使用開始は、六七〇年～六九八年の間の或る時点としてよいであろう。

なお、二〇一一年に発見された「百済人祢軍《でいぐん》墓誌」（六七八年製作）に「日本」という国号が出現しているという説が喧伝されているが、銘文の誤読である。「于時日本餘噍」を「于時 日本餘噍」と区切って読んで「日本餘噍」なる語があるように解釈するのであるが、正しくは、「于時日 本餘噍」と区切り、「于時日」は「この日に」（時＝是の義）と読んで、それは前文に記載のある「去顕慶五年 官軍平本藩日」（さる顕慶五年［六六〇年］官軍［唐軍］が本蕃［百済］を平《たひら》ぐる日）を指すのである。「本餘噍」は百済の残党の意であり、文脈上ここに「日本の餘噍」なる概念・

用例が現れるはずがない。よって、「百済人祢軍墓誌」に国号としての「日本」が現れているという説は誤りである（本書一四七頁のコラム参照）。

（5）と⑤においては、両唐書間の説明に大きな相違がある。『旧唐書』では、〝日本は古くは小国であったが、その後倭国の地を併合した〟という説が紹介されている。それに対して、従来の解釈として、『新唐書』では〝日本は小国だったので倭に併合され、そこで倭が日本という国号を奪った〟という説があるという。これらの解釈が妥当であるとすれば、新・旧の両唐書により倭と日本の併合関係が逆転していると認識するほかない。この件は、冒頭に記したように、不可解な問題として残っている現状なので、後に詳述する。

（6）と⑥においては、両唐書ともに、日本の使者に対して同じ様な認識・印象を述べていると従来は考えられてきた。しかし筆者は、この件に関して漢文読解上の疑問を持っているので、更に後述する。

（7）と⑦においては、地理的な描写に大きな相違がある。『旧唐書』では、国の境域が東西・南北それぞれ数千里としているのに対して、『新唐書』には、日本の国都の大きさが数千里四方あるとなっている。また、『旧唐書』では、国の境域の西界と南界はいずれも大海に達する、と記しているが、『新唐書』においては、（〝国の境域の〟なのか〝国都の〟なのか必ずしも明確ではないが）南と西が海に達するとあり、（東界と北界の「大山」の表記が同じなのに対して）「大海」と「海」の微妙な表記の相違がある点にも注意が必要と思われる。

以上の様に、倭国と日本国の概説・紹介記事の中に限っても、両唐書の間には、かなりの相違が認められるが、以下では、「別種」、「併合関係の逆転」、「国号変更過程」の問題について、再検討してゆく。

三、「別種」の理解をめぐって

『旧唐書』の（2）日本國者倭國之別種也の解釈の研究史については、大《おお》和《わ》岩雄氏が要領良く纏めている。(注5) 通説は、倭国と日本国の実体は同一であり、国号（呼称）の変更が行なわれたに過ぎず、倭国と日本国が並存した説は成り立たないとする。概ね七世紀後半において日本列島内に倭国と日本国（の前身に相当するもの）という少なくとも二つの国が並存していたとする説は、従来異端視されてきた。しかし、国内史料（『古事記』『日本書紀』など）の記述を妄信するのでない限り、大陸側の史料を冷静・客観的に読めば、《倭国と日本国が同一実体であり倭から日本への「変更」は単に国号の呼称変更に限られる》との理解に大きな疑問が湧き上がってくるのは避けられないように思う。

小林敏男氏は、〝「別種」とは、種族のレベルでは「倭種の一つ」「倭種の分かれ」という意味あいをもつが、〝国〟のレベルでは倭国と日本国とは実体のある別個の国であると『旧唐書』が認識していたともとれる。…（中略）…端的にいえば、東夷の国の一つとして伝統的に朝貢してきていたより大陸に近い倭国と、その倭国よりさらに東の極みにある日辺の国、あるいは日出《い》ずる所の国である日本国の違いである。[注6]〟と率直かつ慎重な表現をしている。

なお、この倭国と日本国の相互位置関係の認識は、唐側だけでなく、当然日本側にもあったことは既に記した。「別種」についての、このような素直な解釈を『旧唐書』の理解の基本に据えるべきであり、倭国と日本国の二国並立状態を認めたうえでの議論が重要になると思う。七世紀後半期の日本列島における「二王朝並存」仮説を異端視する古代史学界の風潮が早く改善されることを願うものである。

ちなみに、『旧唐書』には「別種」の用例が他に十四あるが、「A（者）B（之）別種（也）」の文章におけるAもBも（一部重なる部分はあるとしても）独立した別個の国または種族の領域を示しており、AとBが同一実体を表す例は皆無である。倭国と日本国の場合だけ同一実体であると解釈するのは、かなり難しいのではないだろうか。

また、七世紀後半において、『日本書紀』巻第廿五 孝徳天皇紀の白雉五年（『日本書紀』の紀年では六五四年・甲寅年にあたる）二月条の注記に、「伊吉博得言…（中略）…妙位・法勝・學生氷連老人・高黄金幷十二人・別倭種 韓智興・趙元寶 今年共使人歸」とあり、「別倭種」という表現が現れている。この用例は『日本書紀』全体で唯一のものである。（「韓智興」という人名は、斉明天皇紀の注記にも「伊吉連博徳書」として引用された文章中に記載されている。）多くの解説書では「別倭種」を「日本人と外国人の混血児」というように説明している。しかし、当時混血児が少なからず居て官庁の要職にも位を得ていた状況であるにも拘わらず、ここだけにしか「別倭種」という表現が無いのは不審である。素直に、別の倭種（倭人ではあるが、伊吉博徳のグループとは別種の人達であり、必ずしも混血児を意味しない）の意と理解して、『旧唐書』記載の「別種」と関連する（あるいは似た意味を有する）言葉であると考える方が合理的であろう。（ただし、伊吉博徳がヤマト王権［日本］側の人だとすれば、「別倭種」は「倭国側の人」ということになり、『旧唐書』では、日本国を「倭国の別種」とするのであるから、対象を指す方向は反対であることになる。）

伊吉連博徳書においては、自分たちの国を「倭」と名のっていたらしい（斉明天皇紀五年［『日本書紀』の紀年では六五九年・己未年にあたる］条 注記に「倭客」）ので、七世紀中頃には「日本」は対外的には未だ使われていなかったものと推測できる。なお、同じ資料中に「日本國天皇」の用語があるとされるのは、既に早く河村秀根『書紀集解』（一七八五年頃成立）が指摘しているように、「天子相見問訊之曰《いはく》 本國天皇平安以不」の（写本の誤写に基づく）誤読であり、「日本」の使用例とみなしてはならない。この問題に関しては、増村宏氏の更なる検討がある。(注7)

四、両唐書間での「倭―日本の併合関係の逆転」の再検討

増村宏氏や大和岩雄氏などは、いわゆる「併合逆転」問題を考察する際に、『新唐書』の記す〝日本は倭国に併合され、そこで倭が日本という国号を奪った〟という奇妙な説は、『新唐書』（一〇六〇年成立）の編纂者たちが東大寺僧・奝然《ちょうねん》［九三八年～一〇一六年］が九八四年に宋朝にもたらした「王年代紀」を参考にしたからであると想定した。（「王年代紀」の内容は『宋史』（一三四五年成立）の日本伝に細かく紹介されている。）要するに「神武天皇の東征伝承」に基づく解説と考えるのである。紙数の制限により詳細は省くが、このように七世紀の記事であるはずのものを遠い過去の伝承記録に基づく解説記事とみなす説は、受け入れがたい。既に小林敏男氏により簡明・的確に批判されており、(注8) 筆者も小林氏の見解に賛同する。

《「倭」や「日本」は、古い伝承記事や史書に記載されている別物の置き換え（あるいは書き換え）と考えうる》と

いう解釈を拒否し、どちらも唐時代の確定した（共通認識の）用語であるという最も平凡な視点で読む場合に、「併合逆転」問題にはどのようなアプローチが可能であろうか？

以下に『新唐書』⑤についての筆者の試論を提示する。（以下、『新唐書』百衲本の「日本」は「日本」と表記する。）

原漢文：⑤或云日本乃小國為倭所并故冒其號

（α）まず、従来の漢文解釈（を現代文で表記した）「日本は小国だったので、倭に併合され、そこで倭が日本という国号を奪ったのだ」という内容自体が理解に苦しむものであろう。倭が日本を併合したにも拘わらず、被併合小国（日本）の国号を併合した国（倭）が奪って（改めて「日本」という国号を）使用する、という状況は、絶対に有り得ないとは言えないまでも、通常では考えにくい事態である。一方、『旧唐書』では、「日本は、古くは小国であったが、その後倭国の地を併合した」と、文章構造も平易であり、時系列的にも明確で、誤解の余地がない。また、併合関係だけの記述で、それと国号改称を絡めておらず、記述目的も一本化されている。

（β）「冒其號」は、読み下し文で、其號ヲ冒《ヲカ》スと訓むのが通例であるが、「その号をおかす」では意味が判然としないおそれがある。現代語訳本では、「その号を冒《おか》す」「その号を借りる」「その号を奪う」などの表現をしているが、それぞれ微妙に意味のズレがあるように思う。ここで、『学研 漢和大字典』(注9)を参照すると、「冒」の第一の意味は〝《動詞》おおう（おほふ）上にかぶせておおい隠す。また、上にかぶる。〟とある。そして、〝▽漢文訓読では「おかす」と読むことがある〟との注記があるが、具体的な用例・熟語として示されている【冒名】【冒姓】【冒称（稱）】は〝他人の姓名を偽ってなのること〟という説明があり、「冒～」は他人の名・姓をかぶるの意であるという。この用例に従うと、「冒其號」は、その号（他国の号）を偽ってなのる、の意となろう。そうすると、「その号（他国の号）」とは何を指すのか？　再吟味が必要になると思われる。

（γ）「為倭所并故冒其號」は、従来、読み下し文で、倭ノ并《アハ》ス所《トコロ》ト為《ナ》ル、故《ユエ》ニ其《ソ》ノ號ヲ冒《ヲカ》スと訓んできた。「為倭所并」で区切って、「為A所～」（Aの～するところとなる）の文型とみなすのである。「為A所～」は、誰か（A）に

〜されるという受け身の意味を表す構文である。つまり、現代語訳にあるように、日本が倭に併合されたという解釈になるわけであるが、そう理解すると先述のように文全体の内容が理解に苦しむ事態となる。

『新唐書』には他に十箇所「爲（〜）所并」という文型が記されているが、すべて受け身の構文と解して問題ないと思われるので、この部分に関しても、従来のすべての研究者が同様に理解したのは無理からぬところである。ところが、この文型で解釈する上で少し疑問に思ったのは、「爲（〜）所并」の後に「故—」と続く文構造が他の十箇所には見られず、ここだけの特徴であることである。そして筆者は、漢文の文型として、「…爲二〜一故—」（「…ハ〜ノタメノユヱニ—」）〔…は〜であるからして（〜の理由で）、—〕があることを学んだ。[注10] この文型を「為倭所并故冒其號」に適用すると、〝（日本は）倭が并〔並〕する（ところの）ためのゆえに、その号〔倭〕をおかした（偽ってなのった）〟となるであろう。[注11]

この読み方において、筆者は「并」を「併」（併合／併呑）の意とせずに、「並」（並存）の意とみなすこと、「その号」を「日本」ではなく「倭」とみなすことを提起するのであるが、これらは従来の解釈と大きく異なることになる。『新唐書』に記載されているその他十箇所の「爲（〜）所并」の用例は「併合」の意なのであるから、ここの「并」だけ「並存」の意味に取るのは恣意的と非難されるかもしれない。ただ、他の箇所とは構文が異なること、『旧唐書』が「併」としているのを「并」と敢えて異なる字を使っていることから、この解釈も可能ではないかと考えた。識者の批判が戴ければ幸いである。

また、「その号」を「日本」とする従来の解釈では、文章の途中で主語が（日本から倭に）変わることになり、文法的に非常に不自然であった。「その」は直前の「倭」を指示すると解して、「その号」は「倭国号」、「冒」の主語は「日本」と理解すべきなのである。従って、文全体の時制（テンス）は過去形とみなすことになる。以上により、「日本乃小國為倭所并故冒其號」の文全体の解釈は、〝日本はもとは小国で、倭が並存していたので、倭の号を偽ってなのっていたのである。〟となる。この新しい解釈の注目点は、「倭」と「日本」が並存していた時期に、日本（ヤマト王権）側が「倭」という他国の号を偽って使っていた、という一説を『新唐書』が紹介していることである。

従来の通説的解釈（倭が「日本」という国号をおかした／借りた／奪った）と相容れない内容ではあるが、筆者にはこのように理解する方が妥当であると思えるので、敢えて試論として提示する次第である。

漢文の誤解ではないかと思われる部分が更に一箇所あるので、こちらも筆者の解読の試論を提示し、識者の批判を仰ぎたい。『新唐書』⑥使者不以情故疑焉に関して、たとえば、【東洋文庫二八三】訳では、〝使者は実情［を述べ］なかったので、［中国側では］疑わしくおもっている。〟とあり、「疑」の主語が「中国側」であると補って解釈している。しかし、文脈上、この理解には相当無理があり、この文章の主語は「使者」で一貫しているとみなすのが自然な理解であろう。『旧唐書』（６）其人入朝者多自矜大不以實對故中國疑焉の記述の場合は、「故」の前後で主語が「（日本国からの）入朝者」から「中国」へ変わっていることが明らかなのに対して、『新唐書』の場合は、「疑」の主語が記されていない。（新・旧両唐書の構文は明確に異なっているのである。）こういう場合は、主語は直前の「使者」とみなすのが通常の読解法であろう。前記のような従来からの通説的解釈は、『旧唐書』の文面に引きずられて『新唐書』の文面を無理に合わせ込むように理解しようとした結果ではないだろうか。筆者の理解では、「不」は「疑」に係り、「不以情故…」は、「情のゆえをもって…せず」と解釈すべきである。つまり、「使者は情のゆえをもってこれを疑わず」の意となろう。「不～疑」の主語は（中国側ではなく）使者である。『新唐書』⑥は『旧唐書』（６）と字面は似ているが、内容は全く異なるものである。なお、『旧唐書』（６）に「実」とあるところが、『新唐書』⑥では「情」となっていて、従来は「情」を実情の義と解して「実」と同じ意味とみなしていた。しかし、『新唐書』の「情」は、実情の義ではなく、感情、情理、あるいは心情のような気持ちという本来の義に解するべきではないかと思う。ここでも、『新唐書』の記述の解釈が、『旧唐書』の記述に引きずられて、両唐書の内容を合わせ込む方向に理解しようとしてきた例が見て取れよう。『旧唐書』では、中国側が日本の使者の言うことを疑っている、としているのに対して、『新唐書』では、日本の使者は自らの言うことが事実であると信じて疑っていない、と中国側が受け取っていることを記しているのである。

五、国内史書（記紀）における「倭」から「日本」への書き換えについて

両唐書に記載された「倭」から「日本」への国号変更の件は、国内史料の中にどのように反映されているのであろうか。もとより全般的な検討は本稿の目的から外れるので、ここでは、『古事記』『日本書紀』の中における「倭」と「日本」の文字の用例に限って比較し、両書間での用字の変化（書き換え）の状況を把握することにより、国内での「倭」と「日本」の関係についての認識の一端を分析する。

初めに、『日本書紀』自体に、「日本」の呼称起源に関する説明が無い、ということが注目される。巻第一・神代上の「大八洲國」の国生み伝承のなかに、「廼生大日本豊秋津洲」の本文があり、その注記として「日本 此云 耶麻騰 下皆效此」（日本これをばヤマトといふ 下はみなこれにならへ）が挿入されている。▽そこで（次に）大日本豊秋津洲［通常「おほやまととよあきづしま」と訓《よ》む］を生んだ。［原文注釈］：日本は耶麻騰《やまと》という。以下は皆これにならう（同じに読む）ように：「日本＝ヤマト」と読み方の指示している箇所は、この注記だけである。『釈日本紀』（卜部兼方著十三世紀末頃成立）の巻第一・開題には、神武天皇のヤマト（大和地域）入植から「全国統治」が開始されたという主張に沿って、地域名「ヤマト」を国号にしたとする国号起源説が紹介されている。（実際の「日本」国号使用は先述のように七世紀後半からと考えられている。「神武天皇即位のときから日本という国号があったのだ」とする『日本書紀』の建前を、『釈日本紀』は追認する形になっている。）

『古事記』に「倭」の訓は明示されていないが、やまとと訓むのであろう。『日本書紀』の「倭」の訓も明示されていないが、やまとと思われる。対応関係があると思われる、「夜麻登登母母曾毘賣命」（古事記・中巻）↕「倭迹迹日百襲姫命」（『日本書紀』巻第四孝霊天皇紀）から、「夜麻登（ヤマト）」＝「倭」と推測可能である。

【表1】に『古事記』の「倭」と「日本」の出現箇所数を示す。【表2】には『日本書紀』の「倭」と「日本」の出現箇所数を示す。更に【表3】【表4】においては、『古事記』の「倭」六十八用例の内訳と、それらに対応すると思われる『日本書紀』の用例との比較を示す。また、【表5】には『日本書紀』の「倭」百八十九用例［流布本記

載「大倭木満致」（巻第十応神紀二十五年の条）の大倭を含めずに集計した」の分類（の概略）を示す。これらの表[注12]から分かることを以下に略記する。

表１　『古事記』の「倭」と「日本」

項目		件数	
倭		68	
	うち大倭	14	21%
	うち倭國	2	3%
日本		0	

表２　『日本書紀』の「倭」と「日本」

項目		件数	
倭		189	
	うち大倭	16	8%
	うち倭國	26	14%
	うち大倭國	4	2%
日本		226	
	うち大日本	33	14.6%
	うち日本國	16	7%
	うち日本府	35	15.5%

表３　『古事記』の調査結果のまとめ（倭／大倭）

『古事記』**大倭**：14 件 内訳	件数
大倭豊秋津嶋	1
大倭日子鉏友 命	3
大倭帯日子國押人命	2
大倭根子日子賦斗邇 命	3
大倭根子日子國玖琉 命	3
大倭國	1
白髪**大倭**根子命	1
小計	14

『日本書紀』の対応する記述	件数
大日本豊秋津洲	6
大日本彦耜友 尊／天皇	9
日本足彦國押人 尊／天皇　？	(8)
大日本根子彦太瓊尊／天皇	8
大日本根子彦國牽 天皇	8
大日本國	1
白髪武廣國押稚**日本**根子 天皇？	(3)
大日本人	1
小計	33

表４　「倭」の対応関係

『古事記』	件数
神**倭**伊波禮毘古 命 神**倭**伊波禮毘古 天皇 神倭天皇	7
倭飛羽矢若屋比賣	1
倭日子命	2
倭比賣命	6
倭建命	13
倭男具那 命 **倭**男具那 王	2
倭建御子	1
（三尾君加多夫之妹）**倭**比賣	1
倭國造	1
倭漢直	1
倭根子 命	1
若**倭**根子日子大毘毘 命	3
倭國	2
地名の**倭**（所在不明確地を含む）	13
小計	54

『日本書紀』の対応する記述	件数
神**日本**磐余彦 尊／天皇 神**日本**磐余彦 火火出見 尊／天皇	12
倭迹迹稚屋姫命	1
倭彦命	3
倭姫命	10
日本武尊	35
日本童男《をぐな》	2
日本武皇子	2
三尾君**倭**媛	1
倭國造　大倭国造	3
倭漢直	7
稚**倭**根子 皇子	2
稚**日本**根子彦大日日 尊／天皇	7

表５　『日本書紀』の「倭」の用例分類

項目	件数	（%）
「ワ」の字音（万葉仮名）・「ワ」音表記	27	14.3
「倭文《しとり》」訓・当て字	5	2.6
注記：外国史書、伊吉博徳書からの引用： 倭、大倭、倭國、別倭種など	11	5.8
倭京、倭都	9	73.5
倭國造、大倭國造	3	
倭～部、倭漢～、倭直～、大倭直～	28	
倭迹迹日百襲姫命	4	
倭迹迹姫命	4	
倭姫命	10	
倭～姫、倭～媛、倭～女など	7	
倭彦命	3	
倭彦王	2	
倭子連、大倭連、倭君、倭～彦、倭俀宿禰など	6	
稚倭根子皇子	2	
明神御宇日本倭根子天皇、明神御大八州倭＊［日本］根子天皇	2	
倭大國魂神	3	
倭屯田、倭蔣代屯倉	6	
確実に大和地域を意味する倭、大倭、倭國、大倭國	50	
（所在不明確地を含む）呼称・地名を示す倭、倭國	7	3.7
合計	189	

◇『古事記』に「日本」表記は無い。

◇『日本書紀』では「ワ」音に「倭」を用いている。（他に、「和」「丸」も用いている。）

◇『日本書紀』の「日本」はやまとと訓む。（注記：『古事記』『日本書紀』の「倭」はやまとと訓むのであろう。文献中に明示されているわけではない。）

◇『古事記』の「（大）倭」を『日本書紀』では、（主に天皇及び倭建命の名称に関して）全体的な日本に関すると思われるものを「（大）日本」に書き換えているようである。

◇両書に「大和」の用例は無い。

一般的な傾向として、『古事記』→『日本書紀』の表記変化（書き換え）において、「大倭→大日本／日本」であるが、「倭→日本／倭」と倭字を変えていない箇所も多い。日本全体に関わること及び天皇（と倭建命）に関する事項を倭→日本と書き換え、大和地域（ローカル大和国・大和郡）に関する事項は倭のままにしていると思われる。これらの分析から、ヤマト王権国家は、自らを「やまと」国と呼称していたことは容易に推測できるが、対外的に、その音に当ててどのような漢字をいつ頃から用いる様になったのかは国内文献上ではあまり定かでない。ただ、時期的に「倭」が先で「日本」が後であったことは明らかである。

本稿で提示した『新唐書』⑤の新解釈（〝日本はもとは小国で、倭が並存していたので、倭の号を偽ってなのっていたのである〟）から見ると、〝「やまと」はもと小国で、「倭《ワ》」と並存していたので、その時期には、対外的に（「やまと」ではなく）「倭《ワ》」という国号を偽ってなのっていた（「やまと」を使わずに「倭《ワ》」という国号を（本物の倭国から）借りて使っていた）のである。しかし、今では［七世紀終わりから八世紀初めには］本物の倭国を併呑して日本《やまと》が全体を統治することになったので、公式に「倭」から「日本」への国号変更をしたのである〟というストーリーが一説として語られていたとしても、国内文献の両字の使われ方と少なくとも矛盾しないのである。

『旧唐書』が倭国と日本国の二つが存在するように記述しているのに対して、『唐暦』『通典』・『文献通考』等が、「日本国」を「倭国」の別名／一名として扱っていることから、国の違いではなく同じ国の呼称の変更にすぎない、とみなす論者が多数派である。しかし、前記のようなストーリーの一説が日本の遣使により唐へもたらされていたと『新唐書』が記しているのであれば、そのことも、倭国と日本国が並存していたことの反映であるとみなされうる。この視点からすれば、けっして、両唐書の「或云」（5）と⑤は矛盾していないのであり、前述の記紀の「倭」と「日本」の用例の分析結果からも、いわゆる「併合関係の逆転」（の謎）は、『新唐書』⑤の誤読に基づく歴史の誤解であった可能性が高いことが分かる。

六、おわりに

従来、両唐書の日本国紹介記事の一部分に矛盾とみなしうる説が記載されていることをもって、また、正史以外の中国史書が『旧唐書』とは一見異なる記述をしていることをもって、『旧唐書』に明記されている倭国と日本国の並存および日本国による倭国の併合（併呑）の史実としての信憑性は否定されてきた。二国を別個の存在として認めようとする研究者は依然として少数派である。本稿では、『新唐書』の「併合」記事を、原文の文構造から再検討することにより、従来の通説的見解とは全く異なる解釈が導けることを示した。その結果、両唐書の「矛盾」と見えていた部分を整合的に解釈しうる可能性を見いだし、記紀の倭と日本の用字法とも矛盾しないことを確認した。

「倭国→日本国」の変化を、過去の（五世紀より前の）「日本」の伝承を誤って反映させた七世紀後半から八世紀前半の唐代人の誤謬を含む一説と切り捨てないで、日本古代国家の形成段階の画期となる事象として、史料事実に基づいて真摯に再検証する努力を続けるべきであろう。

［二〇二三年九月二七日稿了］

［注］

（1）小林敏男『日本国号の歴史』（歴史文化ライブラリー三〇三、吉川弘文館、二〇一〇年）［引用文は八三頁と一〇五頁］

（2）井上秀雄他訳注『東アジア民族史2　正史東夷伝』（東洋文庫二八三、平凡社、一九七六年）旧唐書倭国伝［三七三頁～］、旧唐書日本国伝［三七七頁～］、新唐書日本伝［三八六頁～］から引用。

（3）藤堂明保監修藤堂明保・竹田晃・影山輝國訳『倭国伝』（中国の古典一七、学習研究社、一九八五年）旧唐書・倭国［一六三頁～］、旧唐書・日本［一六六頁～］、新唐書・日本［二〇九頁～］から引用。

（4）注1前掲書一二七頁。

（5）大和岩雄『改訂版「日本」国はいつできたか―日本国号の誕生』（大和書房、一九九六年）［二、倭国と日本国は別々の国か］［三五頁～六五頁」の章に、〝倭国と日本国は別で、二つの国が一つになったのが日本国だとする見方がある〟と指摘して、古田武彦、谷川士清／戸部良煕、高橋富雄、江上波夫、谷川健一、飯島忠雄、中小路駿逸、赤松文之祐、壱岐一郎の諸説を紹介している。（筆者補足：これらの中で七世紀後半における倭国から日本国への「変更」に直接的に関係するのは、古田武彦氏の「九州王朝」説（後漢書に記載された一世紀の倭奴国、魏志に記載された三世紀の女王国［邪馬壹国連合体］、宋書に記載された五世紀の〝五王〟の統治した倭国、隋書に記載された俀国、旧唐書に記載された倭国は、九州北半部を中心領域とする歴史的に一貫した国家であり、それを近畿・天皇家の統治国家［大和朝廷／ヤマト王権国家］が併合して八世紀冒頭に公的な「統一的支配」を完成させたのが日本国であるとする説）と、赤松文之祐氏・壱岐一郎氏による「（梁書記載の）扶桑国＝近畿・ヤマト王権国家」説（扶桑国＝ヤマト王権国家［日本国の前身］と倭国が日本列島の西部に並存し、最終的にヤマト王権国家が倭国を併合して「統一国家」を形成したとする説）である。）

（6）注1前掲書八七頁。

（7）増村宏『遣唐使の研究』（同朋舎出版、一九八八年）［「日本國天皇」の問題は、六三〇頁～六三一頁に言及あり］

（8）注1前掲書一〇三頁～一〇四頁。大和岩雄氏の説は、注5前掲書一七四頁～一七九頁。増村宏氏の説は、注7前掲書・六三八頁～六四〇頁。

（9）藤堂明保編『学研漢和大字典』（学習研究社、一九七八年）［「冒」の項目：八九四頁］

（10）たとえば、多久弘一・瀬戸口武夫『新版漢文解釈辞典』（国書刊行会、二〇〇五年）［五八五頁～五八七頁　説明を表す形の文型一九一（C）］

（11）注10前掲書五八七頁には、類似文型の説明として、「…為二～一故―」（「…ハ～ノタメノユヱニ―」）は、「…以二～一故―」（「…ハ～ノユヱヲモッテ」…は～であるからして（～がために、～のために、～の理由で））と同じであるとする。すると、文意はより明確になり、〝（日本は）倭が并するところの故《ゆえ》をもって［倭が並存するところの理由で］、その号［倭］を偽ってなのった〟となるであろう。

（12）検索対象の原文テキストは、日本古典文学大系本（岩波書店）に準拠し、国史大系本（吉川弘文館）とインターネット・サイト「日本書紀全文検索」「古事記全文検索」も参考にした。本稿中で注記した『日本書紀』中の「大倭木満智」と「日本國天皇」の用例は計数していない。

「日本書紀全文検索」サイト：https://www.seisaku.bz/shoki_index.html

「古事記全文検索」サイト：https://www.seisaku.bz/kojiki_index.html

（※谷本茂の電子メール・アドレス：shigerut@hi-net.zaq.ne.jp）

【コラム】

「百済人祢軍墓誌銘」に〝日本〟国号はなかった！

谷本　茂

本誌特集テーマと関連して、倭国から日本国への変遷過程を追い、「日本」国名の歴史を再確認している途中に、百済人祢軍《ディグン》墓誌銘に「日本」という国号が記されているという説が喧伝され、ある意味で通説に近いものになっていることを知った。古田史学の会員の中にも、通説に依拠して、この墓誌が製作された儀鳳三年〔六七八年〕当時に「日本」国号が唐側に伝わっていた確実な証拠（金石文の拓本ゆえに）とみなす方が複数おられるようである。筆者は、その説が原漢文の誤読に基づくものであり、「日本」という用語自体がこの墓誌銘には存在していない、と思う。その理由を簡略に報告する。（なお、今回の論点は字形問題とは直接関係ないので、墓誌銘の夲を本稿では本として表記した。）

銘文の原文の該当箇所を次に示す。

…（前略）…
去顕慶五年官軍平本藩日見機識変杖剣知歸似由余之出戎如金磾之入漢
　聖上嘉歎擢以榮班授右武衛滻川府折衝都尉
于時日本餘噍拠扶桑以逋誅風谷遺甿負盤桃而阻固…（後略）…

「于時日本餘噍」の区切り方／訓み方について、「通説」では、

「于時　日本餘噍　拠扶桑以逋誅」

と、「時」と「日」の間で区切り、「日本」というまとまりを認定したうえで、「時に、日本の余噍《よしょう》、扶桑により

て以て誅《ちゅう》を逋《のが》れ …」と訓んでいる。この区切り方は、最初の論文報告者である中国・吉林大学の王連龍氏から、決定的解釈を提示したとされる東野治之《とうのはるゆき》氏(注1)まで一貫している。「于時」で「時に」を表すと理解し、「日本」の実体の解釈には相違があるものの、「日本」というまとまりの用語が使われたとすることには変わりがない。

しかし、この文章は「于時日 本余噍 拠扶桑 以逋誅」と区切って読むべきであり、「于時日」は「この日に」の意である。「時」には「これ、この、ここ」という「是」に通じる意味があり、「時日」(この日)という用例もある〔たとえば、諸橋徹次『大漢和辞典』(大修館書店 一九六七年 縮写版)巻五 八四八頁(六)、八五三頁〕。

では「この日」とは、いつの日のことであろうか? それは直前に記載されている「去顕慶五年 官軍平本蕃日」(去る顕慶五年〔六六〇年〕、官軍〔唐軍〕が本蕃〔百済〕を平《たひら》ぐる日)のことである。「本余噍」の「本」とは前の「本蕃」という表記を受けて、同じ義で、「百済の」を意味する。つまり、「本余噍」とは、「百済の遺臣/残党」の意味であり、文脈上、ここに「日本の遺臣/残党」などという概念・用語が出現するはずがないのである。そうであるからこそ、「日本」というまとまりとして読んだ東野治之氏も、「風谷」と「日本」の対置/対句表現などといった衒学的な文飾論をかざして、無理矢理、「日本」とは国号ではないとか、〝「日本」は暗に滅ぼされた百済を言い、その残党の活動を述べたのである〟とか、苦しい解釈を補足せざるをえなかったのである。なんのことはない、「暗に」などというものではなく、明示されている文面をその通り読めば、「百済の残党」であることは明白である。結局、銘文(の区切り)を誤読した結果、文章の自然な理解に行き詰まり、妥当な本来の文章の意図を弁解がましく補足説明しているだけなのである。(国号について議論するのであれば、この銘文の「扶桑」の実体は何か、というテーマのほうが遥かに興味深い論点となろう。)

従来説の単純な誤読がなぜ、十年間以上も訂正されていないのか?不思議である。筆者のような簡明な読法は既に多くの人により提起されているであろうと思って、関連文献を探したが、意外と少なく驚いた。学術誌や一般書籍では、この件について言及したものは見当たらなかった。当墓誌について詳細な覚書を記されている葛継《カッケイ》勇《ユウ》氏も、〝「日本餘噍」という表現も、白村江の戦いに敗北した倭国を指す可能性も否定はできないだろう〟として、「日本」というまとまりの表記は存在したという認識であり、〝ともかく、史料上は「日本」の二字が唐において日本国号として公式に認められたのは八世紀初頭であって、『祢軍墓誌』の「日本」は文章構成上も国号とは考えられない。ただし、国号「日本」の由来と関係がある可能性までは否定できない。「日本」の二字がどのようにして国号となり定着したのかは、今後、改めて詳細な検討が必要である〟としている。(注2)

インターネットの検索においては、「古代史の散歩道など」(匿名ブログ)サイトで『倭人伝の散歩道 道草「百済禰軍墓誌」再考「日本」は錯覚では』(二〇一八年一月八日記)として、数回にわたり掲載された記事があり、筆者と同様に、「于時日 本余噍」と区切り、適切な解釈が述べられている。ただし、当ブログ氏は、「于時日」は他に例を見ないと述べ、〝「于時」と二字句が定例であるものを、墓誌の体裁上から「于時日本餘噍」と六字句にしたものであろう。字句を、文体に合わせて伸縮し、体裁を整えるのは、墓誌編者の腕の振るいどころである。〟と、文飾の問題に収斂させており、「于時日」が「この日に」を示す表現であることには触れられていない。

つぎに、二〇二一年四月に石田泉城氏(注3)が、的確な読法および解釈を公表されている。〝「于時日 本餘噍 拠扶桑以逋誅」の内容は、「このときにあたり、百済の残る君臣、扶桑に拠りて以て誅《ちゅう》(死刑)を逋《のが》れる。」との読み下しが妥当であると考えます。〟と明確に指摘されている。

これら二氏の他には発見できなかったが(注4)、このような理解をしている方は他にも少なからずおられるのではないだろうか。今もって漢文学者が東野説の訓み方に異論を提示しないのが、筆者には不思議でならない。いずれにしても、上記二氏の慧眼には感心せざるをえない。貴重な先行研究として高く評価したい。やはり、「百済人祢軍墓誌銘」には(国号か国号でないかにかかわらず)「日本」という用語はなかった、とするのが妥当である。

(二〇二三年一〇月一七日稿了)

[注]

（1）東野治之「百済人祢軍墓誌の「日本」」（『史料学探訪』岩波書店、二〇一五年、二一一〜二一七頁、初出は二〇一二年二月）。

（2）葛継勇「『祢軍墓誌』についての覚書」（『専修大学東アジア世界史研究センター年報』第六号、二〇一二年三月、一六五〜一九七頁）。

（3）石田泉城「『祢軍墓誌』を読む」（『東海の古代』第二四八号、二〇二一年四月、四〜八頁）。

（4）「古代史の散歩道など」サイトにおける読解および注3の石田氏の読解については、4a 古賀達也「洛中洛外日記」第二四二九話（二〇二一年四月十日）および、4b 古賀達也「百済人祢軍墓誌の「日本」」『古田史学会報』一七〇号（二〇二二年六月一三日）一一〜一三頁に既に言及がある。

一般論文・フォーラム

【一般論文】

『隋書』の俀国と倭国は、別の存在なのか

野田利郎

はじめに

『隋書』の東夷伝・音楽志は倭国でなく俀国と書き、帝紀では倭国と書いている（二十四史百衲本『隋書』による）。

古田武彦氏は「俀」と「倭」とは音の異なる別字であること、また、俀国と倭国を同一の存在とすると遣使記事に矛盾が生じるとして、俀国と倭国を別の存在と考え、俀国を九州王朝に、倭国を近畿天皇家に比定された。[注1] 氏はその後、倭国は近畿天皇家だけでなく、吉備王権などもあり得るとして、「近畿天皇家など[注2]」へと改定された。

ただ、国名の相違のみでは別の存在とする根拠にならないと考える。たとえば、『三国志』では「卑彌呼」の名は倭国伝と帝紀で異なる。倭国伝の五例はすべて「卑彌呼」である。ところが、帝紀（三小帝紀）の正始四年条では「倭國女王俾彌呼」と「卑」を「俾」として「俾彌呼」と書かれているが、「卑彌呼」と「俾彌呼」とは同一人物である。また、『隋書』の俀国伝には「安帝時、又遣使朝貢、謂之俀奴国」と『後漢書』の「倭奴国」を「俀奴国」と書き、「倭」を「俀」へと置き換えている。「倭」と「俀」の字が異なることだけでは、別の存在とする理由にならないと云える。

倭と俀とが別の存在であるか否かは、もっぱら遣使記事に矛盾があるか否かによることになる。本稿は、俀と倭の遣使記事の主な論を検証し、併せて新たな検討結果を報告する。

一、遣使記事

『隋書』の俀国、倭国に関する遣使記事は全部で六例がある。これを一覧表にまとめた。上段に東夷伝の俀国、下段に帝紀の倭国の記事を記載した。

東夷伝（俀国）	A	B	C	D
年次	開皇二十年	大業三年	明年（大業四年）	帰途
方向	俀→隋	俀→隋	隋→俀	俀→隋
記事	俀王姓阿毎字多利思北孤、號阿輩雞彌、遣使詣闕。	其王多利思北孤、遣使朝貢。	上遣文林郎裴清使於俀國。	復令使者随清来貢方物。此後遂絶。
帝紀（煬帝上）			①	②
年次			大業四年三月	大業六年春正月
方向			倭・共同→隋	倭→隋
記事			壬戌、百濟、倭、赤土、迦羅舍國並遣使貢方物。	己丑、倭國遣使貢方物。

それぞれの記事内容は次の通りである。

（イ）東夷伝（俀国）

A「開皇二十年、俀王あり、姓は阿毎、字は多利思北孤、阿輩雞彌と号す。使を遣わして闕に詣る。」

B「大業三年、その王多利思北孤、使を遣わして朝貢す。」

次のCとDはともに大業四年の裴世清の俀国遣使記事である。裴世清の帰国に際し、俀国は、また、使者を随行させて方物を貢献する。裴世清の俀国への遣使を「C」、裴世清に随行した俀国からの遣使を「D」と二つに区分した。

C「明年（大業四年）、上、文林郎裴清を遣わして俀國に使せしむ。」

D（帰途）「また使者をして清に随い来って方物を貢せしむ。この後遂に絶つ。」

（ロ）帝紀（煬帝上）

①「（大業四年）（三月）壬戌，百濟・倭・赤土・迦羅舍國が並び、使を遣わし方物を貢献した。」

②「（大業六年）（春正月）己丑，倭国が使者を派遣し、方物を貢献した。」

以上の六例の記事の内、東夷伝（俀国）のA（開皇二十年）、B（大業三年）、C（明年）に対照する帝紀の記事は年次等から明らかに存在しない。ただし、帝紀に記載がないことは矛盾ではない。夷蛮伝の朝貢記事のすべてが帝紀に書かれるとは限らないからである。問題となる遣使記事は、次の三つの記事となる。

帝紀の①（大業四年三月）、②（大業六年春正月）および、俀国伝のD（帰途）である。

二、俀国伝Dと帝紀①②の比較

(1)古田説[注3]

古田氏は俀国と倭国を同一存在とすると、遣使記事が矛盾する点を二つ挙げている。

第一にDと①を比較する。

俀国伝では大業四年は隋が俀国へ使者を送った年（C）である。これは前年の俀王の遣使（B）に応えたものである。この大業四年の裴世清の帰国に際し、俀国はまた使者を随行させ、貢献した（D）という。古田氏はD（帰途）をもって帝紀①（大業四年三月）に該当せしめることは不可能という。

なぜなら、①の大業四年三月は隋の都での貢献である。仮にC（明年）の裴世清の出発が大業四年の正月としても、わずか一、二月の間で俀国におもむき、はやくも帰国したことになり、それは時間的に無理だとする。さらに、推古紀によると推古十六年（大業四年）の四月に裴世清は筑紫に来ている。この年の三月に帰れるわけはないと補足する。

第二にDと②を比較する。

Dの末尾に「此後遂絶」とある。大業四年、裴世清の帰途俀国の使者をともなってかえったと記した直後の記事である。この裴世清の帰国は、推古紀によると大業四年（推古十六年）九月である。これ以降は国交断絶の状態にあり、これが隋と「俀国」との関係である。

これに対して帝紀②では大業六年に「倭国」が遣使貢方物している。したがって、「倭国」は「俀国」ではありえないとした。

以上から、帝紀①（大業四年三月）と②（大業六年）に照応する俀国伝の遣使記事は無いことになる。つまり、「俀国」とは異なる「倭国」からの遣使があったとされた。

(2)古田説への批判

千歳竜彦氏は『市民の古代』第8集で古田説の批判を行った[注4]。その千歳氏の論を要約する。

第一に古田氏はD（帰途）と①（大業四年三月）を比較したが、千歳氏はD（帰途）と②（大業六年春正月）を同一の遣使事件とする。その理由は次の通りである。

（イ）従来（古田氏を含め）D（帰途）の裴世清が帰国した年を大業四年と解している。これは『隋書』の分析から得られた結論ではなく、推古紀に裴世清の帰国を推古十六年（大業四年）九月と明記されていることに従ったためと思われる。そのために、D（帰途）の「此後遂絶」の「此」の時点が大業四年九月[注5]になり、②の大業六年正月の倭国と矛盾するという。

しかし、C（明年）の大業四年は煬帝が裴世清を俀国に派遣した時点であり、裴世清の帰国の時点、D（帰途）については大業四年以降のある時点であること以外は黙して語らないのである。

大業四年以降の遣使記事は②（大業六年春正月）が唯一であるから、D（帰途）と②（大業六年春正月）は、同一の事件を述べたことになる。

（ロ）古田氏の論証には『日本書紀』の記事を使用する。それによると、裴世清は推古十六年（大業四年）四月に筑紫に到着し、推古十六年（大業四年）九月に帰国している。つまり、（イ）の論証からは、裴世清一行は大業四年九月に筑紫を発って、②の大業六年の正月に帰国したことになる。片道に一年以上もかかることは考えられず、『隋書』と推古紀の記述は矛盾している。古田氏も指摘するとおり、推古紀の「遣隋使」の記事は『隋書』の記事と十年程度の誤差があり、ここでの論証には不適とした。[注6]

第二に、『隋書』の安国伝に「大業五年遣使貢献、後遂絶焉」とあるが、安国は「大業十一年春正月安国等遣使朝貢」とその後にも朝貢がなされている。少し表現の相違があるので「俀国」伝の場合といくらか意味が異なっているとしても、明白な矛盾とは言い難いのでないかと疑問を提起し、「後考に待つ」とした。

第三に帝紀①（大業四年三月）に照応する俀国の遣使事件が別途あったと、氏は次のように想定する。

C（明年）の裴世清の俀国訪問は隋朝にとって初めてのことであるから案内が必要である。B（大業三年）の後、翌四年にも再び遣使があり、その使者の帰国に同行して俀国に向かったと仮定する。その遣使事件が帝紀①（大業四年三月）に該当し、また、流求国伝にある、「（大業四年）時俀国使来朝」も同一事件と考えられるとした。

以上から千歳氏は帝紀①、②と俀国伝の関係を説明し、「倭国」と「俀国」についての記載の間には両者を別の存在とみなさなければならないような矛盾はないとした。

三、「この後遂に絶つ」

(1) 古田氏の回答

千歳氏の安国伝の「後遂絶焉」の疑問に対し、古田氏は『古代は沈黙せず』[注7]で回答した。

古田氏は『隋書』の夷蛮伝全体について帝紀の記述との対比表、「隋書国交表」を作成する。その中で「後遂絶」の類似の表記あるものを二つの型に区分し、その用法を確定した。

（イ）A型。「其の」「爾（これ）」といった指示辞をもつもの。例外なく、当該年以降に「貢献記事」はない。

（ロ）B型。右のような指示辞のないもの。当該年が国交断絶でなく、当該年より後になって国交関係断絶の状況を迎える。

安国はB型で、俀国はA型であり、安国の事例は「俀国」の「此後遂絶」には適用できず、「俀国」と「倭国」は、それぞれ別存しているとした。

（2）古田氏の回答への批判

谷本茂氏は古田氏の回答を検証し、次のように批判した。[注8]

（イ）古田氏の分析したA型（当該年以降に朝貢記事がない）の中でも、林邑、突厥には以降も朝貢記事がある。

（ロ）B型（当該年がメルクマールでなく、後になって断絶がある）の中でも、安国以外の記事では該当年以降に朝貢記事はない。（つまり後の断絶がない。）

（ハ）「是於朝貢不絶（是より、朝貢絶えず）」と書かれていても、当該年以降に朝貢記事のあるのは当項だけで、他の林邑、高昌、鉄勒には以降の朝貢記事はない。

以上から、当該年直後に朝貢の「断絶」や「継続」があったかの事実は「絶」「不絶」の表現形式から判断不可能で、古田氏の国交内容の判断は『隋書』（百衲本）の史料事実に反すると指摘した。谷本氏の指摘内容を古田氏の作成された「隋書国交表」で確認したが、谷本氏の指摘の通りであった。

四、俀国伝Dと帝紀②の結論

俀国伝のD（帰途）と帝紀②（大業六年春正月）に関して、次のとおり千歳氏、谷本氏の見解どおりと考える。

第一にD（帰途）と②（大業六年春正月）とは同一の遣使事件である。

第二に、D（帰途）の「此後遂絶」とは大業六年正月以降のことになる。「此後遂絶」の結論がどうであれ、もともと何らの矛盾もなかった。

第三に、『隋書』の「此後遂絶」から、当該年直後に朝貢の「断絶」や「継続」があったかどうかは、判断できないことが確認された。

以上によってD（帰途）と帝紀②（大業六年春正月）が同一の遣使事件となり、俀国と倭国を別の国とする根拠はなくなった。

ただ、帝紀①（大業四年三月）に関して、千歳氏は大業四年に俀国から遣使が別にあったと想定された。しかし、『隋書』に記載がない遣使を想定することは恣意的であり、帝紀①（大業四年三月）を次に検討する。

五、帝紀①の解明

千歳氏はＢ（大業三年）の翌年の大業四年にも俀国から遣使があったと仮定し、それが帝紀①（大業四年三月）に照応するとした。しかし、次の疑問がある。

（イ）帝紀の「倭国」の朝貢記事から、「俀国」伝にも同じ記事があったと想定することは、国名の相違もあり、直ぐには理解しがたい。

（ロ）俀国伝のＣでは「明年」と書かれＢとセットの記事となっている。この間に新たな遣使があったとは思えない。

（ハ）千歳氏の説を入れると俀国から大業三年、大業四年と連続して朝貢したことになる。百済や高句麗と異なり、俀国が毎年朝貢するとは思えない。

そこで、Ｂの大業三年の俀国の使者が、そのまま隋都にとどまり、翌年の大業四年三月になって百済他の二ヶ国と共に方物を貢献したと考えた。この場合には、『隋書』に追加の記事を加えることなく、帝紀①（大業四年三月）を説明することができる。このような変則の朝貢が実施された理由と実行内容を次のように考える。

第一に、大業四年は煬帝の絶頂期であった。

大業四年春正月に詔を下して、男女百余万人余りを徴発して、黄河と天津を結ぶ永済渠《えいさいきょ》を完成させている。その年の三月に百済・倭・赤土・迦羅舎國が並び使を遣わし方物を貢いでいる。これが帝紀①の記事である。

第二に、倭と百済とは東夷の国であり、赤土は南蛮である。迦羅舎國の所在地は不明であるが南方の国と思われる。東夷、南蛮の四ヶ国が並び方物を貢いだことは地理的、時間的にも偶然の出来事とは思えない。煬帝の権威が広く及んでいる証とするために、計画的に実行されたと考えられる。

第三に、東西の国を同じ時と場所に集めるために、俀国と百済は大業三年に隋に朝貢したが、そのまま留まり、翌年の大業四年に到着した赤土国等と共に、朝貢を行ったと考える。

煬帝は絶域であった南蛮の赤土国へ大業三年十月に屯田主事の常駿を派遣した。常駿の帰国に随い赤土国の王子が朝貢している。この王子が大業四年三月の共同朝貢に参加したと考える。[注9] 迦羅舎国は赤土国周辺の国と思われ、赤土国と一緒に参加したのではないだろうか。

第四に帝紀①（大業四年三月）の共同朝貢のあと百済、倭国は一緒に裴世清を俀国へと案内したのではないだろうか。Ｃ（明年）の俀国への行程に「度百濟、行至竹島」と百済経由となっているからである。

以上のことを裏付ける記事が、次のように『隋書』にある。

（イ）帝紀①の記載

帝紀①（大業四年三月）の朝貢国は、百済、倭、赤土、迦羅舎国の四ヶ国である。夷蛮伝に記載がある百済、倭、赤土の三ヶ国とも各国の伝には帝紀①（大業四年三月）の朝貢の記事がなく、帝紀①が特異な朝貢であったことを裏付けている。

（ロ）方物の貢献

帝紀①では「並遣使貢方物」と各国は方物を貢献している。ところが俀国のBの大業三年の遣使は「遣使朝貢」と方物の記載がない。また、百済でも大業三年の朝貢では「璋遣使者燕文進朝貢」と同様に方物の記載がない。大業四年の共同朝貢で方物を貢献するため、大業三年の朝貢では、両国ともに方物の貢献を行わなかったと思われる。

（ハ）流求国の記事

流求国伝に「俀国」の記事がある。大業四年に朱寛が流求から布甲を取ってきた。「時（大業四年）俀国使來朝」し、「此れ夷邪久國《いやくこく》の人の用うるもの也」の記事は②の大業三年の俀国の使者が翌年の大業四年に隋の都に居たことの証拠となる。

おわりに

以上から、俀国伝のD（帰途）と帝紀の①（大業四年三月）、②（大業六年春正月）を矛盾することなく説明することができた。つまり、俀国と倭国とは同じ国であるが、『隋書』の東夷伝・音楽志は、故あって倭国を俀国と記載したと考える。

本稿は古田史学の会・関西例会（二〇一九年八月十七日）で発表し、『多元』一六四号（二〇二一年七月）に「『隋書』の俀と倭」と掲載された論を改題したものである。

[注]

（1）古田武彦『失われた九州王朝』（ミネルヴァ書房、二〇一〇年、二六三頁）及び、同著『邪馬一国の証明』（ミネルヴァ書房、二〇一九年、一八九頁以下）。

（2）古田武彦『古代は沈黙せず』（ミネルヴァ書房、二〇一二年、二一一頁）。

（3）注1前掲書『失われた九州王朝』、二六三頁。

（4）千歳竜彦「『日本書紀』と『隋書』」（『市民の古代』第八集、新泉社、一九八六年）。

（5）注4前掲書、二〇二頁、上段、一六行目に「大業四年三月」とあるが、推古十六年九月を受けた記事であり、「大業四年九月」である。

（6）古田氏は著書『多元的古代の成立（上）』（ミネルヴァ書房、二〇一二年）に所収の「日本書紀の史料批判」を発表後、推古紀に基づく論点を事実上撤回された。

（7）注2前掲書所収「古典研究の根本問題〜千歳竜彦氏に寄せて」。

（8）谷本茂「『倭（ヰ）』と『俀（タイ）』」で古田史学の会・関西例会（二〇一九年七月二十日）で発表。

（9）拙論『隋書』の「赤土国」とは」（『多元』一六一号、二〇二一年一月）。

【一般論文】

『隋書』の「倭国」と「俀国」の正体

日野智貴

はじめに

西暦一世紀に編纂された『漢書』から西暦七世紀前半に編纂された『晋書』に至る中国の正史は、我が国の国号を「倭」としている。邪馬壹国時代を記した『魏志』「倭人伝」や金印・邪馬臺国等について記している『後漢書』「倭伝」、倭の五王を記した『宋書』「倭国伝」等はその典型である。

ところが、西暦七世紀後半に唐が編纂した『隋書』と『北史』のみ、日本列島にある国の国号を「帝紀」では「倭」とし「夷蛮伝」では「俀」としている。これは『隋書』と『北史』にのみ見られる特異な現象であり、同年代に編纂された『南史』（著者は『北史』と同じ李延寿）も、『旧唐書』以下唐滅亡後の正史も、皆「帝紀」「夷蛮伝」の区別なく「倭」や「日本」を用いているのである。

本稿はこの「倭」と「俀」に一体どのような違いがあるのかを考察し、「倭国＝伊予政権」「俀国＝九州王朝」という結論に至った。なお、本稿の論点は多岐に渡るため先行研究への批判は後半でまとめてさせていただいた。（文中敬称略）

一、「倭」と「俀」は同一実体なのか？

これについてまず考えられるのは、

A　「倭」と「俀」とは同一実体である

B　しかし『隋書』と『北史』の著者は「夷蛮伝」においてのみ、「倭」をイデオロギー的理由で「俀」へと書き換えた

という可能性であろう。古田学派においてもそのような解釈の論稿は多い。

また、通説では

A' 本来は全て「倭」である

B' しかし『隋書』と『北史』の翻刻者は「夷蛮伝」においてのみ、「倭」を「俀」へと書き間違えた

と解釈している。(注1)

しかし、私は次の単純な理由で「B」にも「B'」にも賛同できないのである。それは

「『帝紀』はそのままで『夷蛮伝』のみの『書き換え』乃至『書き間違い』が生じる、等ということがあり得るだろうか？」

という疑問である。

「夷蛮伝」における「倭」の「俀」への「書き換え」(或いは、「書き間違い」)はあまりにも徹底している。「俀国伝」の名称だけではなくその本文、さらには「百済伝」や「琉求伝」においても「倭」は一切出現せずに「俀」との表記のみが用いられているし、金印で有名な「倭奴国」も「俀奴国」へと書き換えるほどの「執拗さ」を見せているのである。

そこまで徹底的に「倭」を「俀」へと改めておきながら、「帝紀」になると逆に「俀」の表記はなく「倭」のみが出現するのだ。これは「倭」と「俀」が同一実体であるとするとあまりにも「不自然」ではないだろうか？

むしろ、『隋書』と『北史』の著者が「倭」を執拗に「俀」へと書き換えているということは、彼らにとっての「倭」は「俀」とは別実体の存在であった、と考えるべきではないだろうか？

例えば、山鹿素行が『中朝事実』において「日本」を「中国」とし、いわゆる「中国」を「外朝」としたこと、余りにも著名である。むしろイデオロギー的理由で「日本」を「中国」と執拗に呼ぶ男が、同じ本でいわゆる「中国」のことをも「中国」と呼ぶ、等という面倒なことをするはずがない。

類例としては、かつて日中国交正常化の前の一部右翼は「中華民国」(を自称する「台北政府」)のことを「中国」と言い、「中華人民共和国」のことを執拗に「中共」と言い換えていた、という。今でも「中華人民共和国」のことを執拗に「支那」と言い換える人間が少なくないこと、周知のとおりである。仮に「中華人民共和国」を執拗に「中共」や「支那」と言い換えている人物が同じ文章の中で「中国」という言葉を用いた場合、それは「中華民国」か「中国地方」か、それとも山鹿素行流に「日本」を指しているかは判らないが、いずれにせよ「中華人民共和国」のことではない、と解釈するのが妥当であること、言うまでもない。

ところが、「倭」を「俀」と執拗に「書き換えて」いる人物が、「同一文献」の中で用いている「倭」を「俀」と「同一実体」と解釈する、これはあまりにも「不自然」な解釈である。

そもそも「いや、彼にとっては『倭』と『俀』のどちらを使っても『同じ実体』だったんだ」と云うのであれば「執拗に」書き換える意味が無い。

念の為に言う。後述する通り、これについて「倭」と「俀」とが「同一実体で『あっても』、解釈できる」という旨の反論はあった。だが、私が言っているのは「どちらの可能性が高いか」ということである。

『隋書』と『北史』の「夷蛮伝」において「倭」は「俀」へとあまりにも「執拗に」書き換えられている。それならば「帝紀」の「倭」はまず「別実体」の可能性を検討し、その可能性が無い（若しくは、低い）ことを論証して始めて「同一実体との解釈も可能だ」と言うべきである。「同一実体との解釈『も』可能だ」というだけでは、私も「仮に百歩譲って貴方の解釈が成り立つとしても、同時に別実体との解釈『も』可能である」という外、反応のしようがない。

二、『隋書』における「俀国」

さて、まず『隋書』における「俀国」がどのような「実体」の政権であるかを見てみよう。

『隋書』「俀国伝」の冒頭は次のように始まる。（アルファベットは引用者）

俀国は百済、新羅の東南、水陸三千里の大海の中に在り。〈A〉山島に依りて居す。魏の時、〈B〉中国に訳通するは三十余国。みな王を自称す。夷人は里数を知らず。ただ日を以って計る。その国境は東西五月行、南北三月行にして、それぞれ海に至る。地勢は東高く、西は下。邪靡堆に都する。則ち、魏志いうところの〈C〉邪馬臺なる者なり。古に云ふ、「〈D〉楽浪郡境及び帯方郡を去ること、並びて一万二千里。〈E〉会稽の東に在りて、儋耳と相近し」と。〈F〉漢、光武の時、使を遣はして入朝し、大夫を自称す。安帝の時また使を遣はし朝貢す。これを俀奴国と謂ふ。

〈A〉〈B〉は『魏志』「倭人伝」と『後漢書』「倭伝」にほぼ同じ記述があり、〈C〉は『魏志』からの引用とあるが実際にはこの表記は『後漢書』のもの、〈D〉は『後漢書』がベースになっているが「帯方郡」の表記は『魏志』のもの、〈E〉は『後漢書』の内容とほぼ同じであるが「会稽東冶」の「東冶」が省かれていることについては『魏志』の一部の刊本にある「会稽東治」表記を参考にした可能性があるもの、〈F〉は『後漢書』に記述があるもの、である。つまり『隋書』「俀国伝」は冒頭からして『魏志』「倭人伝」と『後漢書』「倭伝」とを参考にしており、これが「漢や魏の時代に朝貢してきた『倭』を我々は『俀』と呼んでいる」ということを示す文章であることは明白である。

特に「俀国」の「都」が「邪馬臺」であると明記されていることは重要である。

一元史観の論者の中でも、神武天皇を九州の政権の傍流であるとする宝賀寿男(注2)や「九州王権」説の若井敏明(注3)らが存在しているが、彼らは景行天皇の九州大遠征で大和政権が九州の政権を亡ぼしたという見解である。しかし、『隋書』「俀国伝」は西暦七世紀において「俀国」の首都はかつての「邪馬臺国」であった、と主張しているのである。

つまり『隋書』「俀国伝」の著者が強調しているのは「邪馬壹国」乃至「邪馬臺国」からの「連続性」である。そして、そのことこそがいわゆる九州王朝説の最大の論拠となっている。

一方、『隋書』は「俀国」と「邪馬壹国」乃至「邪馬臺国」との連続性は強調している一方で、過去のある時期の「倭国」とは「連続」を示していない、むしろ「断絶」を示唆している。それがこの文章である。

開皇二十年、俀王、姓阿毎、字多利思北孤、号阿輩雞彌は使を遣はし闕に詣る。

ここで重要なのは、「俀王」の「姓」を「阿毎」としている、ということである。

この文章の直前にはこの一文がある。

魏より、斉、梁に至るまで、代、中国と相通ず。

このことから倭の五王とも連続性があると解釈することは、一応は可能である。しかし、『隋書』の著者はそれを強調はせずに、むしろ姓については断絶を示唆しているのである。

というのも、倭の五王の「姓」は『宋書』「倭国伝」では「倭讃」という用例があるように「倭」であるとされていたからである。

この「落差」は『北史』と『南史』においてさらに明瞭となる。『北史』「俀国伝」の記述は『隋書』とほぼ同じであるが、倭の五王については『南史』「倭国伝」に記されている。

無論、『北史』「俀国伝」では「俀王」の姓は「阿毎」であり、『南史』「倭国伝」では「倭王」の姓は「倭」である。このことから『隋書』と『北史』の著者は倭王の姓が「倭」の時期は「俀」と書き換えはしていなかった、ということが判る。

このことについて「倭の五王の時期は南朝であるから、北朝系の『隋書』では省略しただけである」という反論も、一応は可能である。しかしながら、それは『北史』と『南史』の著者が同一人物でありながら、『北史』においては執拗に（それも「夷蛮伝」限定で）「倭」を「俀」と書き直していたのに、『南史』においては「倭」のままであることについて説明が困難である。

明らかに『隋書』や『北史』の著者は倭の五王と多利思北孤との「姓」が異なると認識しているのである。とは言え、それは「多利思北孤の俀国」と「倭の五王の倭国」とが「別国」であることを意味するものでは、無い。その証拠に「斉、梁に至るまで、代、中国と相通ず」と明記されている。倭の五王と多利思北孤とは「同国異姓」である、というのが『隋書』の認識なのである。

三、『隋書』における「倭国」

『隋書』の「煬帝紀」には「倭」が二回登場する。「夷蛮伝」で「倭」を全て「俀」と書き換えていたのとは対照的である。

その二回とは大業四年（西暦六〇八年）と大業六年（西暦六一〇年）の二回である。まずは一回目から見てみよう。

（大業四年三月）壬戌、百済、倭、赤土、迦羅舎国並びに使を遣はし方物を貢ず。

ここでは「百済、倭、赤土、迦羅舎国」の四国が並んでいる。そして、倭国と迦羅舎国の二国には独立した列伝が存在しない。

同日の記事に複数の国の朝貢が並んで記され、且つ、その中に独立した列伝の無い国も複数ある記事は、同じ「煬帝紀」にもう一つ例がある。

（大業）十一年春正月甲午朔、大いに百寮を宴す。突厥、新羅、靺鞨、畢大辭、訶咄、傳越、烏那曷、波臘、吐火羅、倶慮建、忽論靺鞨、訶多、沛汗、龜茲、疎勒、于闐、安國、曹國、何國、穆國、畢、衣密、失范延、伽折、契丹等の國並びに使を遣して朝貢す。

この記事では「畢大辭、訶咄、傳越、波臘、倶慮建、忽論靺鞨、訶多、沛汗、畢、衣密、失范延、伽折」の十二国に独立した列伝が存在しない。それではどういう国に列伝が存在しなかったのであろうか？

大業十一年の記事を見ると、その答えとなりそうなものが存在する。それが「忽論靺鞨」の表記だ。靺鞨には独立した列伝があるが忽論鞂鞨に独立した列伝は存在しないし、また他の夷蛮伝の中にも忽論鞂鞨の記述は存在しない。

では忽論鞂鞨とはどのような国なのか。この記事だけでは詳細は不明であるが、「〇〇鞂鞨」とは鞂鞨の一部族に対する中国側の呼称である。例えば「黒水鞂鞨」や「渤海鞂鞨」と言った用例は著名だ。このことから「忽論鞂鞨」も鞂鞨の一部族であると推察されるが、鞂鞨の中央政権とは認識されていなかったために独立した列伝が存在しなかったのだと考えられる。

つまり『隋書』は「分流政権」には独立した列伝を立てない、という編集方針が存在したという事である。

なお「波臘」と「失范延」についてはそれぞれ『通典』と『唐会要』にも記載があるが、いずれも独立した列伝は立てられていないどころか、直接その国について説明している記述はない。ただ失范延については『唐会要』「安西都護府条」に

失范延國王の居す伏戻城に麟鳳都督府を置く。

とあり、安西都護府の支配下にあった国であること、またこの記事が

龍朔元年六月十七日吐火羅道置州縣使王名遠、西域圖志を進じ並びに于䦨以西波斯以東の十六國に都督府を分置し及び州八十、𤀹百十、軍府百二十六を置き、吐火羅園に碑を建て聖徳を記すことを請う。

からはじまるパラグラフに記されていることからすると、唐からするとやはり吐火羅の「分流」乃至「属国」との認識であったと推察される。つまり「独立国の中央政権」と言えるだけの実態は無かったのである。なお、吐火羅は『隋書』にも列伝がある。

このことから『隋書』「煬帝紀」における「倭国」も同様に「非、中央政権」だからこそ独立した列伝が立てられなかった、と考えるべきであろう。

次に大業六年の記述を検討する。

（大業六年正月）己丑、倭國使を遣はし方物を貢す。

短い文であるが、重要なのはここで倭国が「朝貢」しているという事実である。大業四年に「天子」を名乗った「俀国」とは、明らかに異なる。

以上のことから『隋書』「煬帝紀」の記す「倭国」は「天子」を名乗らない政権であり、「天子」を名乗った「俀国」よりも小規模であった、ということが言える。そこで問題となるのは『隋書』がそのような政権を「倭国」と名付けた理由である。

動機の一つは「朝貢してこなかった俀国への当て付け」であると考えられるが、私が注目したいのは『隋書』

同様に「列伝は俀国、帝紀は倭国」としている『北史』と同じ著者の『南史』が倭の五王についてはそのまま「倭」としていることである。そして『北史』において俀国は「阿毎」姓であるのに対して『南史』において倭国が「倭」姓であることからすると、『隋書』における「俀国」も「倭」姓の政権であった可能性をまず検討するべきではないだろうか。

四、「阿毎」姓の王者と「倭」姓の王者

それでは次に日本列島における「阿毎」姓の王者と「倭」姓の王者という二系統の王権が存在した可能性について検討する。

『三国志』から『新唐書』までの中国正史における倭国・俀国・日本国の君主の姓は下表の通りである。

なお『宋史』「日本伝」では国王の姓は「王」と記されるが、これは日本の皇族を便宜上「王氏」と呼ぶことがあることが伝わったものと思われる。

これを見ると判ることは、倭国の君主の姓を「倭」とするのは『宋書』と『南史』だけである、という事実である。このことは『宋書』と『南史』の対象とする年代、具体的には倭の五王の時代のみがいわば「例外」であることを示唆する。

正史	国号	君主の姓	備考
三国志	倭	記載なし	「倭載」という人物が存在
後漢書	倭	記載なし	
宋書	倭	倭	
南斉書	倭	記載なし	
梁書	倭	記載なし	文身国、大漢国、扶桑国が別に立伝
隋書	俀	阿毎	「帝紀」には「倭」があり
北史	俀	阿毎	同上
南史	倭	倭	
旧唐書	倭	阿毎	
	日本	記載なし	
新唐書	日本	阿毎	

むしろ倭の五王が「倭」姓を名乗ったことは、過去の倭王との「断絶」をこそ示すものである。何故ならば、俾弥呼や壱与の時代においては「倭載」のように倭姓を名乗る人物はいたが、俾弥呼や壱与が倭姓を名乗った痕跡は無いからだ。つまり「倭」を姓とする氏族は元々「臣下」の位取りであったのである。

そのことは『古事記』や『日本書紀』、『新撰姓氏録』からも裏付けがある。即ち、「倭」を姓に含む氏族は『新撰姓氏録』によると「若倭部」「若倭部連」「倭太」「倭川

原忌寸」があるが、いずれも皇族ではないのは勿論だが、皇別ですらない。それどころか、瓊瓊杵尊の子孫ですらない。注目すべきは、若倭部が物部氏系であるという事実である。『日本書紀』にも「倭直部」「倭文部」「倭鍛部」「倭漢直」等の氏族が登場するが、いずれも皇別でも瓊瓊杵尊の子孫でもない。『古事記』も同様である。

つまり、『魏志』「倭人伝」も『古事記』『日本書紀』『新撰姓氏録』も「倭」を姓に用いているのは君主ではなく臣下である、それも君主とは別氏族の臣下である、という点が一致している。そして、君主が姓に倭を用いているのは中国の正史では『宋書』と『南史』だけなのであり、それに対応する国内史料も存在しない以上、倭の五王の時代が「特殊」であったと考えるべきであり、そう考えると倭の五王が倭姓を擬制したというのは根拠に欠けるのである。擬制ならば先代の王と同じ氏族であるとアピールするはずだからだ。

史料事実が一番スッキリする解釈は、倭の五王の時代だけ君主の氏族が違っていた、その氏族は「倭」を用いている氏族であった、というものである。

つまり、中国側の文献から姓で日本列島の王者を分類すると、次の三つの氏族に分類できる、ということだ。

・無姓　　邪馬壹国時代の倭王

・「倭」姓　　倭の五王時代の倭王（邪馬壹国時代は「一、高官」）

・「阿毎」姓　俀国の天子、唐代の倭王、日本の天皇

そして『北史』は無姓時代と「阿毎」姓時代を「俀国」と記し同じ著者の『南史』は「倭」姓時代を「倭国」と記すのである。

ところで、日本の天皇も「阿毎」姓であるとされているが、言うまでもなく天皇は無姓である。そして無姓時代も「阿毎」姓時代も『隋書』や『北史』は共に「俀国」としている。果たしてこれは偶然であろうか？

むしろ、こう考えた方が中国正史の内容を矛盾なく理解できる。

「邪馬壹国時代の倭王も俀国の天子も日本の天皇も、いずれも同じ氏族であった。この氏族にいわゆる『姓』は無かったが、対外的に『阿毎』を姓とすることがあった。『隋書』や『北史』の著者は倭国の王者がこの氏族である時期については、何らかの理由で『倭』を『俀』と書き換えた。一方、『倭』を姓とする倭の五王らは別氏族であり、これについては『倭』のままで良いと判断された。」

それでは、俀国の天子と日本の天皇の双方が「阿毎」姓であるとする中国正史の記述を信用した場合、その

「阿毎」姓の氏族の始祖は誰になるであろうか?

言うまでもない。瓊瓊杵尊である。神武天皇はあくまでも近畿の天皇の始祖であって、九州王朝を含めた始祖であれば「高天原」つまり信仰上の存在を除くと、瓊瓊杵尊しかいない。この氏族又は氏族群を仮に「瓊瓊杵王統」と称する。

次に「倭」姓の氏族はどのような氏族であるか。確認すると、彼らは

・邪馬壹国時代には倭載という高官を輩出した

・倭の五王時代には倭王を輩出した

という氏族である。それに該当する氏族がいる。物部氏だ。

高良玉垂命が倭の五王時代の九州王朝の王者であったという指摘は古賀達也がしているが、『高良玉垂宮神秘書』や高良玉垂命の子孫の稲員家の系譜では本姓が「物部」となっている。

これだけであると後世の仮冒の可能性を指摘されるかも知れないが、物部氏に九州の支配権があったことは、『日本書紀』「継体紀」に記された磐井の乱の際に継体天皇が物部麁鹿火に語った台詞とされるものでも判る。

長門より以東は朕これを制す。筑紫より以西は汝これを制せよ

これについては一元史観・多元史観の双方から造作の疑いが指摘されているものであるが、当然のことながら『日本書紀』の編者は天皇に不利な造作はしない。天皇が「長門以東」だけの支配権に満足して「筑紫以西」は物部氏に委ねた、等とする造作を行う動機は『日本書紀』の編者には無いのである。

従って、少なくとも大和政権が「筑紫以西」の支配権は物部氏にあることを認めたということは事実として認めてよいのではないか。つまり継体天皇の時代、西暦六世紀ごろまで九州を支配していたのは物部氏であったのである。それは「倭」姓の王者がいたと中国正史の記す年代と重なる。

五、西暦七世紀の「饒速日王統」政権

それでは西暦七世紀に独自に中国と通交できるだけの「饒速日王統」の政権が存在したのか、であるが、私はそれが伊予政権であった可能性が高いと考える。

伊予を支配していた越智氏は『新撰姓氏録』によると饒速日の子孫である。

また、「伊予道後温湯碑」にある「法王大王」について一元史観では聖徳太子、多元史観では多利思北孤(上宮法皇)とする見解が主流であるが、私はそのどちらも

誤りであり彼こそ越智氏であると考えている。

「法王大王」は「法王にして大王」であると解釈できる。大王ではない聖徳太子は無論、上宮法皇も「法皇」であって「法王」ではない。大和朝廷にとって「法皇」と「法王」に有意な違いのあったことは『上宮聖徳法王帝説』において「法隆寺釈迦三尊像光背銘」の「法皇」を執拗に「法王」と書き換えていることでも判る。有意な意味の違いが無いのであれば書き換える必要もない。

仏典では「法王」はしばしば菩薩の意味に使われており、在家の権力者が菩薩戒を受戒した場合、「法王」と呼ぶのに相応しい。多利思北孤も在家の仏教徒であると考えられるが、彼は「天子」(皇帝)であったから「法皇」と呼ばれた。あくまでも「臣下」たる権力者が菩薩戒を受戒した場合は「法王」と呼ばれるべきではあるまいか。

また同じく饒速日の系統である弓削氏出身の道鏡が後に「法王」となっていることも注目されるべきであろう。もっとも道鏡の場合は出家した僧侶であるが、「法王大王」が出家しているか在家であるかは不明である。

六、先行研究とその批判

本稿に関連する先行研究とそれへの批判を述べる。

古田武彦説

「倭」と「俀」との区別を初めて主張したのは古田武彦である。古田は「俀国＝九州王朝」「倭国＝大和政権」であるとした。

「俀国＝九州王朝」の根拠は私も前述した「連鎖の論理」であるが、古田が当初「倭国＝大和政権」とした論拠の一つが『隋書』「煬帝紀」における「倭国」記事が『日本書紀』と一致する、というものであった。古田は大業四年の倭国の使者が小野妹子であり、そして大業六年に朝貢した倭国の使者は小野妹子が帰国する際に中国に留まった「通事」の福利であるとしたのである。(注4)

しかし、その後古田は「推古朝遣隋使」とされていた従来の『日本書紀』の記事には十二年のズレがあり、本当は「推古朝遣唐使」であるという十二年後差説を提唱した。(注5)すると『日本書紀』の遣使記事と『隋書』の「倭国」記事とは年代が一致しなくなるが、これについて古田は「厳密には大和政権に限定しなくてもいい」としながらも「まあ大和政権の可能性がいちばん高いということですね」「『日本書紀』は、隋が滅んで悪者扱いされてあとにできたものですから、国交があったとしてもそれは書かなかったんじゃないか」と述べている。(注6)

私は十二年後差説が正しいことについては改めて論証

した。[注7]一方、十二年後差説を適用すると隋との通交記事は『日本書紀』には無いことになる。それを「国交があったとしてもそれは書かなかった」とする古田の説明は、あまりにも苦しいように見える。その理屈が通じると「倭の五王の遣使も大和政権がしていたが、『日本書紀』は南朝が滅んだ後なので国交があったとしてもそれは書かなかった」というような主張も可能になるからだ。

また古田は「ヤマト」の表記に「倭」が用いられるのは「天智十年頃」（西暦六七〇年頃）であるとしているが、[注8]言い換えるとそれより以前の隋代においては「倭＝ヤマト」の用例が無かった、ということでもある。（なお、「近江荒都歌」を「倭＝ヤマト」の用例の根拠とする古田説には同意できない。[注9]）

『隋書』の倭国を大和政権とする古田説は根拠薄弱と言わざるを得ない。

千歳竜彦説

古田に対する批判として「倭」と「俀」を同一実体とする主張を展開した者として、千歳竜彦がいる。

千歳の主張は次の三点に要約できる。

第一に、「同一の文献の中で同一の存在に複数の表記をしている場合もあるから」倭国と俀国が「別の存在」であるかは「『倭国』と『俀国』の遣使記事の間に矛盾があるとする古田氏の主張の妥当性」によって判断される。

第二に、「煬帝紀」の大業六年の倭国の朝貢は「裴世清の帰国」の際に俀国の使者が「随」ったとする「俀国伝」の記述に対応するものであり（通説や古田説が裴世清の帰国を大業四年とするのは『隋書』自体の分析から得られた結論」ではない）、「両者を別の存在と見なさなければならないような矛盾はない」。

第三に、「委」と「妥」を同源としている研究もあり、「一連の文脈の中で、同一人物」に「倭」と「俀」の双方の字を使っている『史記』の例からも「写本の段階で両者の表記が分れた」可能性がある。[注10]

この千歳の主張は「倭」と「俀」を同一視する論者のロジックを粗方《あらかた》先取りしている、と言えよう。特に重要なのが第一の点である。

即ち、千歳は第一に「倭国と俀国を同一視した場合に矛盾がある」場合に「倭国」と「俀国」は「別の存在」だと言えるが、そうでない場合には「同じ存在」であると言える、というロジックなのである。そして第二に倭国と俀国の記事に「矛盾はない」から「同じ存在」である、とするのだ。

しかしながら、これでは最初から「出発点」が異なるからいくら論争しても噛み合わないことになる。確かに「同一の文献の中で同一の存在に複数の表記」がなされる例はあるが、私が言っているのは「従来から使用していた国号を『夷蛮伝』では執拗に書き換えているのに、『帝紀』では書き換えをしない例」が存在するのか、ということである。私の知る限りそのような例は皆無である。この「大前提」となる第一の点が違うのに、第二の点と第三の点をいくら論証されても「反論にすらならない」のだ。この点、他の論者も本質的に同じである。

なお、千歳は古田が十二年後差説を主張したことを以て、「倭国=大和政権」説を「事実上撤回された」と解釈していたが、古田は千歳への反論論文の中でわざわざ『隋書』の「倭国」について「大和政権の可能性大」と明記した。(注11)千歳も十二年後差説を支持する旨当該論文で明記しており、古田からこの点について何らかの論証があれば議論が深まっていたであろうが、残念ながら古田の生前において十二年後差説と「倭国=大和政権」説との関係を巡る議論は行われなかった。

野田利郎説

倭国と俀国とが「同じ存在」であるとの立場の論者として、近年は野田利郎がいる。野田の主張も千歳と論点が被るが、千歳が「倭」と「俀」の違いについて誤写の可能性を指摘したのに対して、野田は『史記』の場合も『隋書』の場合も意図的に書き換えられたとする点が千歳と異なる。(注12)

『史記』の「魯周公世家」では版本にもよるが魯の宣公の名について「倭」と「俀」とが併用されている。野田はこれについて『史記』の「十二諸候年表第二」にも「俀」とあることから「俀」が正しく、また「俀」は「本来の継承者である嫡子二名を殺害し、擁立された君主である」ことから「隋書の『俀国』とは『倭国』を『不正に継承した国』であることが考えられる」とした。

『隋書』における「倭国」と「俀国」とを同一視する見解には賛同できないが、『隋書』が「俀」の表記を用いた理由に「不正継承」の可能性があることは、倭の五王と多利思北孤との「姓」とが異なることに注目した本稿において大きな参考となった。

岡下英男説

岡下英男も倭国と俀国とが同一実体であるという主張であるが、その論拠の要旨は千歳説を大きく出るものではない。ただ、『隋書』の著者が意図的に「倭国」と「俀国」とを使い分けたとする点が千歳説と異なる。

岡下独自の主張で主な論点となったのは、俀国は「列伝」があるのに「帝紀」に記されず、一方倭国は「帝紀」

に記載があるのに「列伝」が無いということが「不審である」というものである。(注13)しかしながら、言うまでもなく「不審である」という程度の主観的な主張では論証を完了したとは言えない。

これについて私は第一「書き換え」問題、第二「分流政権不列伝」問題、第三「国交断絶」問題、第四「朝貢」問題、第五「『発音・字形』相違」問題と五つの論点について岡下を批判したが、(注14)私が最も重視しているのは第一の問題、つまり「列伝」においては「徹底して『倭』が『俀』と書き換えられているのに、どうして『帝紀』と『志』においてはこの種の書き換えがないのか」ということであり、これは千歳説や野田説にも当てはまることである。ところが、これについて岡下の反論は「帝紀と志においては従来の認識に従って倭国と書きながら、列伝においては皇帝の意を汲み、倭国を貶めようとして、弱いという意味を持つ俀の字を選んだ―が前報の骨子であった」(注15)と、自身の主張をそのまま繰り返すだけであったことは、極めて残念である。

また、岡下は「俀」の意味を「未熟な倭」であるとし「不正に継承した国」であるとする野田説を批判している。岡下によると「『隋書』俀国伝に記載されている煬帝の発言や倭国王と裴世清のやり取りは倭国が未熟な国であることを意味しており、そこには倭国が不正な国であるとするニュアンスは感じられない」のであり、「有るのは、礼を知らないが改新・発展を願っている未熟な倭国王と、そういう倭国王を教化し、向上させようとして裴世清を派遣した有徳の天子である煬帝の意向」だというのである。(注16)

しかしながら、「未熟な国である」と言うだけで執拗に国号を書き換える、という動機が『隋書』や『北史』の著者にあっただろうか？　私にはこのようなあまりにも執拗な書き換えは明らかにイデオロギー的理由であるとしか考えられない。

近藤政一説

近藤政一は「倭国」が「九州天皇家」で「俀国」が「近畿天皇家」であるという仮説をインターネット上で発表している。(注17)

近藤は「隋書・俀國は魏志倭人伝・倭國と異なる国家である」としているが、それは俀国の都を邪馬臺国であると明記する『隋書』「俀国伝」の内容を無視したものであるため、同意できない。

服部静尚説

服部静尚によると茂山憲史が「六世紀前半から六世紀末の間に『倭』から『天』に倭王の姓が変わっている。

この間に倭王の姓が変わる事件があったのだ。それが記紀に見える『磐井の乱』ではないか」とする説を口頭で発表されており、服部はそれに賛意を表した上で、倭国における二つの「王家」の源流を示す説話が海幸山幸説話であるとする。(注18)

服部説と私の説の共通点は、火明命を倭の五王の祖先とすることにある。但し、服部説における火明命は海幸山幸説話に出てくる人物であり、私が倭の五王の祖先であると推察する饒速日命と同一視されているところの火明命(瓊瓊杵尊の兄)とは別人である可能性もあるが、今後の研究課題としたい。

相違点は、大和朝廷の天皇と倭の五王とが同族であると、服部が主張している点である。私は『新唐書』「日本伝」に天皇の姓が(俀王と同様)「阿毎」と明記されている以上、むしろ俀国と日本の君主が同じ瓊瓊杵尊の子孫で同一氏族であると考えている。服部は倭の五王が山幸の子孫でありそれが天皇と同一であるという風に述べているが、火明命と山幸とが同一人物であるという服部説の妥当性は今後の検証を待つ必要があるであろう。また、倭の五王と俀国との間の王統交代の時期を磐井の乱に求める服部や茂山らの説(野田もそれに近い見解であると言える)についても、本当に磐井の乱がその画期点と言えるかどうかについては、私はなお検討の余地があると考えているが、ここでは割愛する。

七、検証可能性について

学問には検証可能性が重視される。検証可能性とは一言で言うと「正しさが検証できること」であるが、言い換えると「何が証明されると(或いは、証明されないと)その仮説は間違いであると言えるか」ということでもある。

何度も繰り返すことであるが、私が『隋書』における「倭国」と「俀国」とが別の存在であると主張する最大の理由は「『帝紀』はそのままで『夷蛮伝』のみの『書き換え』乃至『書き間違い』が生じる、等ということがあり得るだろうか?」というものである。

仮に同一実体の政権に対して「帝紀」では従来の国号を用いていながら「夷蛮伝」のみ「執拗」に、そして「徹底的」に国号を書き換えていた例が、他に一例でもあれば、私の仮説は間違っていると言える。従って、「倭国」と「俀国」の記事の間に矛盾が無いというのは(そもそも私はそう思っていないが、仮に一億歩譲ってそうだとして)この仮説の最大の論拠を否定「していない」批判である。

次に、『隋書』「俀国伝」には「俀国」の都が「邪馬臺国」

であると「明記」されている。そのことから俀国の都が九州にあったことは動かせない。これを否定したければ『隋書』の著者が「事実に反することを書いた」か、それとも「邪馬臺国畿内説が正しい」か、いずれかの論証をする必要がある。

以上の二点を「前提」とした上で、では『隋書』における「俀国」はどこか、と考えた。そして『隋書』は俀王の姓を「阿毎」として『宋書』における倭王の姓の「倭」から変更が見られることから「阿毎」姓の政権を「俀」とし「倭」姓の政権を「倭」とした可能性があるため、倭の五王である物部氏と同じ祖先である越智氏が支配する伊予政権が「倭国」ではないか、としたのである。

では、私の「倭国＝伊予政権」説が誤りであることを論証した場合、古田武彦の「倭国＝大和政権」説が正しいということになるのであろうか？　それは異なる。私が「倭国＝伊予政権」説の論証と「倭国＝大和政権」説批判とを別の節で行っているように、この両者はそれぞれ論拠が異なるからである。

従って、他の論者が「倭国＝伊予政権」説への批判が登場することは歓迎するが、その際には「倭国＝大和政権」説への「検証」も同時にしていただけると幸いである。

まとめ

古代日本には「瓊瓊杵王統」と「饒速日王統」の二つの王統があり、『隋書』や『北史』『南史』の編者は前者の政権を「俀」とし後者の政権を「倭」とした。『隋書』や『旧唐書』、『新唐書』は瓊瓊杵王統の姓を「阿毎」としている。

『隋書』における「倭」とは「倭の五王と同じ氏族の政権」つまり「阿毎」姓である「俀」とは別の政権のことであった。それは現時点では伊予政権の可能性が高い。

なお、大和政権は『新唐書』において天皇の姓が「阿毎」とされるように、多利思北孤らと同一氏族であると認識されていた。ならば何故「倭」から「日本」への国号変化が起きたのか、であるが、それは中国において斉と梁の先例もあるところである。もっとも、九州王朝と大和政権とが「同一氏族」(どちらも瓊瓊杵尊を祖先とする)であるという可能性はいわゆる王朝交代の歴史を探る上で重要な点になると考えるが、それについては『隋書』の分析を目的とした本稿の主題からは外れるので割愛する。

［注］

(1) 一例を挙げると、高校の歴史教科書である『詳説日本史』(山川出版社、二〇二二年版)では『隋書』引用文中の「俀」を何の説明もなく「倭」へと訂正している。

(2) 宝賀寿男『天皇氏族』青垣出版、二〇一八年

(3) 若井敏明『謎の九州王権』祥伝社、二〇二一年

(4) 古田武彦『失われた九州王朝』ミネルヴァ書房、二〇一〇年(初版一九七三年)

(5) 古田武彦「日本書紀の史料批判」『邪馬壹国の方法』駸々堂、一九八〇年

(6) 古田武彦・倉田卓次「古田史学と証明責任」『季節』十二号、一九八八年

(7) 拙稿「『日本書紀』十二年後差と大化の改新」『古代に真実を求めて』第二十三集、明石書店、二〇二〇年

(8) 古田武彦「九州王朝と大和政権」『九州王朝の歴史学』ミネルヴァ書房、二〇一三年(初版一九八八年)

(9) この点については二〇二二年四月の古田史学の会関西例会で発表させていただいたが、論文化はしていない。私が発表した様子の動画が公開されているのでリンクを貼らせていただく。https://www.youtube.com/watch?v=6qaiutVSpUI

(10) 千歳竜彦「『日本書紀』と『隋書』」『市民の古代』第八集、一九八六年

(11) 古田武彦「古典研究の根本問題」『古代は沈黙せず』駸々堂、一九八八年

(12) 野田利郎「『史記』の中の「俀」」『古田史学会報』一五二号、二〇一九年

(13) 岡下英男「『隋書』俀国伝を考える」『古田史学会報』一五五号、二〇一九年

(14) 日野智貴「文献上の根拠なき「俀国＝倭国」説」『古田史学会報』一五六号、二〇二〇年

(15) 岡下英男「「俀国＝倭国」説は成立する」『古田史学会報』一五九号、二〇二〇年

(16) 岡下英男「何故「俀国」なのか」『古田史学会報』一六四号、二〇二一年

(17) 近藤政一「隋書・俀國は「日本國」」https://koji-mhr.sakura.ne.jp/PDF-3/3-1-4.pdf(二〇二二年九月二六日閲覧)

(18) 服部静尚「倭国にあった二つの王家」『多元』一七二号、二〇二二年

補論　倭王の姓について

本稿の大部分は令和四年に執筆したものであるが、論文として公表する前に谷本茂より幾つかの批判を頂いた。それに伴い、谷本の未発表論文も読ませていただいた。

本来ならば、谷本茂自身が私への批判を論文の形で発表してから再反論の形で論文を書くべきであり、谷本による未発表の論文への批判を先に(或いは、同時に)公表することは、必ずしも妥当なことであるとは言えないであろう。しかしながら、谷本による批判には貴重な論点

が含まれているので、その幾許かについてはここで触れさせていただくことを、ご寛恕願いたい。

谷本は、私が「倭」と「俀」の実態の違いが〝書き分け〟の理由であると分析したことを「性急すぎる」としている。谷本は、そもそも「倭」と「俀」の違いについては必ずしも書き分けではなく、誤写の可能性もあると考えておられるようである。この点、千歳竜彦と見解を同じくすると言えよう。

だが、私は『宋書』「倭国伝」と『隋書』「俀国伝」とで君主の姓がそれぞれ「倭」と「阿毎」という風に現実に異なっている以上、そもそも倭の五王と多利思北孤の王権とに実態の違いがあることを認めない方が可笑しく、ならば表記の違いもその実態の違いの反映であると考えるのが妥当であると考える。

この点、倭の五王の姓を「倭」とするのは、この「倭」を対外的な姓と捉えるか倭国内でも使用した氏姓とするかは議論の分かれるところであるが[注1]、いずれにせよ『宋書』の「倭讃」(倭国伝)や「倭斉」(文帝紀)といった表記の「倭」が姓であることにこれまで異論はなかった。

しかしながら、谷本からは「倭」が「姓ではない可能性」があるというご指摘をいただいた。

これについての私の反論は、次のとおりである。


第一に、「倭讃」と同様の表記として「俀隋」がある。「倭」が姓でないならば国名の意味と解釈せざるを得ないが、俀隋は君主ではないので、こちらの倭は姓と解釈するのが妥当であろう。なお、私と話をした際の谷本も俀隋の倭は姓であるという見解であった。

ならば、「倭○」という同様の表記において、片方は姓で片方は姓ではない、と考えることは不自然である。そのような例が他にあれば教えていただきたい。

第二に、『宋書』に限って言うとその「百済伝」では百済王の名前が「百済王餘映」等と記されており、さらに王でない者も「餘紀」等と記されており、倭の五王の場合と同じである。この「餘」も姓と解すのが妥当であること、古賀達也の指摘の通りである[注2]。「官職名＋姓＋名」は中国史書における一般的な表記法であり、特に「餘」は「倭」とは違い国名ですらないから、その一般的な表記法ではないという方に論証責任があるであろう。

そして『北史』「百済伝」ではその論証を裏付けるように次の記述がある。

王姓は餘氏、於羅瑕と号し、百姓呼びて鞬吉支となす。

つまり『宋書』では百済王の姓が「餘」と読めるように記載されており、『北史』では同じ百済王の姓が「餘」

であることを明記している（なお『隋書』「百済伝」では「王餘○」と言った『宋書』以来の表記が踏襲されている）。

ところが、同じく『宋書』では倭王の姓が「倭」と読めるように記載されている（少なくとも「官名＋姓＋名」という表記に慣れた者はそう考える）にも拘わらず、『北史』では俀王の姓が「倭」ではなく「阿毎」であることが明記されているのである。

そう考えると、『宋書』の百済王と『北史』の百済王に連続性はあっても『宋書』の倭王と『北史』の俀王には連続性が無い、というのが素直な見解ではあるまいか。これが私の指摘する「実態の違い」である。

［注］

（1）中村友一『日本古代の氏姓制』八木書店、二〇〇九年

（2）古賀達也（二〇二三　洛中洛外日記）「中国史書「百済伝」に見える百済王の姓（3）」https://koganikki.furutasigaku.jp/koganikki/tatuya-koga/post-11906/

【一般論文】

倭《ワ》と俀《タイ》の史料批判
―『隋書』の倭國と俀國の区別と解釈をめぐって―

谷本　茂

一、はじめに／「倭」と「俀」の問題の発端

古田武彦氏は一九七三年発行の『失われた九州王朝』(注1)において、百衲本《ヒャクノウボン》『隋書《ズイショ》』巻三・煬帝本紀《ヨウダイホンギ》上には二箇所に「倭《ワ》國」とあり、巻八十一の東夷傳《トウイデン》には全ての箇所に「俀《タイ》國」とある事実に基づき、「倭」と「俀」は音の異なる別字であることから、幾つかの史料上の理由を挙げて、「倭國」と「俀國」は別の実体をもつ異なる二つの国である、という見解を提示した。そして、「俀國」は九州の筑紫を中心（都）として日本列島の広範囲を外延部に含む領域であり、「倭國」は近畿大和を中心の拠点とする天皇家の支配領域であり、「倭國」は「俀國」に含まれる、と理解した。つまり、〝日本列島から、隋と国交を結ぼうとした二つの国があった。〟というのである。

従来の説では、たとえば、岩波文庫(注2)では、「訳注『隋書』倭国伝」の注に〝『隋書』は倭を俀につくる。以下すべて倭に訂正した。〟として、両字間の誤刻説または通用説をとっている。また、中国の標点本(注3)も、校勘記で、通用説（「俀」は「倭」の別体）を採用して、〝「俀」者，今一律改爲「倭」〟としている。つまり実質的に（俀＝倭）と考えて校訂するのが普通であった。「俀」と「倭」を別国として区別する古代日中交流史の研究者は皆無である。したがって、古田氏の、「倭」と「俀」を文字として区別するだけでなく、指すものも異なるとする見解は、（特に「九州王朝」説の提起の初期段階においては）衝撃的であり、従来説に馴染んだ研究者たちには容易に受け入れられるものではなかったであろう。

古田氏の「九州王朝」説は、その後、氏自身の論理的

展開、および「九州王朝」説に基づいて考察する他の研究者たちの論考により、一九八〇年代に、より深化した「多元史観」へと発展する。その過程で、初期段階の古田氏の〈『隋書』における「倭」と「俀」の二国〉論は妥当性が無いのではないかという疑問が出されたが、古田氏は最期まで初期の見解を大きく変えることはなかった。二〇一九年〜二〇二三年にかけて、古田史学の会・関西例会、リモート勉強会、および会報において、このテーマが再度議論されることになった。多元史観にとって非常に重要な論点であるから、本稿の報告でそれらの議論を総括してみたい。筆者自身は、古田氏の二国論は妥当でないと判断している。

二、『史記《シキ》』の「倭」と「俀」／魯《ロ》国・宣公《センコウ》の名をめぐって

そもそも、「俀」という文字は古くから存在したのか？という疑問が最初に湧いてくる。二世紀前半に編纂された後漢の許慎《キョシン》の『説文解字《セツモンカイジ》』（単に『説文《セツモン》』ともいう）には「倭」はあるが「俀」は無い。また、今までに「俀」の小篆《ショウテン》や古形字体は発見されていない。『説文解字』に存在しないからその文字は一世紀以前に絶対に存在しなかった、とまではいえないにしても、「俀」は一世紀以前には存在していなかった字形である可能性が高い文字なのである。人偏を取り除いた「妥（タ／ダ）」も『説文解字』の項立てには無いが、解説文の中には存在し、それを旁《つくり》とする「綏」、「桵」の字がある。字形の一般論として、十九世紀後半・清代の学者・陶方琦《トウホウキ》は、前漢以前の古典に「綏」、「桵」の旁《つくり》の「妥」を「委」にした字を記す文面があり、「餧」を「餒」、「倭」を「俀」とする文面がある事実に着目して、「委」と「妥」は相互通用の字形であり、「妥」は即ち「委」であるから、『説文解字』には「妥」の項目が無いのである、と判断した。(注4)「妥」字については諸説あるなかで、この陶方琦の説が最有力視されている。ただし、前漢以前の現存古典の文面に「俀」が現れていることについては、遺物上の文字なのか、写本の文字なのか、版本の文字なのか、成立年代に従って個々の史料状況と文面に沿って本来の字形かどうかを判断するべきであり、慎重な調査が望まれる。なお、「倭」について、『説文解字』は、「順皃从人委聲 詩曰周道倭遅（於爲切）」と解説している。大意は、倭は従順な貌《さま》をいい、人部に属し委の声《おと》である。詩経に「周へ通じる道は曲がりくねって遠い」とある。「於爲切」は七世紀初頭の音韻書に基づく発音と考えられる注記であり、「ヰ［·i］」の音を表す。「委」の音も「ヰ」であり、「委」

と「倭」は六世紀以前には同音という認識が存在した。

『隋書』の「倭」と「俀」の問題に関連して、一九八〇年代までの議論のなかで、まず再検討の対象にされたのは、紀元前九〇年前後に編纂された前漢代の司馬遷《シバセン》の『史記《シキ》』に記述された、魯《ロ》国・宣公《センコウ》の名が「倭」と「俀」との二様になっていることである。

『史記』の現存版本では宣公の名を次のように記載する。（十二世紀末の南宋の黄善夫刊本[注5]を基本として示す。）「俀」と「倭」が混在していることが明瞭に分かる。

①巻十四　十二諸侯年表第二　〔周・匡王五年　魯の欄〕魯宣公俀元年
②巻三十三　魯周公世家第三　〔文公十八年の条〕俀（徐廣曰 一作倭 索隠曰 音人唯反）
③同右　俀
④同右　立倭是爲宣公
⑤同右　宣公倭十二年…

これに対して、中華書局の標点本[注6]では、①俀、②俀（集解・徐廣曰「一作倭」。索隠 倭音人唯反，一作俀 音同）、③俀、④俀、⑤宣公俀と全て「俀」に統一して校訂している。

しかし、五世紀後半の南朝劉宋の裴駰《ハイイン》による『史記集《シキシッ》解《カイ》』［集解］に既に二様の文字が注記されているのであるから、遅くとも五世紀後半から七世紀後半にかけて（勿論、南宋版本刊行の前に）、「俀」と「倭」が混在した写本が存在したと考えられるのである。

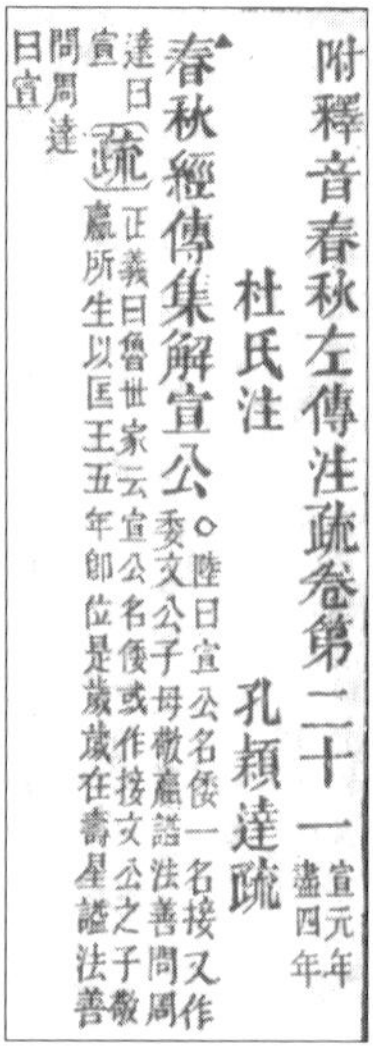
附釋音春秋左傳注疏卷第二十一　宣元年盡四年
杜氏注　孔穎達疏
春秋經傳集解宣公○陸曰宣公名倭一名接又作委文公子母敬嬴謚法善問周達曰宣
（疏）正義曰魯世家云宣公名倭或作接文公之子敬嬴所生以匡王五年即位是歲歲在壽星謚法善問周達曰宣

図１　『春秋左傳正義』（十三経注疏本）

一方で、宣公の名は『春秋《シュンジュウ》』や『漢書』にも見える。むしろ『史記』の記述は魯国の史書『春秋』に基づくものであろう。そこで晋の杜預《トヨ》の編という『春秋経傳集《シュンジュウケイデンシッ》解《カイ》』[注7]の注（三世紀後半）を見ると（【図1】を参照）、「宣公：陸曰 宣公名倭一名接、又作委」とあり、唐の孔《ク》穎達《エイタツ》の疏（七世紀前半）には「正義曰 魯世家云 宣公名倭或作接」とある。つまり、『春秋』関連の注記情報では、宣公の名は「倭」であり、異伝として「接」あるいは「委」とする写本も三世紀後半から七世紀に存在したのである。『春秋』関係では「俀」とする写本や版本は無いようである。

また、一世紀後半に成立した班固《ハンコ》の『漢書』[注8]には、「春

秋 文公即位十八年 子宣公倭立」とある。そして、唐の顔師古《ガンシコ》の注（七世紀前半）に、「倭音於危反」とある。「於危反」は「ヰ［·i］」の音を表す。ここで留意すべきは、顔師古は有名な『漢書』巻二十八 地理志巻第八下 燕地・倭人の条の中に、「倭音一戈反」と注記している。「一戈反」は「ワまたはアに近い音［·ua］」であり、初唐時代の「倭」の「現代音」・「ワ」である。つまり、顔師古の『漢書』注では、宣公の「倭」は「ヰ」と慣用読み（上古音）、倭人の「倭」は「ワ」と唐の現代音読み（中古音）と二様に読む知識を彼が持っていたことを示すと考えられる。顔師古は、「倭」に「ワ」の音だけしかないとは必ずしも考えていなかったことになる。（しかし、上古音で読むべき『魏略』や『三国志』の「倭」を「ヰ」の音ではなく「ワ」の音で理解するという誤りをおかしたようである。）

以上で魯国・宣公の名には遅くとも三世紀後半には既に異本が幾つか存在していた状況が分かった。現在では、先述のように、『史記』百衲本は、「俀」と「倭」の二様を残し、中華書局の標点本『史記』は全て「俀」に統一（校定）している。勿論、昔から、「倭」に統一すべきだという説もある。

「倭」と「俀」の字形の関係を考える上で参考になると思われる史料が、もう一つ、日本に存在する。七世紀後半に成立した唐代の張楚金《チョウソキン》の『翰苑《カンエン》』の太宰府天満宮写本である（注9）。この写本（竹内理三氏は九世紀までの写本とする）では、倭国関連の記事の中に「倭」Aと「倭の旁《つくり》の委が妾になった字形」Bの二様が存在するのである（【図2】を参照）。全部で二十七個の〈倭〉に相当する文字が出現するが、それらの内訳は、「倭」が十八個、「人偏＋妾」が六個、「倭」か「人偏＋妾」の判別が困難な字形（「倭」に近いようにも見える）が三個となっている。明瞭に「倭」と識別できない字形が三分の一の割合で出現しており、明らかな「人偏＋妾」が二割もある。

先述の『春秋』杜預注には「接」の異本の存在が示されていた。「倭」は、手書きで「接」、「人偏＋妾」と書かれる（漢字の旁の「委」→「妾」となりやすい）ことがあったことを覗わせる史料状況である。『翰苑』太宰府天満宮写本には誤字や脱落箇所が確かに少なくない。だ

A

B

図２ 『翰苑』写本の「倭」

が、それらの書写者の瑕疵と思える部分も、書写原本が既に誤っていたり、誤り易い字形で書写されていたりした物であった可能性も否定できず、あながち書写者の杜撰や愚鈍だけに帰すべきではなく、慎重な検討・史料批判が今後とも必要である。

いずれにしても、「俀」という字が四世紀以前にはあまり馴染のないものであったろう（独立の文字として認識されて存在した可能性が低い）と推測はできるが、絶対に存在しなかったと断定することは難しい。また、「倭」という字も漢代より前にはあまり一般に知られた文字ではなく、「接」、「俀」、「人偏＋妾」の字形で書かれる、あるいは「委」で代替される、ということもあったのであろう。（まさに〈「志賀島の金印」の「委奴國」＝『後漢書』の「倭奴國」〉もその例に相応しよう。）しかし、四世紀より後に写本類に現れた可能性が高い「俀」が仮に四世紀より前には存在しなかった文字であるとすれば、『史記』原本において「倭」と「俀」が混在して記されたとは考えにくい。つまり、『史記』や『春秋』の宣公の名は全て「倭」とするのが本来の姿であろうと考えられる。私見では、それらの原本で「倭」と「俀」の混在とか、すべてが「俀」であった可能性は低いと思う。主として、四世紀より後の写本の書写者の書き癖あるいは代替使用（通用）に起因する現象ではないだろうか。独立の文字として認識されるようになる「俀」の字が生まれたのは、北方の異民族が中原を占拠して「南北朝時代」が始まる四世紀初め頃以降のことであろうと愚考する。

つまり、現存の『史記』版本の魯国・宣公の名の「倭」と「俀」の混在現象は、司馬遷にかかるものではなく、四世紀以降の書写者あるいは製版者の伝写にかかるものであろう、と考えられる。また、前述の陶方琦説のように〈俀＝倭〉（単なる異体字）と考える場合には、文面に両字混在の事実があろうが無かろうが、両字の区別は本質的に必要ない（すべきでない）ことになる。

この魯国・宣公の名の問題は、千歳竜彦氏（注10）や野田利郎氏（注11）により、既に指摘されている。古田武彦氏（注12）は、現存最古の版本（注5を参照）の『史記』巻三十三 魯周公世家は、魯国の宣公の名を即位前は「俀」、即位後は「倭」と、字義に沿って意識的に書き分けている（先述の史料②～⑤を参照）と解釈して、「俀」と「倭」の使い分けを強調した。つまり、互換性が成立しない二文字として「俀」と「倭」の混在は『史記』原本に存在したという立場であった。しかし、野田利郎氏も指摘している通り、百衲本では、「十二諸侯年表」において即位後も「俀」と記す（先述の史料①を参照）のであるから、史料事実は古田氏の理解された枠組み（即位の前と後で書き分けてある）とは明らかに相違する。少なくとも、〃『史記』において魯国・宣公の名が有意に「俀」と「倭」で書き分けられている〃との仮説は、『史記』百衲本の史料事実からも、「俀」字の存在の状況証拠からも、賛成することは極めて難しい。

三、『隋書』の「倭」と「俀」をめぐって

前節の両字の出現の歴史的経緯から考えて、本稿の冒頭で紹介した古田武彦氏の『隋書』における「倭」と「俀」の実体を区別する二国説は、仮説としての有効性を維持できるであろうか。

古田氏の初期（一九七〇年代中頃）の論点は、百衲本『隋書』巻三 煬帝本紀上に

（α）（大業四年［六〇八年・戊辰］三月壬戌［十九日］）百濟・倭・赤土・迦羅舍國、並遣使貢方物

（β）（大業六年［六一〇年・庚午］春正月己丑［二十七日］）倭國遣使貢方物

とある記事が、他の『隋書』記事や『日本書紀』記事と時期的に矛盾しているので、ここの「倭」は『隋書』の他の箇所の「俀」とは違う「国」である、というものであった。

ただし、（α）については、『日本書紀』・推古紀の所謂「遣隋使」記事を援用して、時期の矛盾を指摘していたため、「日本書紀の史料批判」[注13]［一九八〇年初出：推古紀の記事は全て対唐外交記事であり、推古朝の「遣隋使」はなかった、という説］を発表後は、（α）の記載に基づく論点は事実上撤回されるに至った。

以後、『九州王朝の論理』（明石書店、二〇〇〇年五月）に至るまで、（β）の記事に基づいて、〃「倭」と「俀」の書き分け論〃が展開されてきた。すなわち、『隋書』・東夷傳の俀國の条では、大業四年の裴世清の記事の後に「此後遂絶」（この後ついに絶ゆ）とあり、隋と俀国の間は〃国交断絶の状態〃になった。それなのに本紀の倭国は大業六年に「遣使貢方物」（遣使が方物［その土地の物産］を貢《みつ》ぐ）としている。したがって、〃俀国＝倭国〃ではありえない、と判断するのである。

先の（β）記事と「此後遂絶」の論点に対して、千歳竜彦氏（前掲注10を参照）が、本紀と安国伝の間にも似たような関係の記事（安国伝では大業五年の貢献記事の直後に〃後遂絶焉〃とあるにも拘わらず、本紀には大業十一年に安国

が朝貢している）があり、俀国伝の〝此後遂絶〟は少し表現が違うものの、その後に〝遣使貢方物〟があっても明白な矛盾とは言い難いのではないか？という疑問を提起した。千歳氏への古田氏の反論は、前掲注12の論考に詳細が述べられている。しかし、そこで古田氏が依拠した論点は、非常に残念であるが、どれも間違っている。

古田氏は『隋書』の夷蛮伝全体について帝紀の記述との対比表を作成して掲示している（前掲注12を参照。駸々堂版 二四八頁〜二四九頁）。その中で、「後遂絶」類似の表現には、「その」「この」「ここにおいて」「これによりて」といった指定辞をもつもの（七例）とそれらの指定辞をもたないもの（四例）の間に明確な用法の違いがある、とされる。つまり、指定辞のある「後遂絶」表現（A型）は、例外なく当該年以降に朝貢記事が無く、指定辞のない「後遂絶」表現（B型）は、必ずしも当該年が〔国交断絶〕のタイミングとは限らないと解釈するのである。（俀国の場合は前者（A型：此後遂絶）であり、安国の場合は後者（B型：後遂絶焉）である。）

しかし、筆者が再検証すると、古田氏の国交内容の判断は『隋書』の史料事実に反する。A型の中でも、林邑《リンユウ》や突厥《トッケツ》には以降に朝貢記事がある。また、B型の中で、安国以外の記事では、該当年以降に朝貢記事は無い。さらに、C型とも呼ぶべき「是於朝貢不絶」との記載（四例）の場合、当該年以降に朝貢記事のあるのは党項《タングート》だけで、他の林邑《リンユウ》、高昌《コウショウ》、鉄勒《テツロク》には以降の朝貢記事は無い。つまり、これらの全体を眺めれば、当該年直後に朝貢の断絶や継続があったかどうかの事実は、「絶」「不絶」の表現形式からは判断不可能、という状況にしかない。古田氏が自作の表を見て、何故あのような判断を下したのか、筆者には理解できない。今見直せば、余りに強引な解釈と言うしかないであろう。つまり、俀國傳の「此後遂絶」（この後ついに絶ゆ）は大業四年から暫く時間が経過してから関係が絶たれたと素直に解釈した場合は、煬帝紀の大業六年の倭國遣使記事（β）に抵触するとはいえなくなる。

したがって、千歳竜彦氏の疑問（『隋書』の「倭国」と「俀国についての記載の間には両者を別の存在と見なさなければならないような矛盾はないとしてよいのではないか）は依然として有効なのであり、彼の分析の結論（この両者の実体が同一のものであることは明らか）も妥当と考えられる。岡下英男氏[注14]や筆者は、千歳氏とは少し違った視点から同様の分析結果[注15]に到達した。ただし、日野智貴氏[注16]のように、このような評価に反対する見解も依然として存在する。

古田氏や日野氏のように「倭国」と「俀国」の相違を実

体の相違に求めようとする説への更なる疑問点を次に述べる。

四、「倭国」と「俀国」の相違は何に起因するのか

日野智貴氏は、『隋書』（および『北史』）では、過去の史書における「倭」を「俀」に書き換える姿勢が徹底しており、後漢代の「倭奴國」も「俀奴國」へ、さらに百済伝や琉求伝においても「俀」の表記のみが用いられている状況にも拘わらず、どうして帝紀と志においてはこの種の書き換えがないのか、不審であるとする。倭と俀が同一実体であるならば、当然「書き換え」がないとおかしいではないか、という強い疑問を表明している。確かに帝紀（「倭」）と夷蛮伝（「俀」）で異なる表記をしているのは前記二書だけであるが、「倭」と「俀」を混在して記述するものとして、前述の文献の他に『太平御覧』がある。もちろん、前記二書が七世紀の成立であり、『太平御覧』は十世紀後半の成立であるから、史料批判は慎重に行わなければならない。ただ、百衲本二十四史の前記二書が元・大徳刊本（十四世紀初）なのに対して、現存最古の刊本『太平御覧』は宋・蜀刻本（慶元五年〔一一九五年〕頃）であり、十二世紀末のものである。

そこには、タイトルを「俀」、『後漢書』引用文も「俀」とし〔七八二巻〕、『梁書』の引用文も「俀」〔六八七巻・服章部四〕とするが、他の場所では、『北史』・『南史』・『魏志』の引用文を「倭」〔七八二巻〕とする。七八四巻の『南史』引用文では「倭」となっていて、この字形は、『翰苑』太宰府天満宮所蔵本（九世紀頃の写本か／竹内理三氏の解説による）にも表れるものである。つまり、九世紀〜十世紀にかけて、有為か無為かは別として、「倭」と「俀」と「倭」（の字形）に関する「通用性」の認識（の変化）または「混乱」が存在した可能性が高いのである。日野氏の素朴で率直な基本的疑問〝帝紀はそのままで夷蛮伝のみの「書き換え」ないし「書き間違い」が生じる、などということがあり得るのだろうか？〟は貴重な指摘であり、古田武彦氏も同じ疑問から考察されたと思うのだが、それへの回答が、〝両字の意図的な書き換え〟説を大前提にして〝「倭」と「俀」の実体の違い〟という理解に進むのは、性急すぎないであろうか。

可能な仮説としては、帝紀記述の際の依拠資料が「起居注」などの皇帝側近部署のものであったのに対して、志や夷蛮伝記述の際の依拠資料は「外交文書」類であり、それぞれの部署での用字法に差があったことが想定しうる。この仮説は、あながち的外れとも言えないのではなかろうか。臆測を累加するのはやめておくが、国名の字

の違いが有為か無為かと考察する前に、写本／翻刻の段階での当時の字形の検証、両字の「通用性」あるいは用例実態の分析、多様な源資料の性格の違いの考察、などの書誌的な基礎を再検討することが肝要であろう。

次に、帝紀に記載された「倭国」がヤマトであれ関東であれ四国であれ、「俀」とは別の実体の国とすると、その地理的・風俗的情報は皆無であるから、一旦論者がそういう命題を提唱した場合に、それに反証を提示することは極めて困難である。つまり、その仮説は、反証可能性が乏しいゆえに、いかなる反論にも耐えうるのであるが、説得性はあまり高くないと言えよう。

逆に、『南史』の「倭国伝」に〝倭国其先所出及所在事詳北史〟とあり、『北史』には、それに対応した記述が「俀國伝」として存在するのであるから、両書の読者は、通常の理解として、「倭」と「俀」の実体は同じものと認識するであろう。『北史』の帝紀の「倭」が「俀」や『南史』の「倭」と異なるものならば、何故両書の編纂者達は、読者を混乱に落とすような書き方をするのか？ それこそ大きな疑問であり、理解に苦しむ編纂方針ではないだろうか。本稿に述べたように、帝紀の「倭」が従来認識・理解されてきた倭とは異なるのであれば、その旨の註を挿入するなり、「東倭（東俀）」とか「遠倭（遠俀）」とか違いを示す一文字を挿入すればよいはずである。日野氏は、「忽論靺鞨」その他の国々の例を挙げて、〝『隋書』は「分流政権には独立した列伝を立てない、という編集方針が存在した〟とするのであるが、仮にそういう編集方針があったとしても、従来の史書により認識されていた「倭」を別の実体の国を表す名称に用いるという執筆姿勢は、別次元の問題であろう。それは、日野氏自身が依拠された「忽論靺鞨」の考察において顕示されている。靺鞨族出自ではあるが異なる実体を表す場合に、単に同じ「靺鞨」とせずに、混乱を避けるため、「黒水靺鞨」「渤海靺鞨」「忽論靺鞨」と区別するのであるから、それは理にかなっているわけである。日野氏自身の論証方法からみて、「倭」を従来から認識されていた倭とは異なる国の名称に用いたという仮説はいかに違和感があるかということを示しているのではないだろうか。

日野氏が指摘した他の疑問点について簡略な批判を記す。

○〝「俀国」は隋に「対等外交」を求めたが、一方の「倭国」は一貫して「朝貢外交」である。これも両者が「別実態」であることを示す。〟とのことであるが、この主張は端的に史料事実に反する。帝紀では「遣使貢方物」とし、俀国伝では「復令使者隨清〔裴世清〕來貢方物」としており、帝紀と俀国伝において特段の違いはなく、扱いは同一である。そもそも「対等外交」を求めたとか「朝貢外交」とかは日本の古代史研究者の論であって、当時は、夷蛮からの隋への入朝はすべて「朝貢」であり、『隋書』や『北史』の読者には、対等とか外交とかの現代用語で表されるような概念はもとより無い。

○〝「倭国」が「分流政権」であった可能性〟を提起しているが、史料に「倭は俀の別種」の類の記述がないどころか、倭自体の情報が皆無なのであるから、直接的な検証のしようが無い。

○「此後遂絶」問題の件で、筆者が、指定辞のある「後遂絶」表現（A型）とか指定辞のない「後遂絶」表現（B型）とか古田氏が提起した表現形式の類型からは当該年直後に朝貢の断絶や継続があったかどうかの事実は判断不可能であると『隋書』の史料事実を指摘したのに対して、日野氏は、A型の場合でもその後朝貢してきた例があるとするが、それはその皇帝の治世の中での朝貢であろうか？と問うている。高祖紀下に林邑が開皇十五年（五九五年）六月に朝貢した旨の記述があり、林邑伝には「高祖既平陳 乃遣使獻方物 其後朝貢遂絶」とある。林邑伝のこの朝貢が遅くとも開皇十五年のこととすれば、それ以降は林邑からの朝貢は無かったはずであるが、高祖は仁壽末（六〇四年）に林邑に派兵して屈服させ朝貢を再開させている。「於是朝貢不絶」（ここにおいて朝貢は絶えることがなくなった）という状態にしたという。また、突厥伝においても、開皇十七年（五九七年）に「於是朝貢遂絶」と記すが、仁寿年間から「歳遣朝貢」（年ごとに朝貢するようになった）とある（その後大業年間の朝貢記事が連なる）。いずれも、高祖（文帝）の治世の中で生じた事例である。

○倭王の「姓」の問題については、史料的根拠が充分でないと思えるので、論評は差し控え、今後の議論の進展を待ちたい。

残る問題は両字を『隋書』が採用した理由であろう。ちなみに、『隋書』には、煬帝本紀と東夷伝のほかにも、目録と巻十三の音楽志に「俀」または「倭」が記されている。両字の版本による異同を【表1】に示す。③音楽志の箇所は、古い版本において「俀」と「倭」の二様が存在している。筆者は、当初、③の存在を知らず、「倭」は本紀の用字法、「俀」は東夷伝の用字法、と単純に想

表１　『隋書』の「倭」と「俀」：版本による異同

参照番号	巻　事項	百衲本二十四史	標点本	和刻本正史	備考
⓪	目録	俀國	倭國	俀國	
①	巻三 煬帝本紀 上 大業四年三月壬戌	倭	倭	倭	
②	巻三 煬帝本紀 上 大業六年春正月	倭國	倭國	倭國	
③	巻十五 志第十 音楽 下	俀國	倭國※	倭國	a.
④	巻八十一 東夷伝 百濟の条	俀	倭　※	俀	
⑤	巻八十一 東夷伝 流求の条	俀國使	倭國使	俀國使	
⑥	巻八十一 東夷伝 俀國の条（俀）	全て 俀	全て 倭	全て 俀	b.
⑦	巻八十一 東夷伝 俀國の条（俀奴國）	俀奴國	倭奴國	俀奴國	c.

※標点本の校勘記：「倭」原作「俀」。按：古從「委」和從「妥」的字，有時可以通用。
如「桜」或作「木＋委」*，「緌」或作「綏」。

「俀」應是「倭」字的別體。本書煬帝紀上作「倭」。

本巻和也處作「俀」者，今一律改爲「倭」。

◇和刻本正史『隋書』は、明、萬暦二十六年〔1598年〕國子監校刊本（北監本）を底本とする。
（『和刻本正史 隋書（縮印版）』）〔全二冊〕汲古書院 1971年7月・8月刊）

○備考：　a.『册府元龜』570 掌禮部 夷楽：倭國
b.『册府元龜』997 外臣部 悖慢：隋 俀國王多思比 煬帝大業三年遣使朝貢…

c.『後漢書』：倭奴國　金印：委奴國

定していたのであるが、③音楽志が古い版本に二様の文字になっていることを知り、二様の（用字の）理由付けには慎重になった。御教示戴いた岡下英男氏（前掲注14を参照）に感謝したい。

繰り返しになるが、前述のように両字に関して陶方琦説のような〈俀＝倭〉（単なる異体字）と考える場合には、理由の詮索は無用である。嘗て藪田嘉一郎氏は、[注17]「倭」と「俀」は混用する文字であるから両者の用字法を厳密に峻別するのは野暮である、と古田氏の説を論難した。それに対して古田氏は、「九州王朝の史料批判」[注18]などで反論し、「混用文字」という理解は成り立たないと主張した。では、唐代において両字が別字として共通認識されていたとした場合、書写者の瑕疵でないとすれば、『隋書』の編纂者の場合、どのような「有意」「故意」の〝区別〟が想定できるであろうか。興味深い点ではあるが、臆測を重ねる恐れがあるので、本稿では考察を差し控える。古田史学会報にはこの理由を考察した幾つかの論考が発表されている（前掲注11、注14など）。

この件についての筆者の素朴な疑問は、前述のように、古田氏や日野氏の仮説のような「俀」とは違う東方の国が朝貢して来た場合に、こんな紛らわしい表記（「倭」）をするであろうか？というものである。第一の読者・皇帝をはじめとする朝廷の官僚や学者に「判じ物」のような思考を『隋書』の編纂者達が強要するような事態は考えにくいのである。もし同じ種族の別領域の「国」が朝貢して来たのなら、「東倭（東俀）」あるいは「遠倭（遠俀）」などのような明白に「倭」とは異なると認識される名称を使えば済むことである。実際、突厥に対して西突厥の朝貢記事がある。また、「倭国」が「俀国」と実体が異なるのであれば、倭国伝が存在してもよさそうに思うのだが、それはない。このような疑問に対して、日野智貴氏は「忽論靺鞨」の列伝不記載の例を挙げて、必ずしも筆者（および岡下氏）のような疑問は妥当ではない旨を指摘している（前掲注16の論考を参照）。今後の議論で共通認識を形成してゆくべきであろう。

なお、『南史』の「倭」が『隋書』・『北史』の「俀」と同じ実体を表している（七世紀後半・唐代成立の『南史』と『北史』の編纂者たち〔李延寿《リエンジュ》ら〕は同じ。百衲本二十四史は三書とも十三世紀末～十四世紀初頭の元《ゲン》の大徳年間刊本である）状況のもとで、〝『南史』の「倭」〟とは異なる別の国をわざわざ『隋書』・『北史』で「俀」と表記することはあり得ないのではなかろうか。筆者には、『隋書』内の「倭」と「俀」は同一の実体であるとしか思えない。

五、おわりに

以上、『隋書』内の「倭」と「俀」の両字の区別について、古田氏の「両者は別の実体を表す」という二国説は、遺憾ながら、成立し難いと思われる。両字を（時代によらず）混用文字あるいは通用文字であったと解したり、誤字と認定して安易に史料の校定作業をしたりするのは慎むべきである、との古田氏の警鐘は間違っていないにしても、「一見些細に見えた「俀」と「倭」の異同問題は、その実、多元史観と一元史観の岐路、その交叉点をしめしていた」（『古代は沈黙せず』二六八頁）とする見解には賛同しかねる。

『隋書』の「倭」と「俀」が全く同一の実体だと理解しても、多元史観は何も影響を受けないどころか、「推古朝の遣唐使」説（推古紀は中国との外交を唐から開始したと主張しているという仮説）との整合性が増すのである。逆に、『隋書』本紀の「倭」を実質的に近畿天皇家（ヤマト王権）とみなす見解（初期の古田武彦氏の説）、あるいは、ヤマト王権でもチクシ王権でもない第三の存在とみなす見解（晩年の古田武彦氏の説、日野智貴氏の説）は、『日本書紀』のなかに該当する情報を全く見出しえないという困難にぶつかるとともに、〝推古朝の「遣隋使」はなかった〟という命題とも不整合を生じることになり、解決困難な迷路への道標となりかねないと危惧するのである。

本稿は、前掲注11に挙げた野田利郎氏の論考に触発されて、筆者が二〇一九年七月の古田史学の会・関西例会で報告した発表要旨資料を大幅に加筆・修正したものである。その後の例会、勉強会、会報において本稿のテーマについて討論し貴重な御教示を賜った会員諸氏、とりわけ、野田利郎氏、岡下英男氏、日野智貴氏に深く感謝するものである。

〔二〇二三年九月三〇日稿了〕

【出典および注】

(1) 古田武彦『失われた九州王朝―天皇家以前の古代史』(朝日新聞社、一九七三年八月) 三〇〇頁～三一一頁

(2) 石原道博編訳『新訂 魏志倭人伝・後漢書倭伝・宋書倭国伝・隋書倭国伝―中国正史日本伝(1)』(岩波書店、一九八五年) 六五頁

(3)『隋書』[全六冊] (中華書局、一九七三年八月) 一八二九頁

(4) 陶方琦「説文無妥字説」丁福保/鼎文書局編集部編『説文解字詁林正補合編』[全十二冊] (台湾鼎文書局、一九八三年) 一一―一一四六頁～一一―一一四七頁

(5) 百衲本二十四史『史記』[縮印二冊本] (台湾商務印書館、一九三七年一月初版、一九九五年四月臺一版第七次印刷) ①二〇五頁、②～⑤四八八頁

(6) 標点本『史記』[全十冊] (中華書局、一九五九年九月第1版、一九七五年三月北京第7次印刷) ①六一一頁、②～⑤一五三六頁

(7) 十三経注疏本『春秋左傳正義』(上海古籍出版社、一九九七年七月) 巻第二十一、一八六五頁。[図1] に冒頭部分を示す。

(8) 百衲本二十四史『漢書』[縮印二冊本] (台湾商務印書館、一九三七年一月初版、一九八八年一月臺六版) 巻二十一 律歴志第一下 二一六頁

(9) 竹内理三校訂・解説『翰苑』(吉川弘文館、一九七七年五月) および、湯浅幸孫校釈『翰苑校釈』(国書刊行会、一九八三年二月) に写真版掲載。

(10) 千歳竜彦「『日本書紀』と『隋書』」市民の古代研究会編『市民の古代』第8集 (新泉社、一九八六年十一月) 二〇〇―二〇四頁

(11) 野田利郎「『史記』の中の「俀」」『古田史学会報』一五二 (古田史学の会、二〇一九年六月)

(12) 古田武彦「古典研究の根本問題―千歳竜彦氏によせて」『古代は沈黙せず』(駸々堂出版、一九八八年六月) 二四一―二七一頁。[二〇一二年一月にミネルヴァ書房から復刊されている]

(13) 古田武彦「日本書紀の史料批判」(『文芸研究』(東北大学文学部文芸研究会) 九十五集一九八〇年九月) [『多元的古代の成立(上)―邪馬壹国の方法』(駸々堂出版、一九八三年三月) に収録]

(14) 岡下英男「『隋書』俀国伝を考える」『古田史学会報』一

五五（古田史学の会、二〇一九年十二月）。岡下英男「『隋書』音楽志における倭国の表記」『古田史学会報』一五八（古田史学の会、二〇二〇年六月）。さらに、岡下英男「「俀国＝倭国」説は成立する—日野智貴氏に答える—」『古田史学会報』一五九（古田史学の会、二〇二〇年八月）、岡下英男「何故「俀国」なのか」『古田史学会報』一六四（古田史学の会、二〇二一年六月）も関連する論考である。

(15) 前掲注10の千歳竜彦氏、および二〇一九年七月関西例会で「倭と俀」として発表した筆者と同様の解読を、岡下英男氏も二〇二二年九月の古田史学の会・関西例会にて「『隋書』俀国伝の「此後遂絶」の解釈」と題して報告している。『隋書』の朝貢記事全体を分析すれば、古田氏のような結論は出てこないとされた。同感である。

(16) 日野智貴「文献上の根拠なき「俀国＝倭国」説」『古田史学会報』一五六（古田史学の会、二〇二〇年二月）及び、日野智貴「倭国と俀国に関する小稿」『古田史学会報』一七七（古田史学の会、二〇二三年八月）

(17) 藪田嘉一郎「「邪馬臺国」と「邪馬壹国」」『歴史と人物』（中央公論社、一九七五年九月号）

(18) 古田武彦「九州王朝の史料批判—藪田嘉一郎氏に答える—」（初出は『歴史と人物』（中央公論社、一九七五年十二月号））『邪馬一国の証明』（角川書店、一九八〇年十月）に収録。二〇一九年六月に、古田光河「復刊のご挨拶」、荻上紘一「復刊に寄せて」、谷本茂「復刻版解説」、索引を追加して、ミネルヴァ書房から「古田武彦 古代史コレクション26」として復刊された。

※通常は会員内部でしか配布されない会報を参照文献として示すのは控えるべきであろうが、『古田史学会報』は、過去に発行されたものの相当数がインターネット上に公開されているので、敢えて出典掲示した。閲覧は、次の古田史学の会のウェブページにて可能である。https://www.furutasigaku.jp/jfuruta/jfuruta9.html

※谷本茂の電子メールアドレス shigerut@hi-net.zaq.ne.jp

【一般論文】

多元的「天皇」号の成立
―『大安寺伽藍縁起』の仲天皇と袁智天皇―

古賀達也

一、『大安寺伽藍縁起』の「天皇」

二〇二三年三月十七日の多元的古代研究会リモート研究会で、藤田隆一氏から『大安寺伽藍縁起并流記資財帳』（以下、『大安寺伽藍縁起』か『縁起』と略す）[注1]の原文に基づく解説がなされた。氏の解説によれば同縁起は天平十九年（七四七）作成の原本とのこと。

同縁起には、「仲《なか》天皇」と「袁智《をち》天皇」という『日本書紀』に見えない天皇名があり、それぞれ次の文中に現れる。[注2]

「爾時後岡基宮御宇 天皇造此寺司阿倍倉橋麻呂、穂積百足二人任賜、以後、天皇行幸筑志朝倉宮、将崩賜時、甚痛憂勅〔久〕、此寺授誰參來〔久〕、先帝待問賜者、如何答申〔止〕憂賜〔支〕、爾時近江宮御宇天皇奏〔久〕、開〔伊〕髻墨刺〔乎〕刺、肩負鋸、腰刺斧奉爲奏〔支〕、仲天皇奏〔久〕、妾〔毛〕我妹等、炊女而奉造〔止〕奏〔支〕、爾時手拍慶賜而崩賜之」

※〔〕内は小字。

「一帳像具脇侍菩薩八部等卅六像
右 袁智天皇坐難波宮而、庚戌年冬十月始、辛亥年春三月造畢、即請者」

仲天皇と袁智天皇以外の天皇の場合、『日本書紀』などに見える宮号表記を用いており、天平十九年成立の文書として穏当な内容だ。

○小治田宮御宇太帝天皇《推古》

○飛鳥宮御宇天皇（癸巳年・六三三）《舒明》
○飛鳥岡基宮御宇天皇（歳次己亥・六三九）《舒明》
○前岡本宮御宇天皇（庚子年・六四〇）《舒明》
○後岡基宮御宇天皇《斉明》
○飛鳥岡基宮御宇天皇《斉明》
○近江宮御宇天皇《天智》
○淡海大津宮御宇天皇《天智》
○飛鳥淨御原宮御宇天皇（歳次癸酉・六七三）《天武》
○淨御原宮御宇天皇（丙戌年七月・六八六）《天武》
○飛鳥淨御原宮御宇天皇（甲午年・六九四）《持統》
○後藤原宮御宇天皇《文武》
○平城宮御宇天皇（養老六年歳次壬戌・七二二）《元正》
○平城宮御宇天皇（養老七年歳次癸亥・七二三）《元正》
○平城宮御宇天皇（天平二年歳次庚午・七三〇）《聖武》
○平城宮御宇天皇（天平十六年歳次甲申・七四四）《聖武》

※以上は『縁起』の天皇名を即位順・年次順に並べ替えたもので、重複するものは省いた。《》内は筆者による比定。

このように天皇名は宮号表記であり、仲天皇と袁智天皇だけがこの表記ルールから外れている。これは同縁起編纂に当たり、元史料にあった仲天皇・袁智天皇をそのまま転用したと解さざるを得ない。

ちなみに国会図書館デジタルコレクションの『群書類従』所収『大安寺伽藍縁起并流記資財帳』には、「仲天皇」は「件天皇」に、「袁智天皇」は「天智天皇」に置き換えられている。「仲《なか》」は「件《くだん》」の誤字とする原文改訂だが、「袁智」を「天智」としたのは、八世紀後半頃に淡海三船により付されたとされる『日本書紀』の漢風諡号が天平十九年（七四七）までに成立していなければならず、また同縁起には漢風諡号が見られないことからも、これは無理な原文改訂だ。『群書類従』本の編者も、原文の仲天皇・袁智天皇をそのままでは意味不明と考えたのであろう。

二、仲天皇はナンバーツー「天皇」

仲天皇と袁智天皇を一元史観ではどの天皇に比定するのか諸説あり、通説はないようだ。『日本書紀』に見えない天皇名であることから、九州王朝が任命した九州王朝系の天皇と理解することが多元史観・九州王朝説では可能だ。当該記事を再度示す。

「爾時後岡基宮御宇　天皇造此寺、司阿倍倉橋麻呂、穂積百足二人任賜、以後、天皇行幸筑志朝倉宮、将崩賜時、甚痛憂勅〔久〕、此寺授誰參來〔久〕、先帝待問賜者、如何答申〔止〕憂賜〔支〕、爾時近江宮御宇　天皇奏〔久〕、開〔伊〕髻墨刺〔乎〕刺、肩負鋸、腰刺斧奉爲奏〔支〕、仲天皇奏〔久〕、妾〔毛〕我妹等、炊女而奉造〔止〕奏〔支〕、爾時手拍慶賜而崩賜之」

※〔〕内は小字。

後岡基宮御宇天皇（斉明）が筑紫朝倉宮で亡くなるときの近江宮御宇天皇（天智天皇）と仲天皇の言葉が記されている。ここで注目されるのが、仲天皇が自らのことを「妾」と呼び、「我妹等、炊女」〈わが[注3]妹らは飯炊き女〉と述べていることだ。上位者に対して自らを卑下した言葉であり、仲天皇には上位者がいたこととなり、この天皇号は九州王朝の天子の下でのナンバーツー天皇ではあるまいか。

あるいは仲天皇が天智天皇の妻であり、義理の母（斉明天皇）に対して〃へりくだった〃と考えることができるかもしれない。その場合、仲天皇と表記されていることから、後には天皇に即位したことになる。そうであれば、仲天皇とは天智の皇后、倭姫王とするのが穏当だ。[注4]この点、倭姫王を九州王朝の皇女や天子とする説が古田学派の研究者から発表されていることも注目される。[注5]

仲天皇が九州王朝系の天皇であれば、天武も天皇を称したことが飛鳥池出土木簡[注6]により明らかになっていることから、いずれも九州王朝のナンバーワン天子の下でのナンバーツー天皇と考えざるをえない。そうでなければ、九州王朝の天子（倭王）と近畿天皇家の天皇との位取り（称号）が同列となり、七世紀後半頃における列島の代表王朝としての倭国（九州王朝）の存立が説明できない。

三、仲天皇と中宮天皇

仲天皇は九州王朝の天子の下でのナンバーツー天皇であり、天智の皇后、倭姫王とする説が有力と、わたしは考えている。また、野中寺の彌勒菩薩像名にある中宮天皇を倭姫王とする服部説[注7]もある。これらの説の傍証として次の諸点が注目される。

（a）九州王朝系近江朝[注8]の年号「中元」（六六八～六七一）と「仲天皇」「中宮」の「中《ちゅう》（仲《なか》）」が共通するのは偶然ではなく、中宮に居した天皇なので仲天皇・中宮天皇と呼ばれ、その元号も「中元」[注9]としたのではあるまいか。あるいは、仲天皇が居していた宮なので「中宮」と呼ばれたのかもしれない。

（b）『養老律令』などには、庚午年籍（天智十年・六七〇）の造籍が「近江大津宮天皇」によるものとされている。これは野中寺彌勒菩薩像銘の「丙寅年（六六六）・中宮天皇」の在位中と思われ、庚午年籍を造籍した「近江大津宮天皇」とは天智ではなく、「中宮天皇＝仲天皇＝倭姫王」とも理解できる。[注10]この九州王朝系の仲天皇が造籍を命じたので、全国の国造・評督らは従ったのではあるまいか。

（c）庚午年籍造籍時（六七〇）、唐の筑紫進駐軍が造籍を妨害・阻止していないことは、九州諸国の庚午年籍の存在が『続日本紀』[注11]に見えることからも明らかである。従って、造籍主体の仲天皇（近江大津宮天皇）は〝反唐〟勢力ではなかったと考えられる。

四、袁智天皇もナンバーツー天皇か

袁智天皇記事は『縁起』後半の資財帳部分にあり、仲天皇記事とは史料情況が異なる。

「宮殿二具（一具千佛像　一具三重千佛像）金（泥）雜佛像參具　木葉形佛像一具　金（泥）灌佛像一具　金（泥）雜佛像三（躯）金（泥）太子像七（躯）金（泥）菩薩像五（躯）合（繍）佛像參帳（一帳高二丈二尺七寸廣二丈二尺四寸二帳並高各二丈廣一丈八尺）一帳像具脇侍菩薩八部等卅六像

右袁智天皇坐難波宮而、庚戌年冬十月始、辛亥年春三月造畢、即請者」

奉納された仏具仏像の説明として、〝難波宮に坐す袁智天皇、庚戌年（六五〇）冬十月に始めて、辛亥年（六五一）春三月に造り畢わる〟とあり、一元史観では袁智天皇を孝徳とする以外に適切な候補者がいない。ちなみに、この庚戌年（六五〇）と辛亥年（六五一）は『日本書紀』孝徳紀の白雉元年と二年、九州年号では常色四年と五年に相当する。

この記事で注目すべきは、「袁智天皇坐難波宮」とある部分だ。もし孝徳天皇であれば、他の天皇表記と同様に「難波長柄豊碕宮御宇天皇」と編纂者は記すはずだ。また、前期難波宮（九州王朝の複都）の創建は六五二年壬子（『日本書紀』の白雉三年、九州年号の白雉元年）であり、庚戌年（六五〇）辛亥年（六五一）では未完成。従って、袁智天皇を九州王朝系の天皇と考えた場合、「坐難波宮」の理解がやや困難である。

他方、次のアイデアがある。袁智天皇を、前期難波宮

（難波京）造営を九州王朝に命じられた袁智（越智）国（現愛媛県）の有力者であり、九州王朝から天皇号を与えられたとする仮説だ。その傍証として『伊予三島縁起』に見える次の記事がある。(注12)

「孝徳天皇のとき番匠の初め。常色二年戊申（六四八）、日本国をご巡礼したまう。」

〔原文〕卌七代孝徳天王位　番匠初　常色二年戊申　日本国御巡礼給

『伊予三島縁起』には、「端政二暦庚戌（五九〇）」「金光三暦壬辰（五七二）」「願轉元年辛丑（六〇一）」(注13)「常色二年戊申（六四八）」「白鳳元年辛酉（六六一）」「大長九年壬子（七一二）」などの九州年号が見える。特に「大長九年壬子（七一二）」は九州年号が七〇一年の王朝交代後も続いていることを示しており貴重だ。(注14) 番匠記事に続く「常色二年戊申」も要注目である。前期難波宮のゴミ捨て場とされる層位から「戊申年」木簡が出土しており、この年次の一致は偶然ではなく、何らかの関係を示唆するとの正木氏の指摘がある。(注15) また、愛媛県西条市の字地名「紫宸殿」や当地に多い「〇〇天皇」地名も袁智天皇と関係があるのかもしれない。

五、天皇名の宮号表記

『縁起』の精査を続けたところ、興味深い問題に気付いた。その一つが天皇名の宮号表記だ。同縁起には近畿天皇家の天皇名が次のように表記されている。縁起に登場する順に並べた。《 》は古賀による比定、年干支に続く（ ）は西暦。

『縁起』の天皇名表記部分

(1)《舒明》飛鳥岡基宮御宇天皇之末登極位、號曰田村皇子

(2)《推古》小治田宮御宇太帝天皇

(3)《推古》太皇天皇受賜已訖、又退三箇日間、皇子私參向飽浪、問御病状、於茲上宮皇子命謂田村皇子曰、～

(4)《斉明》後岡基宮御宇天皇、造此寺司阿倍倉橋麻呂、穂積百足二人任賜、以後、天皇行車（幸カ）筑志朝倉宮、將崩賜時、～

(5)《天智》近江宮御宇天皇、奏〔久〕、開〔伊〕髻墨刺〔乎〕刺、～

(6)仲天皇、奏〔久〕、妾〔毛〕我妹等、炊女而奉造〔止〕奏〔支〕、爾時手柏（拍）慶賜而崩賜之～

(7)《天武》後飛鳥淨御原宮御宇天皇、二年歳次癸酉（六七三）十二月壬午朔戊戌、造寺司小紫冠御野王、小錦下

紀臣訶多麻呂二人任賜〜
(8)《天武》六年歳次丁丑（六七七）九月康（庚）申朔丙寅、改高市大寺號大官大寺、十三年（六八四）天皇大御壽、然則大御壽更三年大坐坐（支）〜
(9)《文武》後藤原宮御宇天皇朝庭
(10)《文武》後藤原朝庭御宇天皇、九重塔立金堂作建、並丈六像敬奉造之
(11)《聖武》平城宮御宇天皇、天平十六年歳次甲申（七四四）六月十七日
(12)《天智》淡海大津宮御宇天皇、奉造而請坐者
(13)袁智天皇坐難波宮而、庚戌年（六五〇）冬十月始、辛亥年（六五一）春三月造畢、即請者
(14)《天武》右以丙戌年（六八六）七月、奉爲淨御原宮御宇天皇、皇后并皇太子、奉造請坐者
(15)《天智》淡海大津宮御宇天皇、奉造而請坐者
(16)《聖武》平城宮御宇天皇、以天平八年歳次丙子（七三六）造坐者
(17)《元正》平城宮御宇天皇、以養老七年歳次癸亥（七二三）三月廿九日請坐者
(18)《持統》飛鳥淨御原宮御宇天皇、以甲午年（六九四）請坐者
(19)《持統》飛鳥淨御原宮御宇天皇、以甲午年（六九四）坐奉者
(20)《元正》平城宮御宇天皇、以養老六年歳次壬戌（七二二）十二月七日納賜者
(21)《舒明》前岡本宮御宇天皇、以庚子年（六四〇）納賜者
(22)《舒明》飛鳥宮御宇天皇、以癸巳年（六三三）十月廿六日、爲仁王會納賜者
(23)《元正》平城宮御宇天皇、以養老六年歳次壬戌（七二二）十二月七日納賜者
(24)《聖武》平城宮御宇天皇、以天平二年歳次庚午（七三〇）七月十七日納賜者
(25)《舒明》飛鳥岡基宮御宇天皇、歳次己亥（六三九）納賜者
(26)《天武》飛鳥淨御原宮御宇天皇、歳次癸酉（六七三）納賜者
(27)《天武》飛鳥淨御原宮御宇天皇、歳次癸酉（六七三）納賜者
(28)《天武》飛鳥淨御原宮御宇天皇、歳次癸酉（六七三）納賜者
(29)《舒明》飛鳥岡基宮御宇天皇、歳次己亥（六三九）納賜者
(30)《聖武》平城宮御宇天皇、天平十六年歳次甲申（七四四）

納賜者

ここで注目されるのが(1)(21)(22)(25)(29)の舒明の表記だ（舒明の在位期間は六二九〜六四一年）。このなかで、(22)の「飛鳥宮御宇天皇」の表記が「船王後墓誌[注16]」の「阿須迦宮治天下天皇」「阿須迦天皇」と類似しており、七世紀後半から八世紀前半にかけて、舒明のことを「アスカの宮で天下を統治する天皇」と表記するケースがあったことがわかる。他方、『日本書紀』には「飛鳥宮御宇天皇」や「阿須迦宮治天下天皇」「阿須迦天皇」という表記は見えない。

六、『縁起』の「飛鳥浄御原宮御宇天皇」

『縁起』の資財帳部分には大安寺に奉納された仏具仏像などが列記されており、言わば大安寺の財産・不動産目録のようなもの。その資財帳部分にも興味深い記事があった。天武天皇が〝壬申の乱〟の翌年（六七三）に大安寺に奉納したとする次の記事だ。

(26)漆佰戸
《天武》右、飛鳥淨御原宮御宇天皇、歳次癸酉（六七三）
納賜者

(27)合論定出擧本稲參拾万束
在 遠江 駿河 伊豆 甲斐 相摸 常陸等國
《天武》右、飛鳥淨御原宮御宇天皇、歳次癸酉（六七三）
納賜者
(28)合墾田地玖佰參拾貳町
在紀伊國海部郡木本郷佰漆拾町
四至（東百姓宅并道 北山 西牧 南海）
若狭國乎入郡嶋山佰町
四至（四面海）
伊勢國陸佰陸拾貳町
員辨郡宿野原伍佰町
開田卅町　未開田代四百七十町
四至（東鴨社 南坂河 西山 北丹生河）
三重郡宮原肆拾町
開十三町　未開田代廿七町
四至（東賀保社 南峯河 北大河 西山限）
奄藝郡城上原四十二町
開十五町　未開田代三十七町
四至（東濱 南加和良社并百姓田 西同田 北濱道道之限）
飯野郡中村野八十町
開三十町　未開田代五十町

四至〔東南大河 西横河 北百姓家并道〕
《天武》右、飛鳥浄御原宮御宇天皇、歳次癸酉（六七三）納賜者

これらの記事によれば、〝壬申の乱〟に勝利した天武は関東・関西の広範囲を支配下に置いたことになる。「遠江・駿河・伊豆・甲斐・相摸・常陸」から「本稻參拾万束」（三十万束）を大安寺に送り、「紀伊國」「若狹國」「伊勢國」の「墾田地、玖佰參拾貳町」（九百三十二町）を寄進していることから、少なくともそれらの国々を自らの影響下に収めたと考えざるを得ない。なお、「紀伊國海部郡」「若狹國乎入郡」「伊勢國 員辨郡・三重郡・奄藝郡・飯野郡」とあるように、七世紀後半の行政単位「評」を縁起成立時（天平十九年・七四七）の行政単位「郡」に書き変えている。

この記事と対応するのが、飛鳥宮跡地域から出土した七世紀（評制期）の荷札木簡だ。[注17] 中でも墾田を寄進した「紀伊國」「若狹國」「伊勢國」からの荷札木簡が紀伊國（一点）、若狹國（五点）、伊勢國（六点）出土しており、資財帳の記事と対応している。こうしたことから、同資財帳の「飛鳥浄御原宮御宇天皇」記事の信頼性は低くない。

そうすると、天武は〝壬申の乱〟の勝利後に「飛鳥浄御原宮御宇天皇」と称するにふさわしい権力者になったと思われる。その実証的根拠として、飛鳥池遺跡の天武期の層位から出土した「天皇」木簡や「皇子」木簡、「詔」木簡の存在がある。『日本書紀』に見える天武の子供たちの名前の「大津皇子」「舎人皇子」「穂積皇子」「大伯皇子」木簡が出土していることから、「天皇」木簡の天皇は天武のことと考えるのが最も妥当だからだ。

七、推古と多利思北孤の二段称号

『縁起』に見える天皇名表記で、推古天皇だけが異質だ。同縁起冒頭部分に推古を（A）小治田宮御宇太帝天皇（B）太皇天皇（C）天皇と記している。この中で（A）（B）が『日本書紀』には見えない異質の天皇名表記だ。「太帝天皇」や「太皇天皇」のように同類の称号が二段になっている例は『記紀』には見えない表記方法で、古代の金石文や遺文には推古と九州王朝の天子・阿毎多利思北孤の二人に対して用いられている。後者は伊豫温湯碑に見える「法王大王」、前者の推古は当縁起の「太帝天皇」「太皇天皇」など、次の用例が知られている。

○《阿毎多利思北孤・上宮法皇》
〔伊予温湯碑〕「法王大王」

○《推古天皇》
〔大安寺伽藍縁起并流記資財帳〕「太帝天皇」「太皇天皇」
〔法隆寺薬師如来像光背銘〕「大王天皇」「小治田大宮治天下大王天皇」
〔元興寺伽藍縁起并流記資財帳〕「大大王天皇」
〔上宮聖徳法王帝説〕「大王天皇」「少治田大宮御宇　大王天皇」

このように何故か近畿天皇家では推古だけに二段称号表記が見られる。九州王朝の多利思北孤の場合は、出家した天子〝法王〟と倭王の通称〝大王〟を併記したと理解できるが、近畿天皇家の場合、なぜ推古だけを二段表記にしたのかが問題だ。この疑問を解く鍵が他ならぬ『縁起』の田村皇子（後の舒明天皇）の発言中にある。

「田村皇子奉命大悦、再拝自曰、唯命受賜而、奉爲遠皇祖并大王、及繼治天下天皇御世御世、不絶流傳此寺」

ここに見える「遠皇祖并大王」と「繼治天下天皇御世御世」の意味するところは、遠い皇祖の時代に並ぶ古《いにしえ》の称号は大王であり、それを継いで天下を治めたのが天皇を称号とする歴代の先祖であると、同縁起編纂者あるいは元史料の作成者が認識していたことを示している。推古の二段称号「大王天皇」は、大王を称していた推古が天皇号を使用することができた〝最初の近畿天皇家の大王〟とする認識、あるいは歴史事実の反映ではあるまいか。もし、初代の神武から天皇を称していたと認識していたのであれば、「遠皇祖并治天下天皇御世御世」とでも記せばよく、遠皇祖と治天下天皇の間に大王の存在を記す必要はないからだ。

この点、記紀は初代の神武から天皇号表記を採用しているが、推古の二段称号問題は『日本書紀』などの〝神武から天皇を名のった〟という大義名分が史実とは異なることを証言していたことになる。それでは近畿天皇家がいつから天皇号を採用したのか。本テーマの考察が正しければ、古田武彦氏晩年の説（王朝交代後の文武から）よりも、旧説（推古から）の方がより妥当である。[注18]

八、多元的「天皇」号試論

本稿では『大安寺伽藍縁起』に見える天皇号の考察の結果、九州王朝の天子の下にナンバーツーとしての天皇が多元的に併存した可能性を提起するに至った。多元的〝ナンバーツー天皇〟の筆頭としての近畿天皇家、天智の妻として近江宮に君臨した「仲天皇」（倭姫王）、そして難波宮造営に関わった越智国の王者「越智天皇」という複数の天皇たちだ。まだ初歩的な試論だが論証を深め

たい。〔令和五年（二〇二三）九月十八日、筆了〕

[注]

（1）大安寺が天平十九年（七四七）に国家に進上した縁起と財産目録。正暦寺（奈良市）に伝わった古本（重要文化財）を国立歴史民俗博物館が保管。

（2）竹内理三編『寧楽遺文』中巻（東京堂、一九六二年）による。

（3）「妹」は国字で、姉妹から見た男兄弟、妻から見た夫とされる。しかしながら、「我妹等」と複数形になっており、夫の天智天皇とするのは難しい。更に「炊女」ともあり、男性とするのは不自然。

（4）仲天皇を天智の皇后、倭姫王とする説を喜田貞吉が唱えた。

（5）西村秀己「日本書紀の「倭」について」『古田史学会報』四二号、二〇〇一年。

正木裕「『近江朝年号』の実在について」『古田史学会報』一三三号、二〇一六年。

正木裕「王朝交代 倭国から日本国へ（1）『旧唐書』の証言」『多元』一四三号、二〇一七年。

同「大宮姫と倭姫王・薩末比売（その1）」一四五号、二〇一八年。

同「大宮姫と倭姫王・薩末比売」『古代に真実を求めて第二十二集　倭国古伝』古田史学の会編、明石書店、二〇一九年。

（6）飛鳥池遺構の天武期の層位から、「天皇」「大津皇子」「穂積皇子」「舎人皇子」「大伯皇子」や「詔」木簡が出土している。

（7）服部静尚「七世紀後半に近畿天皇家が政権奪取するまで」『古田史学会報』一五七号、二〇二〇年。

同「中宮天皇―薬師寺は九州王朝の寺―」『古代に真実を求めて第二十五集　古代史の争点』古田史学の会編、明石書店、二〇二二年。

（8）正木裕「『近江朝年号』の実在について」『古田史学会報』一三三号、二〇一六年。

（9）多利思北孤の年号として「法興」が知られているが、法隆寺釈迦三尊像光背銘には「法興元」とあり、年号表記の様式として「中元」も同類と思われる。

（10）「近江大津宮天皇」を「中宮天皇」のこととする、服部静尚氏の研究（注7）がある。

（11）『続日本紀』に次の記事が見える。

「筑紫諸国の庚午年籍七百七十巻、官印を以てこれに印す。」『続日本紀』神亀四年（七二七）七月条。

（12）『伊予三島縁起』内閣文庫本（番号 和 34769）による。齊藤政利氏（古田史学の会・会員、多摩市）から同書写真を提供していただいた。

（13）『二中歴』によれば願轉の元年干支は「辛酉」。「辛丑」とあるのは誤写か。

（14）内閣文庫『伊豫三島明神縁起 鏡作大明神縁起 宇都宮明神類書』（番号 和 42287）や五来重編『修験道資料集』所収

本には「天長九年壬子（八三二）」とあり、「大長」が「天長」に書き変えられている。この点、内閣文庫本（番号 和34769）が最も九州年号の原型を伝えている。大長年号については次の拙稿を参照されたい。

古賀達也「最後の九州年号—『大長』年号の史料批判」（『九州年号」の研究』所収。古田史学の会編・ミネルヴァ書房、二〇一二年）

同「続・最後の九州年号—消された隼人征討記事」同前。

同「九州年号『大長』の考察」『古代に真実を求めて第二十集 失われた倭国年号《大和朝廷以前》』明石書店、二〇一七年。

（15）正木裕「前期難波宮の造営準備について」『古代に真実を求めて第二十一集 発見された倭京—太宰府都城と官道』明石書店、二〇一八年。

（16）「船王後墓誌」の銘文

（表）「惟船氏故 王後首者是船氏中租 王智仁首児 那沛故 首之子也生於乎婆陁宮治天下 天皇之世奉仕於等由羅宮 治天下 天皇之朝至於阿須迦宮治天下 天皇之朝天皇照見知其才異仕有功勲 勅賜官位大仁品為第」

（裏）「三殞亡於阿須迦 天皇之末歳次辛丑十二月三日庚寅故戊辰年十二月殯葬於松岳山上共婦 安理故能刀自 同墓其大兄刀羅古首之墓並作墓也即為安保万代之霊其牢固永劫之寶地也」

銘文中の各天皇の宮に対する通説の比定は次のとおり。

乎娑陀宮 敏達天皇（五七二〜五八五）

等由羅宮 推古天皇（五九二〜六二八）

阿須迦宮 舒明天皇（六二九〜六四一）

（17）市大樹『飛鳥藤原木簡の研究』収録「飛鳥藤原出土の評制下荷札木簡」にある国別木簡の点数による。

（18）古賀達也「七世紀の『天皇』号—新・旧古田説の比較検証—」『多元』一五五号、二〇二〇年。

【一般論文】

法隆寺薬師仏光背銘の史料批判

—頼衍宏氏の純漢文説を承けて—

日野智貴

一、はじめに

法隆寺薬師如来坐像の光背銘は従来「和風漢文」説が主流であったが、近年「純漢文」説が提唱されている。しかしながら、古田学派においては「和風漢文」説を踏襲するものが圧倒的多数であり、「純漢文」説への検討が見られていないため、この度純漢文説について検討させていただくこととした。

本稿ではまず「法隆寺金堂薬師仏光背銘」の内容を分析し、この銘文が本来は純粋な漢文調であったこと、法隆寺が大和の「大王天皇」の要請を受けて九州の「天子」が建立した勅願寺であったこと、を論証する。

二、薬師如来坐像の偽作説

法隆寺には「釈迦三尊像」と「薬師如来坐像」の二つの仏像があり、このうち法隆寺建立の縁起が記されているのは薬師如来坐像の薬師仏光背銘である。にもかかわらず、釈迦三尊像が本尊とされている。

これについては、鎌倉時代から「本来は薬師如来像が本尊であった」とする説を唱える者が絶えなかったが、現代ではむしろ薬師如来坐像こそが後世の造作であるとするのが通説である。大橋一章は薬師仏光背銘に法隆寺は用明天皇の勅願寺である旨の記述があることを取り上げ、勅願寺は舒明天皇以降に出現したものであり、これは「大寺」の資格を得るために縁起を偽造したものとしている[注1]。

しかしながら、仮に薬師如来坐像が後世の偽作であるとすると、どうして薬師仏光背銘に釈迦三尊像の記述が無いのか、という疑問が湧いてくるだろう。

三、薬師仏光背銘は和風漢文なのか

薬師仏光背銘については、ほぼ全ての研究者が純漢文ではなく和風漢文であるとしている。古田学派においても、古田武彦は薬師如来坐像の偽作説は否定する一方で薬師仏光背銘の内容については「漢文にあらず、和文にあらず、その両側に行き来しているような、奇妙な文体である」「文法通り読んだわけではない。また、読めはしない」(注2)と論評している。このように偽作説・真作説、一元史観・多元史観の違いを超えて薬師仏光背銘の文体が純粋な漢文ではないことは、事実上異論がないようである。

だが、平成三十年になって台湾系中国人の研究者である頼衍宏によりこの薬師仏光背銘の文体が純漢文であるとの説が提唱された。(注3)仮にこの説が正しいとすると、従来説は薬師仏光背銘の史料批判を再検討しなければならなくなる。従って、本稿においてはまず頼論文の内容について検討を加えたい。

四、漢文で解釈できる単語

頼論文においては、従来「和文調」とされてきた用語が実際には「漢文」の語法で解釈できることを、例を挙げて示している。

まず「大御身」「大御病」と言った用語について「大御＋一文字」の単語は殷の時代から用いられており、唐代においても皇帝の乗り物が「大御輿」と表現されている例を挙げている。(注4)これについては、和文の「大御」の用例が漢文の影響を受けている可能性をも示唆する重要な指摘である。

また「勞賜」については従来用明天皇が病気になったことの婉曲表現であると見做されていた。古田も「大御身労《いたつ》き賜う」(注5)と訓《よ》んでおり、用明天皇が病気になった意味に解している。だが、例えば『三国志』には明帝が卑弥呼に送った詔書に「今、難升米を以て率善中郎将と為し、牛利を率善校尉と為し、銀印青綬を仮し、引見労賜して遣わし還す」とある。これは「ねぎらい賜う」という意味で「勞賜」が用いられている例である。

頼論文では過去に卑弥呼に対しても用いられたことのある「由緒ある動詞」を用いることは「漢文体の伝統からすれば極めて常套的な書き方」(注6)であるとしているが、確かに先例を踏まえた用例で解釈する方が文献史学の方法としては適切である。従って、頼論文では天皇が「大御身」(自分自身)を「勞賜」した、と解釈している。

また和文調か漢文調か議論のあった「召於」については「帝＋召於＋臣」の例が漢文に見られることから、これを「用明帝＋召於＋大王天皇与太子」という様法であると解釈している。

他にも、従来宣命体に通じる和文調であるとされてきた「大命受賜」についても、薬師仏光背銘が宣命体で記されている論拠はなく、「大命」も「受賜」も漢文に用いられている熟語であるから、純漢文として解釈するべきであるとしている。

五、仏典を踏まえた構文

頼論文の白眉は、この銘文を「純漢文」とする立場から文の訓み下しと解釈に全面的な変更を迫っていることだろう。例えば、和風漢文説に立つ古田は

大王天皇（推古天皇）と太子（彦人皇子）を召して誓願し賜う、
「我が大御病、大平ならむと欲し坐す。故、寺の薬師像を造り作し、仕え奉らむ」と詔す。[注7]

と読んでいるところを、頼論文では

大王天皇と太子を召し、而して「我が大御病に太平を賜へ、坐せんと欲すが故なり。将に寺・薬師像を造らんとす。仕奉の詔を作れ！」と誓願せり。[注8]

と読んでいる。

つまり、頼論文では「我」から「詔」までの部分を用明天皇の「誓願」の内容とするのである。そうすると「誓願」を動詞としてその内容を目的語とする漢文として成立する。従来説通り「詔」を「動詞」と解釈すると、漢文としてはあまりにも不体裁なこととなってしまう。

頼論文の優れたところは、「欲坐故」や「仕奉」の用例に漢訳仏典上の出典があることを示した点にある。特に従来は「欲し坐す。故に～」という風に区切られていた「欲坐故」が龍樹菩薩の名著である『大智度論』の一節を踏まえた表現であるとした点[注9]は、文法上の無理を犯さざるを得ない従来説よりも説得力があると言えるだろう。

六、押韻を踏まえた銘文

さらに重要な点は、頼論文の解釈では薬師仏光背銘の銘文が押韻を踏まえた文章になっている、ということである。押韻とは韻母が同じ文字でリズムを整えることであるが、「止摂」という韻母に該当する文字が文章の冒頭や末尾に配備されているのである。

例えば、従来説では「太子而、誓願…『我大御病…』」と読んでいた部分も、頼論文の区切りに随い「止摂」に該当する文字を太字で表記すると「太**子**、**而**…『**賜**我大御病…』」と、きちんと押韻を踏んだ文になっているの

である。

もっとも定型の押韻文にはなっていないが、これについては「非定型の本銘に韻字が埋められているのは、中国古代金文を受容した結果ではないか」(注10)という頼論文の主張で事足りるであろう。押韻を踏まえることが偶然にできないことは言うまでもなく、これは漢文の素養を持った人物による構文であると見做すべきではないだろうか。

七、一元史観による頼論文解釈の問題点

以上、頼論文の内容を肯定的に紹介したが、その内容には問題点も少なくない。

まずは「召於大王天皇與太子」の部分である。これを頼は「用明帝＋召於＋大王天皇与太子」という用法であると解釈したが、頼は「召於」の主語に「池邊大宮治天下天皇」を補っているわけであろう。

つまり、「池邊大宮治天下**天皇**」が「大王**天皇**」を「召於」した、ということになる。頼はこれを漢文にある「帝＋召於＋臣」の用例に基づくものであるとするが、漢文において「帝」が「帝」を召した、というような文章は存在するのであろうか？

また、この「大王天皇」を推古天皇とする解釈にも問題があろう。この銘文の後半には「小治田大宮治天下大王天皇」とあり、これが通説・古田説・頼説を問わず推古天皇を指すものと解釈されてきたが、最初に出て来るのが「略称」で後段に出て来るのが「正式名称」というのはどうであろうか。古田はこれを「おそらく、この造文者の作文上の不馴れであろう」(注11)としているが、薬師仏光背銘の作者は仏典と押韻を踏まえた作文者であることが明らかになった今、この問題は決して「造文者の不慣れ」として解決することはできない。

さらに問題なのは、用明天皇が「詔を作れ」と命令していることである。言うまでもなく、詔とは天皇の命令のことである。天皇が「詔を作れ」と臣下に命令するのは、あまりにも不自然である。であるからこそ、従来の論者は「詔」を「天皇」を「主語」とした「動詞」と解釈し、あの「和風漢文」的な解釈を行っていたのだろう。

これについて頼は、当時用明天皇は病床にあり正式な詔を公布することが出来なかったと推測し、「仏像とそれを安置する寺に関する「詔」をあえて「作」る余裕はな」かったため「血の繋がった近親に語り伝えただけで、急逝し」たと解釈している。(注12)だが、実際に詔が作成されなかったのであるならば「詔を作れ」の部分は蛇足である。また、詔が作られたとすれば詔の方が「公式文書」

なのであるから、「近親への言葉」よりも「公式な詔」の方を銘文に掲載するべきであろう。

むしろ、この文から素直に導き出される結論は「用明天皇には『詔』の作成権限は、なかった」という事実ではあるまいか。

八、後世「改作」の可能性

前述の通り通説では勅願寺の設立は舒明天皇の時代以降であるから、法隆寺が用明天皇の勅願寺ではあり得ないとしている。また、頼論文ではこの銘文に「大」と「天」とが多用されていることに注目し、さらにこの両字は画数に比して大きく記されていることを指摘して、これは「大」と「天」とを意識的に多用して交互に用いる技法であって唐詩の修辞法であり、薬師仏光背銘が八世紀に作文された論拠としている。(注13) また古田学派においても、法隆寺薬師如来坐像が実際には「釈迦如来」の像であるという服部静尚の指摘がある（服部静尚本人より直接ご教示いただいた）。

一方で古田はこの銘文に用明天皇と推古天皇、聖徳太子は登場しているのに崇峻天皇が存在していないことを取り上げ、「この銘文の中に、ポッカリ空いた崇峻の空白、ここにこそ、この銘文の、他ならぬ真作性が裏づけられている」(注14) とし、崇峻天皇を暗殺した蘇我氏が権勢を持っていた時代の成立であるとした。

後世の偽作説で問題になるのは「大王天皇」という用語であろう。後世の人間が法隆寺の縁起を偽装する際、どうして「大王天皇」なる奇妙な用語を用いる必要があったのだろうか？ 「大」と「天」の文字を多用するのが「唐詩の修辞法」である、などと言ってみても、唐詩にも「王」と「皇」を組み合わせた「称号」など、そもそも存在しないであろう。

だが、偽作説を批判する古田説だと別の問題も存在する。古田説だと薬師仏光背銘が作文されたのは「蘇我氏の時代」ということになるが、その時代が即ち「九州王朝（筑紫朝廷）の時代」であることは、古田自身が力説してきたところである。古田は「崇峻天皇の空白」を根拠に偽作説を批判したが、それはそのまま「九州王朝の空白」として古田に返って来るのではないか。

ここで考えないといけないのは「法隆寺の焼失・再建」という「事件」である。法隆寺が焼失した時の様子は『日本書紀』によると「一屋余す無し」である。これを古田は「（本尊をはじめ）一屋余す無し」(注15) と解釈したが、それには私も同意見である。

だが、そうだとするとこの「薬師如来坐像」も「焼失」

し、現在奉安されているのは「再建」後のもの、ということになろう。いわば「複製」である。そして法隆寺が焼失した天智九年には既に蘇我氏は滅んでいるから、これは「蘇我氏の時代」の仏像を「蘇我氏滅亡後の時代」に「復元」した、ということになろう。あるいは、法隆寺の再建を九州王朝滅亡後とすると「九州王朝の時代」の仏像を「九州王朝滅亡後の時代」に「復元」した、となるであろう。

つまり、この薬師如来坐像の「復元」に関与した大和朝廷の関係者には、薬師仏光背銘の内容に「改作」を加える動機は充分にあるのである。むしろ、「押韻を踏まえた純漢文」の要素を備えたこの銘文に「大王天皇」という奇妙な称号や「詔を作れ」という「天皇の命令」という珍事態が出現しているのも、「後世の改作」の結果とみるべき可能性がある。

具体的には、漢文としての押韻を崩さないようにし、且つ、文字数の辻褄を合わせるために「大」や「天」と言った「大きめのサイズ」で「強調」されている文字の数もそのままにした。が、これを裏返すと「大王」と「天皇」の二文字を「置換」したり「移動」させたりすることは、「改作者」にとって「容易」だったということである。

具体例を挙げると推古天皇は「小治田大宮治天下大王」である。推古天皇の「大王」を「天皇」に直すと、「小治田大宮治天下大王」の次の一句が「天皇」であるため「小治田大宮治天下天皇天皇」という文面になってしまう。かと言って、ここで「大王」を「天皇」に直したうえで、直後の「天皇」の二文字を「カット」すると字数が合わなくなる。

そこで、改作者は用明天皇については「天皇」とし、推古天皇については「大王天皇」とするという「不統一な称号」で「我慢」せざるを得なかった。それ以上の「大胆な改作」を加えると「押韻」や「文字数」の面でさらなる「不自然」さを生むからである。

従って、「小治田大宮治天下大王天皇」というのは「小治田大宮治天下大王」と「天皇」という、本来「別人格」の存在だった、という可能性もある。「改作前」の文面では用明天皇も「池邊大宮治天下大王」であり、大和政権の天皇は「大王」で統一されていたという解釈も可能だ。つまり、薬師仏光背銘の「大王」は大和政権の王者であり、「天皇」は九州王朝の天子であるという解釈である。この場合、用明天皇を「池邊大宮治天下天皇」としたのは後世の改作となる。

そうすると「召於大王天皇與太子」の部分も改作の可

能性が高い。これは本来「大王召於天皇與太子」ではないだろうか。「大王」(用明)が九州王朝の「天皇」と「太子」を呼んで「誓願」したのである。その内容が「寺」と「仏像」を建立する「詔」を作成することだったのである。つまり、「大和政権の大王による、九州王朝の天皇への誓願」である。

九、用明天皇による九州王朝への「誓願」

もっとも、前節で述べた「改作」の可能性は過剰に述べると検証可能性のない憶測とならざるを得ない。そこで、一度「改作でない可能性」で考えるべきであろう。

ここで考えたいのが「召於大王天皇與太子」の意味である。まず、この文の「主語」は誰か、また「大王天皇」と「太子」とは誰か、が解明されなければならない。

このうち、これまでは通説も古田学派においても「大王天皇」を「推古天皇」のことと解釈していたが、これは時系列がオカシイ。まず、銘文上では推古天皇の初出はこの後の「小治田大宮治天下大王天皇」であり、正式名称よりも略称が先に来ることは考えにくい。さらにそもそもこの時点での推古は(用明天皇が存命である以上)「大王」でも「天皇」でもない。従って、ここは「大王天皇」を用明天皇のことと解釈せざるを得ない。

そのことを前提とすると「召」の主語は「用明天皇」のさらに上位に来る人物である。「歳次丙午年」を通説通りに五八六年と解釈し、九州年号端政元年五八九年に多利思北孤が即位したと言う古田学派内で一般的な見解に従うと、これは多利思北孤の前代の倭国の天子だ。私の「十二年後差説」が適用されるならば、これは多利思北孤自身であると言えよう。

次に「太子」であるが、これは必ずしも皇太子、つまり天子の後継者の意味に解釈する必要は無いと思われる。用明天皇の正室の長男である聖徳太子でよいだろう。

その次の「誓願」は「詔を作る」ことを願っているのであるから、これは用明天皇が倭国の天子に誓願しているのである。

そして、用明天皇の没後に九州王朝の「天皇及東宮聖王」が(用明の誓願に応えて)「大命」をだした。それを「小治田大宮治天下大王」(推古)が「受賜」したのである。また「大御身を労賜せり」については「池辺大宮治天下天皇」(用明)が「倭国(九州王朝)の天子」の「大御身」を「労賜」した、ということになるだろう。九州からはるばる大和まで来た筑紫朝廷の君主を労ったのである。

これを踏まえて、薬師仏光背銘を訓み下すと次のようになる。

池辺大宮治天下天皇、大御身（多利思北孤か）を労賜せり。時は歳次丙午年、大王天皇（用明天皇）と太子（聖徳太子か）とを召す。而して「我が大御の病に太平を賜へ、坐せんと欲すが故なり。将に寺・薬師像を造らんとす。仕奉の詔を作られんことを」と誓願せり。

然るに当にその時崩じぬ。賜ひ・造り堪へざる者は、小治田大宮治天下大王天皇及び東宮聖王（歌弥多弗の利か）、（多利思北孤の）大命を受賜し、而して歳次丁卯年に仕奉せり。

なお、この場合の「太子」と「東宮聖王」は別人物であると思われる。同一の銘文で称号の不統一があるのは不自然であるからだ。

古田はこれについて「東宮聖王」を「聖徳太子」とし、「太子」を「彦人大兄皇子」であるとしたが、(注16)「東宮」は通常天子の後継者であるから、これは「倭国の東宮」と解釈するべきであろう。大和政権内部の「太子」と区別する訳に「東宮」の表記を用いたと思われる。

従って「東宮聖王」は「天皇」同様、九州王朝側の人物と見做すべきであろう。ここでいう「東宮」とは「九州王朝の東宮」である。

逆に「太子」については「九州王朝の東宮」とは「無関係」の人物である。そうすると、「大和の太子」ということになろう。もっとも先ほどの私による聖徳太子説も絶対のものではなく、古田説のように彦人大兄皇子の可能性もあるほか、用明天皇の死後に皇位をかけて争った崇峻天皇や穴穂部皇子の可能性も排除はできない。

十、大和政権の「誓願」で九州王朝が「勅願」したのが法隆寺

ここまでの結論をまとめる。

法隆寺は大和政権の大王である用明天皇（当時は大王）が九州王朝の天皇に「誓願」し、それを受けて（用明の死後に）九州王朝の「勅願」により造営されたのである。

具体的には、九州王朝の天皇と東宮聖王の連名による「大命」を大和政権の大王（推古天皇）が「受賜」する、という形式をとった。つまり、実質的には大和政権の官吏・職人等が造営したのであろうが、その大義名分はあくまで「九州王朝の勅願寺」だったのである。

[注]

（1）大橋一章「法隆寺の再建と二つの本尊」早稲田大学リポジトリ、一九九七年。
（2）古田武彦『古代は輝いていたIII　法隆寺の中の九州王朝』

朝日新聞社、一九八五年、二六九頁。
（3）頼衍宏「法隆寺薬師仏光背銘新論」『日本研究』第五十八集、二〇一八年。
（4）頼前掲論文、一三頁。
（5）古田前掲書、二六九頁。
（6）頼前掲論文、一五頁。
（7）古田前掲書、二六九～二七〇頁参照。
（8）頼前掲論文、三一頁。
（9）頼前掲論文、一七頁。
（10）頼前掲論文、三〇頁。
（11）古田前掲書、二七一頁。
（12）頼前掲論文、二〇頁。
（13）頼前掲論文、四〇頁。
（14）古田前掲書、二七四頁。
（15）古田前掲書、二四八頁。
（16）古田前掲書、二七二頁。

【一般論文】

伊吉連博徳書の捉え方について

満田正賢

伊吉連博徳書は、『日本書紀』の斉明紀に引用されている、遣唐使の動向に関する伊吉連博徳の報告書である。孝徳紀には「伊吉博得言」という別の表現で引用されている。伊吉連博徳書は、その内容が九州王朝の存在を証明するものとして、古田武彦氏の『失われた九州王朝』（朝日新聞社、一九七一）で取上げられた。私は、白村江の敗戦前後の日本の変化を見極めるために、伊吉連博徳書について改めて考察を試みた。その結果、伊吉連博徳書は純粋な記録資料ではないが、それを正しく捉えれば白村江の敗戦前後の日本の変化の見極めに役立つものであるという結論に至った。

一、「失われた九州王朝」における伊吉連博徳書の捉え方

『日本書紀』が引用した伊吉連博徳書の記事は、斉明紀五・六・七年条に引用された、己未（斉明五年：六五九）、庚申（斉明六年：六六〇）、辛酉（斉明七年：六六一）の記事である。又、孝徳紀白雉五年（六五四）条には「伊吉博得言」という表現で庚寅（持統四年：六九〇）、乙丑（天智四年：六六五）の記事が引用されている。白村江の敗戦（天智二年：六六三）前後の遣唐使の状態が記されており、そこに記された伊吉連博徳グループと「倭種」グループとの対立、唐の処遇が記されている。古田武彦氏は「失われた九州王朝」において、「倭種」を初めて史書に現れた九州王朝の使節団のメンバーと見做し、伊吉連博徳書を白村江前後の唐における九州王朝の使節団と近畿天皇家グループとの対立を知る直接史料と考えた。

二、伊吉連博徳書はいつ誰に提出されたか

（1）『日本古典文学大系版日本書紀下』（岩波書店、一九六五）補注25－一三で紹介されている説

①壱岐史が連姓を与えられたのは天武十二年（六六三）であり、伊吉連博徳書の提出は天武十二年以降である。

②白雉五年（六五四）条の伊吉博得言は伊吉連博徳書と別物である。

③斉明紀に引用された伊吉連博徳書は博徳が天武十二年以降書いたものである。白雉五年条に引用された「伊吉博得言」の帰国記事は白雉五年の出来事である。（坂本太郎説）

④斉明紀に引用された伊吉連博徳書は博徳が持統四～九年に官界復帰の為に政府に提出したもので、白雉五年の伊吉博得言は書に附属する編年的記録である。（北村文治説）

⑤「伊吉博得言」の引用文の最後に「今年共使人帰」という記載がある。この「今年」が何時を指すかについて、白雉五年（六五四）説（坂本太郎＝「今年」という言葉は、原本には「白雉五年」と書いてあったものを、『書紀』編者が行なった修正とみなす）と天智七年（六六八）説（和田英松、北村文治）があるとしているが、「『使人』とは伊吉博得等であり、天智七年説が最も有力である」という北村文治氏の説を最後に紹介している。

（2）「日本書紀と伊吉連博徳」（坂本太郎著作集第二巻、吉川弘文館、一九六〇）での坂本太郎氏の考察

①斉明五年（六五九）条に出てくる「小錦下坂合部石布連、大山下津守吉祥連」の冠位は天智が制定した冠位である。

②伊吉連博徳書には伊吉連博徳自身の功績が記されている。このことから、伊吉連博徳書は博徳が『書紀』編纂の材料として提出したものと推測出来る。

（3）私の推定

①伊吉連博徳は大宝元年（七〇一）に従五位下とあり、大宝三年（七〇三）に大宝律令制定の功労褒賞を受けている。没年は不明であるが、最終の位は従五位上となっており大宝三年以降も生存していたと思われる。養老四年（七二〇）の『書紀』完成時に生存していたかどうかはわからないが、『書紀』編纂開始時に生存していた可能性は十分にある。坂本太郎氏が推測したように、伊吉連博徳書は博徳が『書紀』編纂の指示が出された時に提出したものと考えて良いのではないか。

②白雉五年（六五四）の「伊吉博得言」の引用文には「連」という姓が記されていない。仮に『日本書紀』・孝徳紀の述者が白雉期の生き証人として伊吉連博徳から直接ヒアリングして記載したものとすると、「連」という姓が抜けていることは不自然である。一方で、「伊吉博得言」の引用文には伊吉氏が連姓を得た天武十二年（六八三）以降の庚寅（持統四年：六九〇）と、乙丑（天智四年：六六五）という年が記されている。この矛盾に答えなければならない。

③「伊吉博得言」の引用文の最後にある「今年共使人帰」の「今年」が何時を指すかについて、私は「今年」は天智四年（六六五）であると考える。「今年」帰国したと博得が記した氷連老人は、持統三年（六八九）の大伴部博麻の記事によって、白村江の敗戦の後帰国したと推定出来る。別倭種韓智興も同様である。坂本太郎氏は、この時期に何度も唐を往復した人間がいてもおかしくないとしているが、学生である氷連老人だけでなく、韓智興も伊吉連博徳も同時期に唐と日本（倭国）を往復したとは考えにくい。「伊吉博得言」において『日本書紀』編者が「修正＝加筆」したのは「今年」という表現ではなく、伊吉連博徳が連姓を得た天武十二年（六八三）以降の「智宗以庚寅年付新羅船歸」という記事と、天智四年（六六五）と重なる「定恵以乙丑年付劉徳高等船歸」という記事ではないだろうか。

④「伊吉博得言」の「今年」が天智四年（六六五）であるとすると、伊吉連博徳はまだ連姓を得る前の天智四年に即位前の中大兄に帰国報告を行ない、それが記録として残っていたと考えることが出来る。「伊吉博得言」は本来「伊吉史博得言」であったと思われる。書紀編者は、伊吉連博徳書が存在することから、あえて「史」という姓を削ったのではないだろうか。孝徳紀白雉五年（六五四）の「伊吉博得言」の主要部分は、伊吉連博徳書とは異なるものであり、伊吉史博得が中大兄に提出した帰国報告書の中の一文であったと考えられる。

三、伊吉連博徳書は純粋に事実を書き留めた記録だったのだろうか

（1）坂本太郎氏の考察

坂本太郎氏は前出の「日本書紀と伊吉連博徳」の中で次のような考察を行なっている。

①舒明四年（六三二）に高表仁が難波津に泊まったときの接待係として伊伎史乙《おと》等という名が出てくる。新撰姓氏録には、伊吉氏は長安の人劉家楊雍の後であると記している。伊伎氏は少なくとも舒明期以降対中国外

交に携わっていた。
②最後に天譴《てんけん》のあったこと（＊「大倭天報之近」という記事を指す―満田）を述べているのは、それがこの報告書の執筆の少なくとも一つの目的であったことを示している。
③博徳言は、博徳書に対し、補足的な意味を持ったものとして、博徳書とあまり隔たぬところに記されたものであろう。博徳書で問題の韓智興を特に別倭種と説明しているところが、両者の無関係でないことを思わせるのである。博徳書について考えた博徳と書紀との関係の大本は、またこの博徳言についても通用すると見てよいと私（＊坂本）は考える。

（2）私の推定

①斉明紀五・六・七年条に引用された、己未（斉明五年：六五九）、庚申（斉明六年：六六〇）、辛酉（斉明七年：六六一）の記事は、伊吉連博徳書が『日本書紀』編纂を意識して作成された報告書であるならば、「事実を、『日本書紀』編纂による歴史創作の方針に沿った内容に粉飾して記した報告書である」と考えることが出来るのではないか。例えば「天子相見問訊之、日本國天皇平安以不」など、あたかもこの時点で唐の天子が日本国天皇に対応しているが如き表現は、明らかに粉飾されたものと考える。
②伊吉連博徳書の中でポイントとなる記事を孝徳紀白雉五年（六五四）条の「伊吉博得言」のそれとつなぎ合わせると次のようになる。

「別倭種韓智興・趙元寶」→「韓智興傔人西漢大麻呂、枉讒我客。客等、獲罪唐朝已決流罪、前流智興於三千里之外、客中有伊吉連博徳奏、因卽免罪」→「爲智興傔人東漢草直足嶋所讒、使人等不蒙寵命。使人等怨徹于上天之神、震死足嶋。時人稱曰、大倭天報之近」

この一連の記事の解釈は、古田武彦氏が「解説に代えて」という文章を寄稿した李鐘恒氏の「韓半島からきた倭国―古代加耶族が建てた九州王朝（新泉社、一九九〇）」の中で詳しく考察されているが、私なりにまとめると、「（我々とは異なる）倭国の使節団が余計なことを話したので、唐朝は流罪を決めたが、私（＊博徳）が申し立てをして流罪を免れることが出来た。又倭国の使節団が余計なことを話したので、使人（＊博徳等）は唐の天子の寵命を受けることがなかった。大倭（＊倭国）が天の報いを受ける日は近い」と解釈出来る。
③私は、伊吉連博徳が、唐における倭国から日本国への交代を推進した当事者として、精一杯自分の手柄を誇

示したのが伊吉連博徳書ではなかったかと考える。倭国から日本国への交代という史実は『日本書紀』では隠されているが、博徳が自分の手柄を誇示するためには、それに触れざるをえなかったのではないだろうか。

④伊吉連博徳書は『日本書紀』編纂の為に提出されたと考えられるが、博徳は天智四年（六六五）に中大兄に提出した帰国報告書の中で、すでに上記の主旨を誇示していたのではないか。それ故に「伊吉博得言」の中で「別倭種」という、『日本書紀』編纂上危険な言葉が用いられていたのではないだろうか。

⑤「伊吉博得言」の中にある「別倭種」という言葉は伊吉連博徳書の最後に使われた「大倭天報之近」という言葉と呼応しているように思える。山田宗睦訳『原本現代訳日本書紀』（ニュートンプレス、一九九二）では、「倭種」については、「日本人との混血児（古典文学大系）説はとらない。倭国人の意」という注釈がついており、「大倭天報之近」については「この大倭を通説のように大和ととると文意が通じない。大倭すなわち倭国で、その天報＝滅亡も近い（白村江の敗戦）、というのである」という注釈がついている。山田氏は古田説に好意的ではあるが、『原本現代訳日本書紀』の注釈で特別に古田説を紹介しているわけではない。山田氏があえて注釈でコメントしたように「別倭種」、「大倭」が白村江の敗戦を契機にして最終的に「日本国＝近畿天皇家」と王朝交代することになる「倭国＝九州王朝」を指していることは疑いがないように思える。

四、まとめ

「失われた九州王朝」も、前出した李鐘恒氏の「韓半島からきた倭国」も、伊吉連博徳書と「伊吉博得言」を貴重な同時代資料と見做してきた。一方私は、伊吉連博徳書が『日本書紀』編纂の為にまとめられた報告書であり、「倭種」という表現のある「伊吉博得言」の主要部分は天智四年（六六五）に伊吉史博得が中大兄に提出した帰国報告書であると推測した。

上記の想定をもとに白村江の敗戦前後の日本の変化、九州王朝と中大兄の関係などを再検証することが必要ではないかと考える。そして検証にあたっては、「伊吉博得言」に「別倭種韓智興・趙元寶」という『日本書紀』本文に現れない人物名が記されていることから「九州王朝の実態はすべて『日本書紀』に事実を改竄して記されているわけではない。大半の部分は全く隠されている」という視点を持つことが必要であると考える。

【一般論文】

『斉明紀』の「遣唐使」についてのいくつかの疑問について

阿部周一

要旨

「伊吉博徳（博得）」がいう「今年」とは「慶雲元年（七〇四年）」と考えられ、「今年共使人歸」の「使人」とは「遣唐執節使」である「粟田真人」を指すものと考えられること、「東漢草直足嶋」が「震死」したとされるのは「朝倉の朝廷」においてであると見るべきこと、「博徳」達の行程の日付として「長安」に到着した時点は「十月十五日」ではなく「潤十月十五日」と表記すべきものであったと見られること、以上を考察します。

一、「伊吉博徳（博得）」がいう「今年」とは

『書紀』の「白雉四年」と「五年」には連年の「遣唐使」発遣記事があり、その「白雉五年」の「遣唐使」記事に続いて「伊吉博徳（博得）」の言葉が書かれています。

「伊吉博得言　學問僧惠妙於唐死　知聰於海死　智國於海死　智宗以庚寅年付新羅舩歸　覺勝於唐死　義通於海死　定惠以乙丑年付劉德高等舩歸　妙位　法謄　學生氷連老人　高黄金并十二人別倭種韓智興　趙元寶　『今年』共使人歸。」（白雉五年二月条細註）

この記事の中に「今年」とあり、これがいつの事なのかについては諸説があるようです。「大系」の「注」では「『天智三年』から『七年』の間の某年」とされており、不定と考えられているようです。また、「天智四年」（六六五年）という説もあり、「古田史学の会」の正木裕氏も「天智四年」説を採られたようです。(注1)

「大系」の「補注」にはその正木氏も引用されたように複数の学説が書かれていますが、いずれも納得できないものです。以下に理由を述べます。

（一）この「今年」が「白雉五年」とする説は、この「伊吉博得言」という「談話」様のものが「六五四年」の「白雉五年」の条に書かれていることを根拠としているわけですが、それでは「遣唐使」として送られたにも関わらず、直後に帰国したこととなり、あり得ないと思われます。

「遣唐使」は通常「学業」や「僧侶」としての「修行」などにかなり時間を要するのが普通であり、「翌年」に帰国していると考えるのは、はなはだ不審であることとなります。

（二）説の中には「伊吉博徳」が、「坂井部連磐積」を「筑紫都督府」に送ってきたという「司馬法総」を「送り返す」という職務を果たして帰国した「天智七年」という年次が「今年」であるというものもあり、それによれば「使人」とは「博徳」自身のこととされます。しかし、「伊吉博得言」とはすなわち「伊吉博得」の語ったところによると、ということであり、この説に従えば「自分自身」を「使人」と呼称したこととなりますが、「使人」とは通常他人を指して言う用語と考えられ、そう考えると「天智七年」という説も疑わしいこととなります。

（三）また「天智四年」などの他の説についても、以下の「決定的」な理由により「不審」とされるものです。

すなわち、ここで使われている「今年」という言葉は「是年」とは違うわけであり、「伊吉博得」が「遣唐使」として送られた人物達の消息を「語っている」その「現在時点」としての「今年」であると考えるべきです。つまり「今年」とは「いつのことなのか」という質問は即座に「この記事」が「伊吉博得」により「話されたのはいつなのか」と言うことと同じこととなります。

それを示すものは彼「伊吉博得」が「話している」この文章中にあります。この「共使人帰」という部分までが彼の「言」の内容と考えられるわけですが、そう考えると、ここには「年次」が書かれている部分があり、そのうち「最も遅いもの」は「智宗以庚寅年付新羅船帰」という部分に書かれた「庚寅年」（六九〇年）です。つまり、この「今年」というのは、少なくともこの「庚寅年」（六九〇年）よりも「後年」のことと考えざるを得ません。

この部分が後からの「補入」（偽入）でない限り、この年次が「今年」の上限と考えられます。そうでなければ、この部分は現在（今年）よりも先の事（未来の事）を話していることとなる「矛盾」が発生してしまいます。

（四）では「庚寅年」（六九〇年）以降のいつなのか、ということとなりますが、ここに書かれた「妙位・法謄・學生氷連老人・高黄金并十二人別倭種韓智興・趙元寶今年共使人歸。」は合計十八名になり、かなり多量の人数と考えられ、これほどの数の人間の帰国は「遣唐使船」が用意されなければ実現できなかったものと思われます。「新羅船」などを想定する場合は、彼らの様に多数の人間がなぜ「新羅」にいるか、ということが疑問とならざるを得ず、「唐」から「新羅」まで帰国途中であったと推定することとなりますが、「定恵」や後の「大伴部博麻」の帰国の際に一緒であった「大唐學問僧智宗、義徳、淨願」のようにせいぜい「三〜四人」程度なら理解できますが、「総勢十八名」が「一斉に」帰国途中であって、「新羅」まで来ていたと想定するのは無理があるものと思われます。

(五)さらに「共使人歸」という表現は「彼ら」と「使人」が「共に帰ってきた」という表現であり、「使人」も「帰国」した、ということと考えざるを得ません。すると「使人」も「倭人」であるということを示していると考えられます。これは「劉徳高」などの「唐使」には似つかわしくない表現であると考えられるでしょう。

「伊吉博得言」の中でも「付新羅船歸」とか「付劉徳高等船歸」というように、外国の船で帰国した場合は「付〜帰」という表現を使用しており、区別されているようです。

以上のことから考えると、「八世紀」最初の遣唐使の帰国である「慶雲元年(七〇四年)」が「今年共使人歸」の「今年」に該当すると考えるのが最も妥当ではないでしょうか。

つまり「使人」とはこの時の「遣唐執節使」である「粟田真人」を指すものと考えられるわけです。

そもそも「遣唐使」は「六六九年」の「小錦中河内直鯨」等の「遣唐使」を最後に長期間(三十年以上)途絶えていたわけであり、前記したように「新羅」の船で帰ってくる者もいたと思われますが、大多数の人間は「帰るに帰れない」状態となっていたものでしょう。

ただし彼らの帰国に対して『続日本紀』中には特段記事がなく、顕彰している風もありませんが、彼らは元々「遣唐使」であり、唐において学業等に励むことが仕事であったわけで、滞在期間が長かったとしても別に「不遇」な人生というわけでもなかったと判断されたのでしょう。そのため、帰国に際して「特記」すべき事情がなかったものと判断され、記事として残っていないのではないかと推察されるのです。(「官奴婢」となっていたと思われる戦争捕虜と違い「良民」としての地位は確保されていたものと推量します。)

「伊吉博徳」は「八世紀」に入って『大宝律令』撰定に関わった人物として『続日本紀』にその名前が書かれ

ており、またその「功」を認められ、多大な褒賞を受ける栄誉に浴しています。そして、この「褒賞」を受けたのは、推定される「今年」である「七〇四年」の「前年」のことです。

彼は「倭国」の外交の第一線で長年活躍してきた人物であり、その後律令編纂に携わるという大業をも成し遂げたものです。その彼がこの時点でその外交その他自己の活動の詳細を記録した「覚書」の様なものを残そうとしたと考えたとしても不思議ではありません。そして、それが「伊吉博徳書」として『書紀』の「斉明紀」に「遣唐使」派遣記事の「注」として引用されているものと考えられます。

こういう一種「回顧録」のようなものが、自分の一生の終わり近くに「自分の人生の総括として」書かれるものであろうことを想定すると、それが書かれたのがこの「律令撰定」修了時点であると考えるのは「自然」です。もちろん「メモ的」資料は以前からあったと考えられますが、それが「書」としてまとめられたのは「八世紀」に入ってからではなかったかと推量するわけです。

その「伊吉博徳書」と『書紀』中の「伊吉博得言」というものが「同系統資料」であることは明白であり、この二つは「同一内容」か、「同一時点」での記録と考えられます。つまり、この「伊吉博得言」という記事は、「八世紀」に入ってから「話された」可能性が高いものと思われます。

そもそも『書紀』自体が「八世紀」に入り「七二〇年」という完成時期まで編纂が続いていたことは明白と考えられ、その「八世紀」の朝廷に彼は参画していたわけですから、彼への直接取材があったとしても不思議ではありません。

以上のことから「伊吉博得言」の「今年」とは「七〇四年」のことであり、しかも「遣唐使帰国後」のことと考えると「秋七月」という帰国日時以降年末までのどこか、と考えるのが有力と思料されるものです。しかもこの「秋七月」というのは「筑紫」（「大宰府」）への到着日時と考えられ、「朝廷」への帰朝報告はその年の「十月辛酉」とされていますから、更に時期は限定できると思われます。

もし「今年」というのが「七〇四年」ではなく、彼らの帰国がもっと早かったとする場合（たとえば「天智四年」（六六五年）の「劉徳高」の来倭の時期など）、それは「伊吉博徳書」のもっと早い完成を想定する場合や、もっと早い時期に彼の話を聞いて書いたとする場合を想定しますが、その場合「智宗以庚寅年付新羅船歸」の一文を後になって付加したと考えざるを得なくなるわけであり、そう考えるにはそれを証明する（ないしは「示唆する」）別途の記録などの存在が不可欠と考えられます。

これについては「岸俊男」氏の書(注2)の中でこの「今年」について言及があり、『「今年」は文中に「庚寅の年（持統四）がある以上、それ以後とすべきであろう』とし『この使人を遣唐使とすれば、「慶雲元年」以外になく』とも書いていますが『やや遅すぎると思う』とされて、結局棄却されています。「棄却」の理由は「大伴部博麻」の帰国の際の「持統天皇の詔」と矛盾すると考えられたためのようです。

「持統天皇」の「詔」の中では「大伴部博麻」が「筑紫君薩夜麻」達「四人」のために「体」を売って帰国資金を捻出した結果、「富杼等依博麻計得通天朝」ということとなったとされており（「博麻謂土師富杼等曰。我欲共汝還向本朝。縁無衣粮。倶不能去。願賣我身以充衣食。富杼等依博麻計得通天朝。」（持統四年十月二十二日条）と書かれています）、この文章の「富杼等」という中に「氷連老」という人物がいたと考えているわけです。

「氷連老」は前述の「伊吉博得言」の中に出てくる「妙位・法謄・學生氷連老人・高黄金并十二人別倭種韓智興・趙元寶今年共使人歸。」と書かれた中にその名前がある「學生氷連老人」と同一人物と考えられ、この人物の帰国した年である「今年」が「慶雲元年」（七〇四年）となるのでは、「持統天皇」の「詔」と時期的に「矛盾」すると考えられたというわけです。

確かにこの「持統天皇」の「詔」の中では「富杼等」というように「複数形」で書かれていますが、この「等」が「土師連富杼。氷連老。筑紫君薩夜麻。弓削連元寶兒」の四人全員を指すかというとそうではありません。そもそも「大伴部博麻」が「献身」して帰国費用を捻出させたはずの「筑紫君薩夜麻」が帰国したのは「六七一年」のことであり、明らかに「富杼等」という中に「薩夜麻」は入っていません。

「持統天皇」の詔にある、「薩夜麻」達を帰還させるために「大伴部博麻」の献身が提案された年次である「天命開別天皇三年」というのが何年のことなのかについては、諸説があるものの「書紀」中の「天命開別天皇の何年」という例は全て「称制期間」のことなので、ここでいう「天命開別天皇三年」も同様に「称制期間」と考えられ、「六六四年」のこととなると考えられます。すると「薩夜麻」の帰国はその時から「七年」も経過していることとなり、「博麻」の献身とは関連性が薄いと判断されるものです。

「薩夜麻」について言えば「倭国」中枢部の一人であったと思われ、相応の処遇をされていたものと考えられるものであり、そのような人物の帰国に要する費用が「自腹」であるはずがないと思われます。つまり、彼の帰国費用など元々「博麻」が負担すべきいわれはなかったと考えられるのです。

つまり、「富杼等」の帰国の際に「四人全員」が「同時」に帰国したわけではないこととなりますが、それでは残り三人は同時に帰国したのか、というのははっきり言えば「不明」です。ただ、明らかに「等」と書かれているわけですから複数であることは明確であり、名前の出ている「富杼」と「誰か」が同時に帰国したものと考えられますが、そのことは「氷連老」の帰国が「慶雲元年（七〇四年）」であり、「富杼」とは別であったとしても、一概に「持統天皇の詔」と矛盾する、ということではないものと思料します。

二、「東漢草直足嶋」の「震死」事件について

すでに見たように『斉明紀』には『伊吉博徳書』からの引用があるわけですが、それについては彼が「遣唐使」として派遣された際の「帰朝報告書」であるという考えもあるようですが、そうは思われません。なぜならその『伊吉博徳書』の中に「朝倉朝廷」に帰国してから起きた事件について記述があり、その内容は「帰朝報告書」としては「不適切」と思われるものだからです。

彼ら「伊吉博徳」を含む遣唐使団は、「唐皇帝」から「海東の政」（百済と高句麗に対する戦闘行動を指す）があるから還すわけにはいかない、とされ「洛陽」と「長安」に離れて「幽閉」されてしまい、「百済」が「唐」と「新羅」の連合軍により滅亡した後になってから解放され、「六六一年」になって帰国したわけです。この際の事情は『伊吉博徳書』によると、帰国途中船が迷走し「耽羅」（済州島か）に流れ着いた後、「筑紫」の「朝倉の朝廷」に到着し「奉進」、つまり「帰国報告」を行ったわけですが、そこには以下のように書かれています。

「又為智興傔人東漢草直足島所讒 使人等不蒙寵命。使人等怨 徹于上天之神 震死足島。時人稱曰 大倭天報之近。」（斉明七年五月二十三日条細註）

この記事については「通常」は「唐朝廷」における話と思われているようで、「寵命」は「唐の皇帝からのもの」と理解されているようです。「大系」の「頭注」も「断定」は避けつつ「同様の記事である」という言い方をしています。しかし、そう考えるには以下の不審点があります。

(一)この『伊吉博徳書』の話の展開はほぼ「時系列」に沿っており、もしこの「足島」讒言が「洛陽」での話であったとすると、その時点での記録がされていてしかるべきですが、「三千里流罪」事件時点では書かれていません。「倭国」に関係している人物が「死亡」しているわけですし、それに関する記事がその時点で書かれないということはあり得ないものと思われます。

(二)また、仮に「震死足島」が「洛陽」で起きたこととすると「唐」国内で起きた事案に対して「大倭」の「天」の「報い」であると表現されていることには違和感があるというべきでしょう。それほど遠距離まで「大倭」の「天」の「神意」が有効であったとか到達したというようなことは考えにくいと思われます。古代においては「依り代」があれば別ですが、なければ「祭神」として祭られている場所(社)の「中」(境内など)では神威を示すことはできても、そこを離れるとその「有効性」が著しく減ずるというものではなかったかと考えられます。(そもそもそのような領域を「境内」と称したものであり、その範囲の区画となるべき地点を「境」と称したものです。)

(三)また「足島」が「洛陽」で「讒言」した「報い」が「倭国」に戻ってから起きたのだとすると「大倭天報之近」というように、「怨み」が神に通じて効果が出るまでが「近い」(早い)と表現されていることと齟齬するでしょう。この「讒言」が「西漢大麻呂」の「讒言」と同一事象であると考えると、「六五九年十二月三日」の事件であることとなり、帰国したのは「六六一年五月二十三日」ですから約一年半もあるわけであり、とても「近い」とは言えないわけです。

(四)さらに、「東漢草直足島」の「震死」に関連すると思われるものが、この『伊吉博徳書』が挿入されている直前の記事です。その記事は天皇が「朝倉」に「遷居」した際に「朝倉社の木」を切って神の怒りを買い、鬼火が出たり、近習するものに病死者が出たりした、というものです。

「斉明七年五月　乙未朔癸卯　天皇遷居于朝倉橘廣庭宮。是時斮除朝倉社木而作此宮之故　神忿壞殿。亦見宮中鬼火。由是大舍人及諸近侍病死者衆。」

この記事に続けて上で見た「徹于上天之神　震死足島」という『伊吉博徳書』に繋がるわけです。

どちらも「神」の怒りに触れて死ぬという共通点があり、これらの記事が同じ文脈の中にあり、しかも「連続」しているということから、これら二つの事件の間に「関連」があると考えるのは当然です。

以上のことから、この「東漢草直足島所讒」から始まり、「震死足島」ということとなったという一連の記事内容は「帰国時点」での「朝倉之朝」における事象であると考えられ、この「讒言」事件は、帰国した「朝倉」の朝廷でも「韓智興」の供人に「讒言」されて「倭国王」から「使人等不蒙寵命」ということになったという顚末と考えられるのです。

「韓智興」本人はこの時帰国していないものと考えられますが、彼は「供人」を「伊吉博徳」らの遣唐使とともに帰還させ、事の顚末について「報告」したものと思われます。それが「東漢草直足島」だったのではないでしょうか。そして、その「朝倉之朝」への報告の時点で再び「讒言」をしたというわけです。そしてその内容が「伊吉博徳」等の方に、より事件の原因があるかのようなものだったのでしょう。彼らの帰国時点（六六一年五月現在）の「朝倉之朝」の倭国王はその時「東漢草直足島」側の話の方を信じたというわけであり、そのため「寵命」を受けられなかったということと推察されます。このことを「伊吉博徳」等が「怨んだ」ところ「直ぐに」「上天之神」に伝わり「震死足島」となった、ということから「大倭天報之近」という表現になったものと考えられます。このように解釈すれば、彼らはすでに「倭国」に帰っているわけですから、「大倭」の「天」の「報い」という言い方もうなずけるものですし、「怨ん」でから「近い」という表現もまさにその地のことですから、その通りであると考えられ、これらのことはこの「足島讒言」という事件が「洛陽」滞在時点での事象でないことを証明するものと考えられます。

このような内容を含んでいる『伊吉博徳書』が「帰朝報告書」であり当の「朝倉朝廷」に提出されたと考えるのは「失当」ではないでしょうか。上の文章の問題の部分は、その「朝倉朝廷」との「軋轢」が書かれていると も言えるものですから、これは「報告書」としてはなはだ「そぐわない」ものと考えられ、この『伊吉博徳書』が本来「公的」な資料ではなかったことを物語っているものと推察します。

三、「伊吉博徳」達の行程に対する疑義

この時の「博徳達」の行程には不審な点があります。『書紀』に引用された記録によれば「越州の底」に到着したのが「九月二十二日」とされているのに対して、「長安」に向かって出発したのが「潤十月一日」ですから、一ヶ月以上も滞在していたこととなります。それにしてはその後「馬」に乗って（というより「馬車」を使用したか）急いで移動しているように見られ「越州の底」から「長

安」まで「十五日間」ですから、これは通常の移動の日数を遙かに上回るものと思われます。

この「越州の底」というのが具体的にどこを指すかやや不明であり、またどのようなルートをとったかも不明ですが、仮に現在の浙江省の南側地域（温州付近か）から「重慶経由」で「長安」（現在の西安）まで移動したとすると、ざっと道のりで二千キロメートル程度あります。しかも高低差もかなりありこれを十五日間で移動していることとなりますから、一日百三十キロメートル以上となってしまいます。

記録をよく見ると出発時には「潤十月一日」とあるのに対して「長安」に到着した時点では単に「十月十五日」とあります。その前に一ヶ月以上の空白があることを考えると、この「潤」の字は本来「到着」の日付である「十月十五日」に冠されるものであったと考えられないでしょうか。それを裏付けるのは記事の中での日付表記のルールです。

この「十月十五日」を除くすべての例において同月の場合は「月名」表示がされていません。つまり『伊吉博徳書』の中では同月の場合は以降出てくる日付には「月名」を表示しないという彼なりの決め事があったように見受けられるのです。（以下『伊吉博徳書』の中の日付の全出現例）

「己未年七月三日」「八月十一日」「九月十三日」「十四日」「十五日」「十六日」「廿二日」「潤十月一日」「十月十五日」「廿九日」「卅日」「十一月一日」「十二月三日」「庚申年八月」「九月十二日」「十九日」「十月十六日」「十一月一日」「十九日」「廿四日」「辛酉年正月廿五日」「四月一日」「七日」「八日」「九日」「五月廿三日」

従来はこの中の「十月十五日」という表記は「潤」の一語が脱落しているとみていたわけです。なぜなら並びとしては十月の次が潤（閏）十月であり、その次に十一月が来るわけです。そう考えると上の例の中の『「潤十月一日」「十月十五日」』という並び順は明らかにおかしく、その意味で「十月十五日」には「潤」が脱落しているとみていたわけですが、そうであれば上にみた彼自身の「同月内では月名を書かない」という表記ルールに反していることとなるわけです。そうでなければ「十月十五日」の例が同月でありながら月名が表示されている唯一の例外となってしまいます（しかも「潤」字が脱落していることとなる）。

上にみたように長安までの行程に疑義があることを踏まえると、この「十月十五日」を例外と考えるよりは「潤」字の入る場所が違うという可能性を考える方が合理的であり、「潤十月一日。行到越州之底。十月十五日乗騨入京。」という文章は実際には「十月一日。行到越州之底。潤十月十五日乗騨入京。」というのが本来あるべき表記ではなかったかと考えられることとなります。

ただし、この「十月十五日」という表記については、参考にした国史大系本『日本書紀』や江戸時代の伴信友の校訂本、それに一九二〇年代に出された『仮名日本史書紀』などには「十月」という月名が書かれていますが、近年の岩波の「古典文学大系」や「新古典」などやその他新しく出版されたものでは「省略」されています。多分根拠としては『釈日本紀』で「閏十月一日」の項に書かれた結論としての「十月」という表記は誤りであるとしたものに従ったものでしょう。それによれば「十月十五日」という表記が原文にはあるものの、「十月」の二字は「衍」(余計)であり、ないのが正しいとしています(『仮名日本紀』の例によるとされます)。しかし「私記」によればという中には、「閏」の付く場所が前後している、というように私見と同様の理解もされておりますが、これはとられなかった模様です。このようにすでに議論が起きていたようですが、それは上に述べたような矛盾によると思われ、結局現行出版されている『日本書紀』では「十月十五日」という表記から月名を削除するという形で「解決」をしたものと推定します。しかしそれでも以下に見る矛盾があります。

もし仮に「潤十月一日」の「潤」が誤記であり、実際には「十月一日」であったとすると、「移動」には「四十五日」程度かかったこととなりますが、そうであれば一日あたりの移動距離は四十キロメートル弱程度に収まりますから可能な範囲といえます。

『伊吉博徳書』には「所乗大船及諸調度之物留着彼處。」とあり、彼等は上陸した場所に「皇帝」に献上すべき「調度品」をとりあえず残していたようですから、かなり身軽であったとは思われるものの、「蝦夷」の人達を連れていたことやその「蝦夷達」が持参した「貢献物」はそのまま持って行ったらしいですから(「難波吉士男人」の残した記録によれば「白鹿皮一。弓三。箭八十。」を献上しています)これ以上のスピードアップは困難であったと思われるのです。

その後「高宗」の不在を知って「長安」から「洛陽」まで約三百五十キロメートルを十四日間で移動していますが、この場合は一日あたり二十五キロメートル程度ですから、それと比較しても「倍」程度となって、変わらず「高速移動」ではあるものの、まだしも非現実的ではないと思われます。(ちなみに「高宗」は同じ「長安―洛陽間」

を二十日間かけて移動しており、当然ですがかなり「ゆっくり」としたものだったようです。）

この行程のペースについては彼らの帰国する際の行程に要する日数が参考になるでしょう。彼らは「百済」が「唐・新羅」連合軍に敗れ「義慈王」以下が「洛陽」に連行された時点以降解放されたとされ、その後帰国の途に就いています。

（以下『伊吉博徳書』より）

「十一月一日。爲將軍蘇定方等所捉百濟王以下。太子隆等諸王子十三人。大佐平沙宅千福。國弁成以下卅七人。并五十許人奉進朝堂。急引趍向天子。天子恩勅。見前放著。十九日。賜勞。廿四日。發自東京。…辛酉年正月廿五日。還到越州。…」（斉明六年七月十六日条細註及び斉明七年五月二十三日条細註）

これによれば「洛陽」から「越州」（「還到」という表現からこれは出発時の「越州之底」という場所を示すと思われます）までおよそ二ヶ月（六十日）要しています。この間の距離は約千四百から千六百キロメートルと推測され、一日あたりでは約二十三から二十七キロメートル程度となります。これは「洛陽」に移動するために「長安」から要した移動の行程とほぼ同程度となりますが、想定される「往路」と違ってある程度「余裕」を持った行程ともいえるでしょう。「往路」は期限（日程）が切られているという事情から多少急ぐのは自然ですから、四十五キロメートル程度であれば想定としてそれほど不審とは言えないと思われ、そう考えると『伊吉博徳書』の記載の「潤」の入る位置はやはり「間違い」と思われるわけです。

［注］

(1) 正木裕「薩夜麻の『冤罪』I」『古田史学会報』八十一号、二〇〇七年八月十五日。

(2) 岸俊男『日本古代籍帳の研究』（塙書房、一九七三年）の中の『造籍と大化改新詔』「改新詔凡条と令」の「注三十」にこの「今年」についての考察があり、そこでは「慶雲元年」とした場合「大伴部博麻」に対する「詔」の年次との矛盾があると考察している。

【一般論文】

俾彌呼《ひみか》の鏡

——北九州を中心に分布する「尚方作《しょうほうさく》鏡」が下賜された——

服部静尚

一、はじめに

『魏志倭人伝』によると、景初二年（二三八）十二月、魏の明帝は次のように卑弥呼（『三国志』では俾彌呼とあるが、以降簡略化してこの字で記述する）の使者に多くの宝物を与える。

——「親魏倭王卑弥呼よ、帯方太守の劉夏の使者が、汝の使者難升米と都市牛利そして汝が献上した男の生口四人・女の生口六人と班布二匹二丈を届けた。汝の国ははるかに遠く、使者を派遣し貢献したことは汝の忠孝のあらわれである。私は今汝を以て親魏倭王とし金印紫綬を与える。これを帯方太守に付託・仮授する。汝の国人を安撫し（魏に）孝順するよう勧めよ。」「難升米と牛利の遠路労苦をねぎらい、引見し難升米を率善中郎将とし、牛利を率善校尉とし、銀印青綬を与える。次の下賜品を持たせて帰途させる。絳地《こうち》交龍錦《こうりゅうけん》（赤色地に交龍を描いた錦）五匹（一匹は幅五十三センチメートル長さ九・六メートルの反物）、絳地縐粟罽《こうちすうぞくけい》（赤色地のちりめん毛せん）十張、蒨絳《せんこう》（茜・赤）五十匹（約四百八十メートル）、紺青五十匹を汝の貢献への返しとする。また、特に汝に紺地句文錦三匹、細班華罽五張、白絹五十匹、金八両（約百十グラム）、五尺刀二口、銅鏡百枚、真珠・鉛丹（光明丹）各五十斤（約十一キログラム）を下賜し、これらを皆、封装して難升米と牛利に付託する。彼らが帰着したら記録し受取り、これらの総てを汝の国人に示して、我国が汝をいとおしんでいることを周知せよ。そのために汝の好物を鄭重に授与するのである。」

正始元年（二四〇）、（帯方郡）太守弓遵《きゅうじゅん》は建中校尉の梯儁《ていしゅん》等を派遣し、梯儁等は詔書、印綬（親魏倭王という地位の認証状と印綬）を捧げ持って倭国へ行き、倭王に授けた。並びに、詔をもたらし、金、帛、錦、罽、刀、鏡、采物を下賜した。倭王は使を通して感謝の意を上表した。——

ここに見える絳地交龍錦の龍は、黄帝以来皇帝の象徴であったとされるものである。他のいずれもが皇帝からの下賜品に相応しいと言えるが、その中に銅鏡百枚がある。

この銅鏡百枚を三角縁神獣鏡《さんかくぶちしんじゅうきょう》とする説が、主に邪馬台国近畿説の研究者によって唱えられてきた。ここでは、三角縁神獣鏡が皇帝からの下賜品《かし》として相応しいのか、そうでないとすれば下賜された銅鏡はどういうものなのかについて考察する。

二、卑弥呼がもらった鏡は三角縁神獣鏡か

当時の実用品としての鏡は、外径が十センチメートル前後の小さな銅鏡だが、これに対して次のような特徴を持つ三角縁神獣鏡がある。（以下は樋口隆康氏による定義。）

・径二十センチを超える大型品が主体
・縁の断面が三角形
・外区には鋸歯文帯・複線波文帯・鋸歯文帯がほどこされている
・内区外周に銘・神獣・唐草文・波文・鋸歯文・半円方形帯のいずれかが配される
・内区には四～六個の小乳で区分され、その間に神像・瑞獣を配置する
・銘文は七字句数種と四字句一種がある

この三角縁神獣鏡こそが卑弥呼がもらった銅鏡だと、多くの学者が支持する。『ウィキペディア（Wikipedia）』によると次を根拠とする。そして三角縁神獣鏡が奈良県・京都府・大阪府の古墳から多く発掘されていることより、卑弥呼の居場所つまり邪馬台国が畿内にあった証拠とするのである。

①福山敏男氏（一九八七）卑弥呼が魏に使節を派遣した『景初三年』を記した銘文がある。
②富岡謙蔵氏（一九一六）『銅は徐州から出、師は洛陽から出る』という銘文がある。
③田中琢氏（一九八五）魏の鏡と共通する特徴がある。
④馬淵久夫氏（一九九六）成分分析によって鉛の成分が魏鏡に似る。

ところが、同じく『ウィキペディア（Wikipedia）』などによると、次のような反論がある。

①王仲殊氏（一九八一）三角縁神獣鏡は中国から一枚も発見されていない。「景初四年」という実在しない年号を記した銘文がある。三角縁神獣鏡には魏ではなくて、呉の鏡と共通する特徴がある。

②古田武彦氏（『鏡が映す真実の古代史』ミネルヴァ書房、二〇一六年）三角縁神獣鏡は国内で百枚を大きく超える数で出土している。

③新井宏氏（二〇〇七）銅鏡に含まれる鉛の同位体成分分析によって、その鉛の産地は朝鮮半島もしくは神尾鉱山と推定される。魏で鋳込まれたものでない可能性が大きい。

④森浩一氏（一九七八）黒塚古墳の発掘状況からみて三角縁神獣鏡は他の鏡に比べて粗雑に扱われている。そして鏡の多くは（卑弥呼の三世紀ではなくて）四世紀の古墳から出土している。銘文が稚拙である。

等々、三角縁神獣鏡は卑弥呼の鏡ではないという説の根拠には説得力があるように見える。

この点を確認する。『日本列島出土鏡集成』下垣仁志氏（二〇一六）によると、出土地が不明の五十面を含めて、合計五七八面の出土がある（図1）。

卑弥呼に下賜された百面という数を大きく超える出土があって、しかも朝鮮半島や中国本土での出土がない。

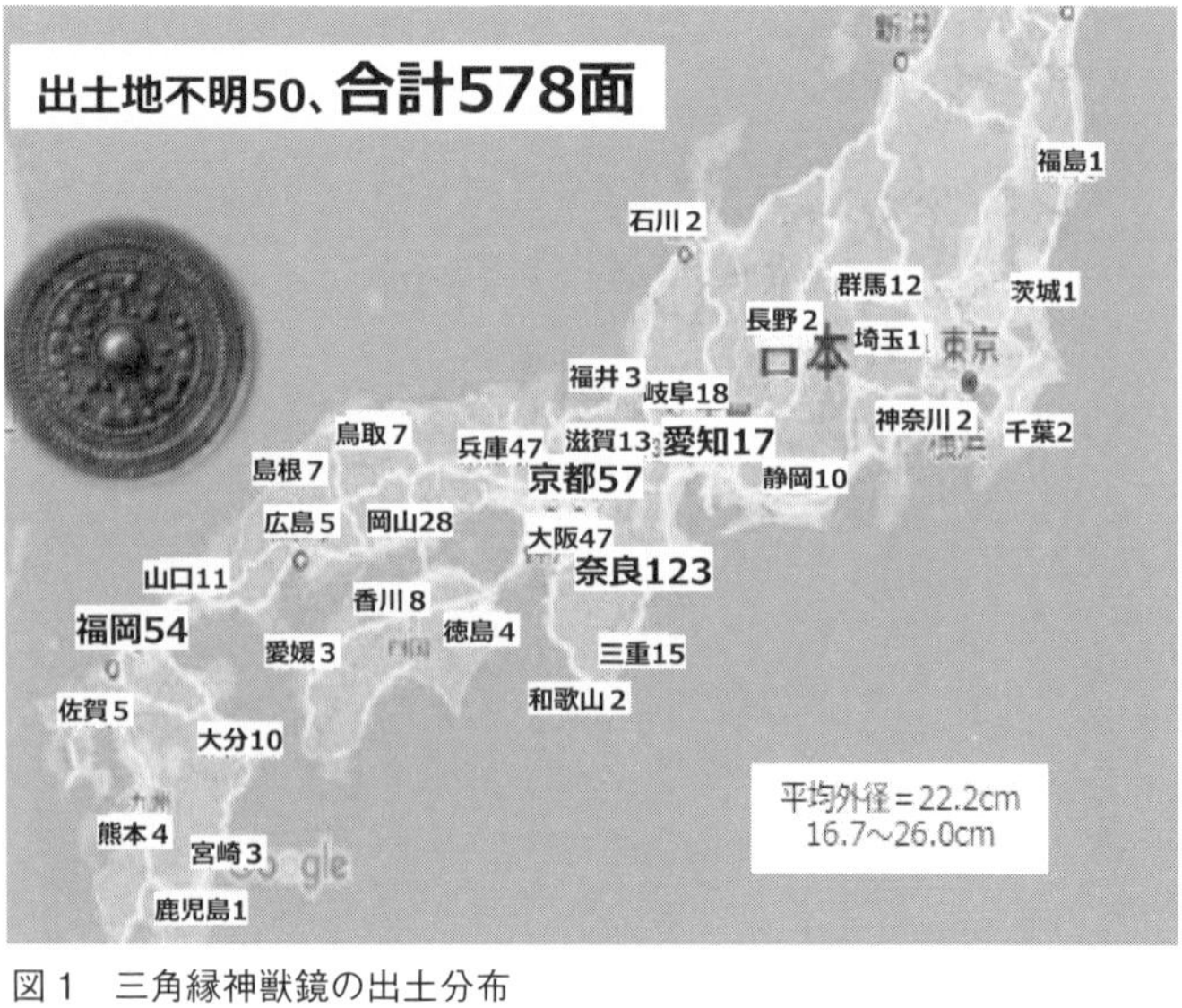

図１　三角縁神獣鏡の出土分布
下垣仁志『日本列島出土鏡集成』(2016年) より

奈良・京都・大阪・兵庫を中心として、もう一つの多出土地は福岡であり、次に岡山・岐阜・愛知が続くという分布である。

次頁に示す同時代もしくは重なる時代の「弥生小型仿

製鏡の出土分布」や「庄内式土器・並行期土器の出土分布」を見ると、これらは北九州を中心にして朝鮮半島の南部から東北地方に広く分布する明らかに異なる分布である。つまり三角縁神獣鏡の出土分布は、卑弥呼の時代のその他の遺物の出土分布と全く違っているのである。

つぎに、銅鏡の原材料に含まれる鉛同位体について確認する。銅鏡には銅とスズに加えて少しの鉛が含まれている。この鉛には、質量が204・206・207・208の四つの安定同位体が、ある一定の比率で含まれている。この比率が原料鉱物の産出地によって異なるので、そこから産出地の推測がある程度可能となる。

図２　弥生小型仿製鏡（Φ 10 以下）の出土分布
下垣仁志『日本列島出土鏡集成』（2016 年）より

図３　庄内式土器・並行期土器の出土分布
庄内式土器研究会編『庄内式土器研究』19 ～ 23（1999 ～ 2000 年）より

比率を見るのに、Pb206に対するPb208の比率を縦軸に、横軸にPb206に対するPb207の比率をとると、鉛産地によって、図4のような分布を示す。

新井宏氏はサイト（arai-hiroshi@jcom.home.ne.jp）で鉛同位体測定データを公開されている。図4はそのデータ抽出プロットしたものである。

・朝鮮半島で産出する鉛データ✡
・中国で産出する鉛データ▼
・日本の神岡鉱山の鉛データ✧

原材料鉛のデータを右のように示している。

そして、銅製品の分析値を（これは数が多いので）領域で示している。

・中国製が確実な漢六期および漢七期の銅鏡⬯
・漢代の代表的銅製品、貨幣など⬯
・三角縁神獣鏡二百一面の測定値⬮

驚くことに、新井氏が公開された二百一面の測定データは全て⬮の領域におさまる。中国製が確実な銅鏡の領域や、漢代の代表的銅製品・貨幣などの領域とは交絡していない。測定された二百一面全ての三角縁神獣鏡が

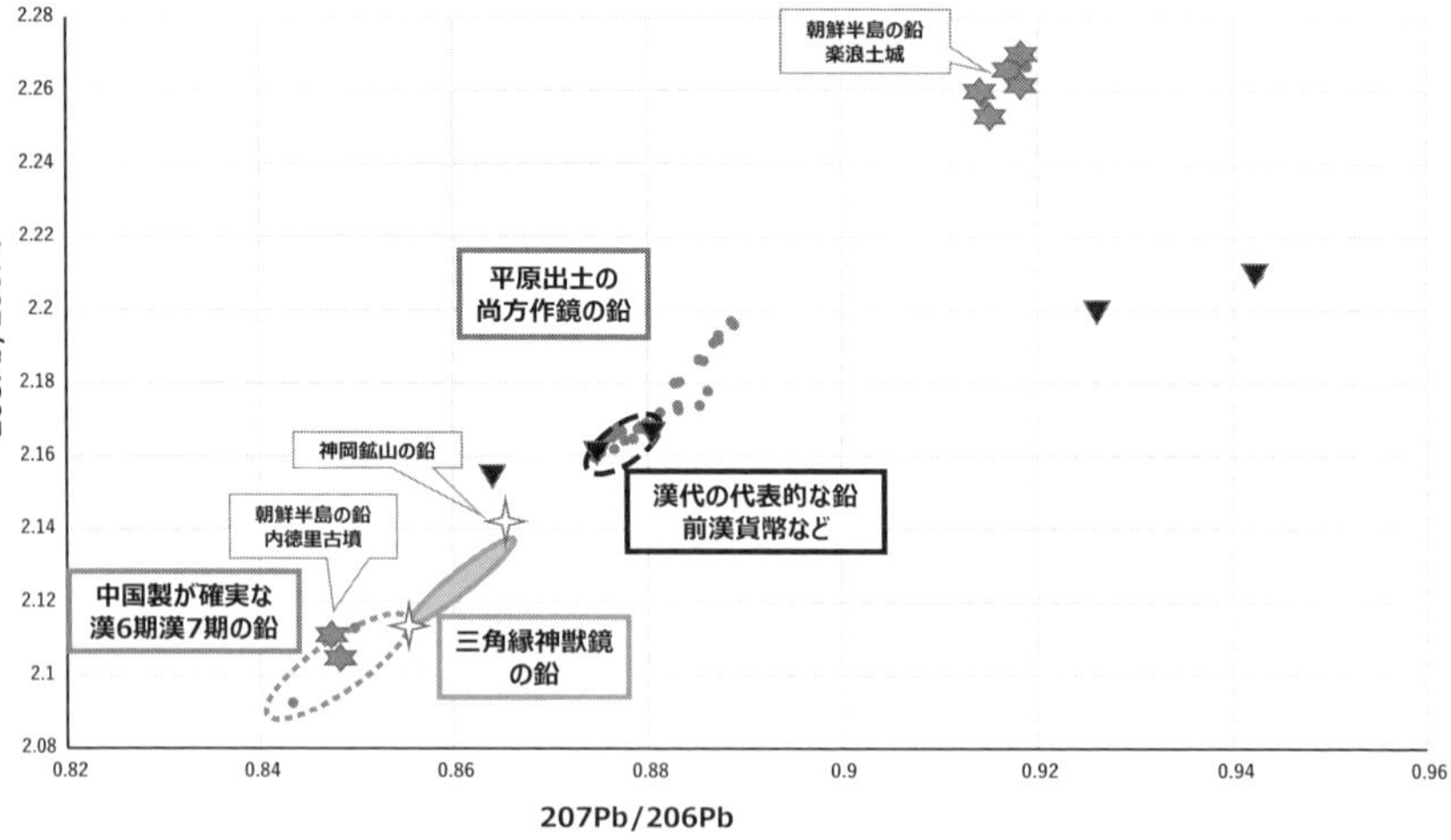

図4　銅鏡に含まれる鉛同位体
新井宏氏がブログ上で公開されているデータを加工

中国製でないことは明白である。中国製ではないのだから卑弥呼がもらった鏡ではない。

しかし、それでも未だに、頑強に卑弥呼のために特鋳された鏡とする学者がおられるのは残念なことである。

三角縁神獣鏡が卑弥呼の鏡でないならば、一体誰がどのような意図で作り流通させたのだろうか。先に触れたが、図1の五百七十八面の出土分布と、図2の弥生小型仿製鏡の分布は明らかに異なる。奈良・京都・大阪・兵庫を中心とし、もう一つの多出土地は福岡であり、次に岡山・岐阜・愛知が続く。この点を踏まえて検討が必要だが、今後の課題としてここではこれ以上触れないことにする。

それでは卑弥呼がもらった鏡はどういうものか、この点あまり議論が白熱していないようである。ちなみに、古田武彦氏は漢式鏡（漢朝に淵源し、魏晋朝にも所有ないし製作が及んだ鏡で、主に弥生遺跡で出土している）が卑弥呼の鏡とする。しかし、卑弥呼の鏡が特別に製作されたものとすれば、これが魏からの下賜鏡であることが判る、そのようなしるしがあるはずだと私は考える。

三、尚方作鏡《しょうほう》こそが卑弥呼がもらった鏡に相応《ふさわ》しい

「尚方作」と刻された銅鏡がある。これについて考察する。

(1) 尚方とは、尚方作とは

『漢書』百官には少府の下部組織としての尚方が見える。少府は「秦官、掌山海池澤之税」とあり、現在で言えば財務省管轄下の造幣局のようなものである。「顔師古注に曰く、尚方主作禁器物、御府主天子衣服也。」税金で天子の御物を製作する工房ということである。この工房は、『後漢書』百官にも「尚方令一人六百石。本注に曰く掌上手工作御刀剣諸好器物。漢官に曰く員吏十三人吏従官六人。」とある。

『後漢書』によると、一〇六年和帝崩御後の干ばつ時に鄧太后が「皇帝や皇太后の食事や衣服を削減すれば、助けになるかもしれない。よって太官・導官・尚方・内署の諸服御・珍膳・そして奢侈で手に入れるのが難しい物を減らす。」と指示しており、尚方が後漢時代も存在していたことが判る。さらに、『晋書』職官にも「少府に中左右三尚方」と続く。

例えば、漢の時代に始まる尚方宝剣があるが、少府尚方で鋳造され、皇室が使用する刀剣である。月食の時に

尚方で作られたものを天子が用いたとされるものである。

『図説中国古代銅鏡史』（中国書店、一九九一年）は次のように解説する。

――魏では右尚方が鋳鏡を掌る重要な官署であった。漢末に尚方を中・左・右尚方に三分したが、魏・晋はこれにしたがった（『通典』）。甘露四年（二五九）鏡と甘露五年（二六〇）獣首鏡にはともに「右尚方師作竟」とあり、景元四年（二六三）規矩鏡には「景元四年八月七日右尚方工作立」とある。魏晋の三尚方の中で右尚方が鋳鏡を掌る官署であったことが知られるのである。――

以上より、卑弥呼の遣使が洛陽を訪れた際に、尚方あるいは右尚方が存在したことは疑いようがない。尚方で製作した鏡すべてに「尚方作」銘が刻されるかどうかは断定できないが、皇帝が下賜する鏡に「尚方作」銘を刻することは、まさに皇帝からの下賜品であることを示す。つまり「尚方作」銘は皇帝から下賜された鏡であるというしるしになる。まさに卑弥呼の鏡に相応しいと言える。

（２）尚方作鏡

この「尚方作」銘のある鏡が、下垣仁志『日本列島出土鏡集成』二〇一六年によると、日本国内で七十面出土している。図５はその出土分布である。

なお私の調べた範囲では、これ以外に中国本土および

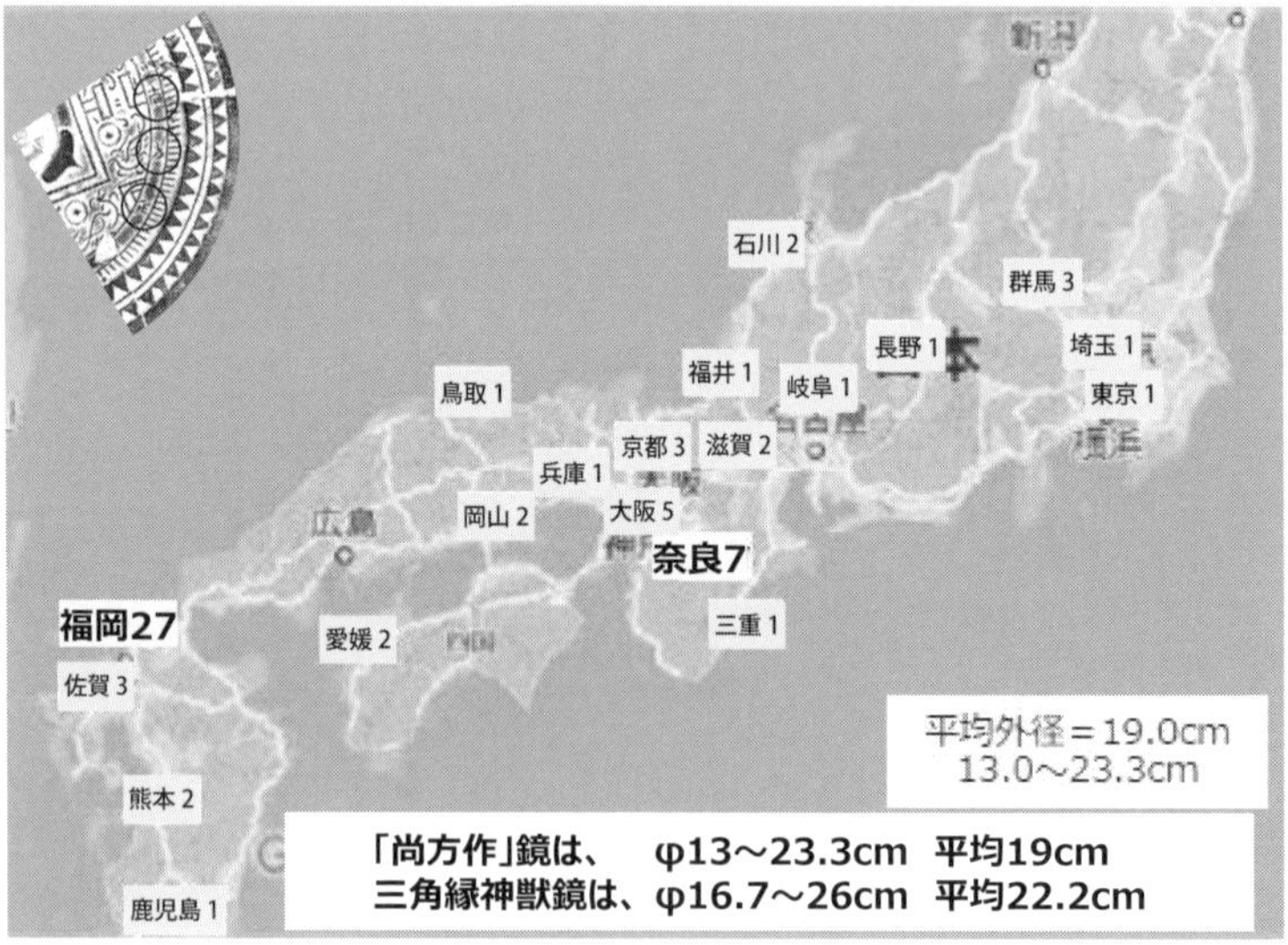

図５　「尚方作」鏡の国内での出土分布
下垣仁志『日本列島出土鏡集成』（2016年）より

朝鮮半島で三十二面（稿末に銘文とともに示す）の出土がある。特に、福岡県で二十七面、その中でも平原墳墓で二十一面が出土している。

卑弥呼の遣使が明帝より下賜された鏡が、卑弥呼のためにその際に特別に製作されたとすれば、それは尚方で製作された可能性が高いと考えられるのである。

「守本情報技術研究所」が公開するホームページ「三角縁神獣鏡は卑弥呼の鏡か」には、次のように平原墳墓から出土した尚方作鏡について報告している。

「一九六五年に福岡県平原遺跡が発見されている。この遺跡はほぼ邪馬台国時代の物と考えられている。中心となる遺構は幅約二メートルの溝を十八×十四メートルの長方形にめぐらせた方形周溝墓である。この中心遺構から破砕した三十九面分の銅鏡が発見されている。注目すべきはその中に二十一面の「尚方作」銘方格規矩鏡が含まれていることである。尚方作流雲文縁方格規矩四神十二支鏡（六面うち二面は同型）、尚方作流雲文縁方格規矩四神鏡（三面すべて同型）、尚方作鋸歯文縁方格規矩四神鏡（四面）、尚方作鋸歯文縁方格規矩四神十二支鏡（八面うち三面は同型）である。この鏡の鉛同位体比率が測定されていて※華北産の銅が使用されていると判定された。」

※華北産の銅かどうかは後述で考察する。

（3）尚方作鏡＝卑弥呼の鏡を否定する多くの学説を検証する

ここまで述べてきたように尚方作鏡＝卑弥呼の鏡の可能性が高いのだが、ところが多くの学者から否定されているのである。以下は、尚方作鏡は卑弥呼の鏡でないとする根拠である。

①漢末に、尚方は中・左・右尚方に三分され、魏・晋はこれに従った。梅原末治氏（一九二五年）

甘露四年鏡と甘露五年獣首鏡には「右尚方師作竟」とある。景元四年規矩鏡には「右尚方工作立」とある。魏・晋の三尚方の中で右尚方が鋳鏡を掌る官署であった。つまり中・左・右の区別が無い尚方は魏朝の鏡でない。

②尚方作鏡が多く出土した平原遺跡は弥生時代後期中頃（西暦一〇〇年前後）のものだ。

③尚方作銘文には、中国製とは思えない字句の誤用が見られる。

④中国では後漢・三国・六朝を通じて踏み返しの同型鏡はあるが、（平原出土の尚方作鏡に見られるような同范鏡のように）同一の鋳型で鏡が何度も鋳造された事実は未

だ見えない。奥野正男氏（一九八二年）

⑤平原鏡の鉛同位体比の中には「楽浪の鉛」が添加されたものがある。その他の鏡で仿製鏡を示す明確な兆候はないが、従来から仿製鏡とされてきたものに近い。新井宏氏（二〇一二年）

そこで、これらの否定根拠を一つずつ検証する。

①卑弥呼の時代（魏・晋朝）は、尚方作ではなくて右尚方作なのか

これに対して小山満氏（二〇一八年）は、『三国志』魏書少帝紀には「（二五四年）大赦（正元と）改元する。乗輿・服御・後宮用度を減らして、尚方御府百工の技巧・靡麗・無益の物を罷めさせた。」とあるのだから、魏朝でも尚方の呼称を用いたとされる。つまり、右尚方で作られた鏡でも、尚方作と銘される可能性はある。

前漢・後漢・魏・晋にかけて天子の御物を作る工房としての尚方があったので、その尚方作と中国国内で偽作されたとすれば、それは偽金を作るに等しい行為だったと思えるわけで、そこから、中国国内で尚方作銘が偽作されたものとは考えにくいわけである。

②平原《ひらばる》遺跡は弥生時代後期中頃（西暦一〇〇年前後）のものか

『平原遺跡発掘調査中間報告』（伊都国通信、一九九八年）によると、「（平原）1号墓が造られた年代については確実にそれを示す土器が発見されていないため、銅鏡をはじめとする副葬品などの検討からその年代が推定されていた。そして、弥生時代後期の中頃（西暦一〇〇年前後）とする説と、後期後半から終末（西暦二〇〇～二五〇年前後）とする説があった。今回の調査結果（年代を示す土器片※が発見された）から考えると、後者の可能性が高くなった。」※2号墓の南側から発掘された庄内併行期と見られる土器破片。

つまり、平原王墓は、西暦二〇〇年～二五〇年頃の遺跡の可能性が高くなる。

ところが倭人伝には、「卑彌呼以死　大作塚　徑百餘步　徇葬者奴婢百餘人」とある。径と言うからには円形（当時の百余歩は二十五メートル余り）の塚である。対して、平原1号墓は方形周溝墓。明らかに卑弥呼の墓ではない。卑弥呼の後継者壹与の墓、あるいは伊都国の一大率の墓だろうか、現在の所推測する材料がない。しかし、この尚方作鏡（二十一面全てかどうかは後述する）が卑弥呼に魏の皇帝が下賜した鏡の一部である可能性が高いということは言える。卑弥呼がもらった鏡が平原王墓に埋葬

されていたとしてもおかしくはないのである。

③尚方作鏡の銘文には、中国製とは思えない字句の誤用が見られるが、それが倭国製の証拠となるか

先ず、代表的な銘文を見る（以下No.数字、★◆は二四三〜二四五頁の尚方作鏡の銘文一覧に対応）。

◆尚方作竟真大巧　上有仙人不知老　渇飲玉泉飢食棗
浮游天下敖四海　徘徊名山采芝草　寿如金石之国保

「これは尚方で製作した精巧で大きな鏡である。上には不老の仙人が居て彼はのどが渇けば玉泉を飲み腹が減れば棗を食べる。天下を浮遊し四海に遊び名山を徘徊し芝草を摘む。金石の如く長く国は続く。」

尚方作鏡の平均外径は十九センチで、三角縁神獣鏡の平均外径二十二・二センチと比べるとやや小ぶりだが、実用的な中国鏡や弥生小型仿製鏡に比べると倍くらい大きいので、まさに「真大巧」である。

この代表的な銘文に対して、

（イ）「尚方作竟」の所を「尚方佳竟」とする鏡（No.27・49・55・57・65）がある。これは作を佳と間違ったのであろう。しかし、中国で発見されているNo.73・74および朝鮮半島で発見されているNo.93・96にも見られることから、中国製と見てよいと考えられる。

（ロ）「玉泉」を「王泉」とする鏡（No.37・41・46・49・50・51・53・55・56）がある。明らかな誤字である。しかし、これも楽浪石巌里《そくあむり》墳出土のNo.96や中国出土のNo.74に見られることより、これを理由に倭国製と断定はできない。

（ハ）「仙人」を「山人」とする鏡（No.13・14・27・64）がある。しかし中国紹興市出土のNo.89や楽浪出土のNo.96に見られることより、倭国製の証拠とは言えない。これとは別に「仙人」を「仙仙」とする鏡、No.39・40があって、これと同じ間違いは中国および半島出土品に見られないが、だからと言ってこれも倭国製と断定できない。

（ニ）「無傷（傷無し）No.2・35」を「毋傷（傷なかれ）No.10・11・15・18・23・31」とする鏡がある。私は当初、倭習ではないかと考えたが、（大原重雄氏のご教示で）楽浪石巌里墳出土の鏡No.95にもあることが判った。やはり倭国製とする断定材料とはならない。加えて「四海」を「三海」とする鏡、No.6・24・25があるが、これも石巌里墳出土の鏡No.96にある。

（ホ）漢文や文字の不慣れのあらわれの代表的なものとして左字（左右反転文字）がある。しかし、これも

楽浪石巌里墳出土の鏡No.96の「知老」にある。

No.27奈良新沢173号墳「尚方佳竟真大巧　上又山人不知老～」

No.49平原墳墓21「尚方佳竟真大□　□有□□不知老～」

No.55平原墳墓27「尚方佳竟□□□　□□仙人不知老渇飲王泉飢食棗～」

No.57平原墳墓29「□□佳竟真大好　上有仙人不知□～」

No.65桜馬場遺跡甕棺墓「尚方佳竟真大好　上有仙人不知老～」

No.73中国出土環状乳神獣鏡「尚方作竟佳且好　明而日月世少有～」

No.74中国出土方格規矩四神鏡「尚方佳竟真大□　上有仙人不知老　渇飲王泉飢食棗～」

No.93楽浪郡方格規矩四神鏡「尚方佳竟真大巧　上有仙人不□老　渇飲玉泉飢食棗～」

No.95楽浪石巌里墳出土「尚方御□大毋傷　名師作之出洛陽～」

No.96楽浪石巌里墳出土「尚方佳竟真大巧　上存山人不知老（左字）渇飲王泉飢食棗　浮游天下敖三海～」

このように銘文の誤字は中国および朝鮮半島で発見された尚方作鏡にも見られるので、銘文の誤字は倭国製の証拠とはならない。

④中国では後漢・三国・六朝を通じて同一鋳型鏡は未だ発見されていない

確かに、次の八面の尚方作鏡は寸法・銘文を見て同范鏡の可能性が高い。

No.4★本庄市秋山古墳　獣文縁神人歌舞鏡　20cm
No.5★狛江市亀塚古墳　獣文縁神人歌舞鏡　20.8cm
No.8★福井県脇袋西塚古墳　獣文縁神人歌舞鏡　20cm
No.17★京都府トヅカ古墳　獣文縁神人歌舞鏡　19.9cm
No.20★八尾市郡川西塚古墳　獣文縁神人歌舞鏡　20.6cm
No.21★八尾市高安郡川　獣文縁神人歌舞鏡　20cm
No.22★藤井寺市長持山古墳　獣文縁神人歌舞鏡　19.9cm
No.33★岡山県千駄古墳　獣文縁神人歌舞鏡　20cm

そして、平原墳墓出土の次の二面、三面、三面の尚方作鏡も同范鏡とみられる。

No.39◆平原墳墓3　流雲縁方格規矩鏡　21cm
No.40◆平原墳墓4　流雲縁方格規矩鏡　21cm

No.43◆平原墳墓7 流雲縁方格規矩鏡 16.1cm
No.44◆平原墳墓8 流雲縁方格規矩鏡 16.1cm
No.45◆平原墳墓9 流雲縁方格規矩鏡 16.1cm
No.52★平原墳墓24 複波鋸歯縁方格規矩鏡 18.8cm
No.53★平原墳墓25 複波鋸歯縁方格規矩鏡 18.8cm
No.54★平原墳墓26 複波鋸歯縁方格規矩鏡 18.8cm

日本国内で出土する鏡に同笵鏡が多く、尚方作鏡にも同様に同笵鏡があることは事実である。

しかし、それが倭国製である証拠となるだろうか。尚方は皇室が使うものを作る所で、一品一様が通常の製作と考えられる。

ところが、明帝は卑弥呼に百面もの鏡を下賜する。百面もまとめて作るのだから、同笵鏡があった可能性は十分考えられる。また、このうちの同笵鏡は倭国製としても、同笵鏡でない鏡に下賜品が含まれている可能性もある。この判断は次の成分分析、鉛同位体測定値の評価で併せて考察する。

⑤平原墳墓出土の尚方作鏡は倭国製なのか

新井宏氏（二〇一二年）は「平原鏡の鉛同位体比の中には楽浪の鉛が添加されたものがある。その他の鏡で仿製鏡を示す明確な兆候はないが、従来から仿製鏡とされてきたものに近い。」と、倭国製を匂わす表現にとどめている。

次頁図6に図4の中の平原墳墓出土の尚方作鏡のデータを黒点●で示す。漢代の代表的データ群領域に入るものと、右上方向にはみ出るものが見える。右上方向に朝鮮半島の鉛があるので、ここから漢の銅材料に朝鮮半島の鉛を再溶融添加した可能性があると、新井氏は判断されたのであろう。

この部分を拡大して右上部に示し、プロット毎にどの鏡のデータかも示した。一面毎のデータを確認してみると、平原墳墓出土の尚方作鏡の内、No.39・No.40の同范鏡、No.43・No.44・No.45の同范鏡、そしてNo.54を除いてのNo.52・No.53の同范鏡は漢の銅材料に含まれる鉛同位体比率からは外れるのである。

ほとんどの同范鏡でない鏡が漢銅材料の鉛同位体比率の範疇にあって、ほとんどの同范鏡はそうではない。つまり朝鮮半島産鉛を含む可能性を残しているのである。

ここから、平原出土の尚方作鏡の内、一部は中国産であり、一部は倭国内で複製したと考えられる。

（4）以上、日本列島で出土した尚方作鏡の一部が卑弥

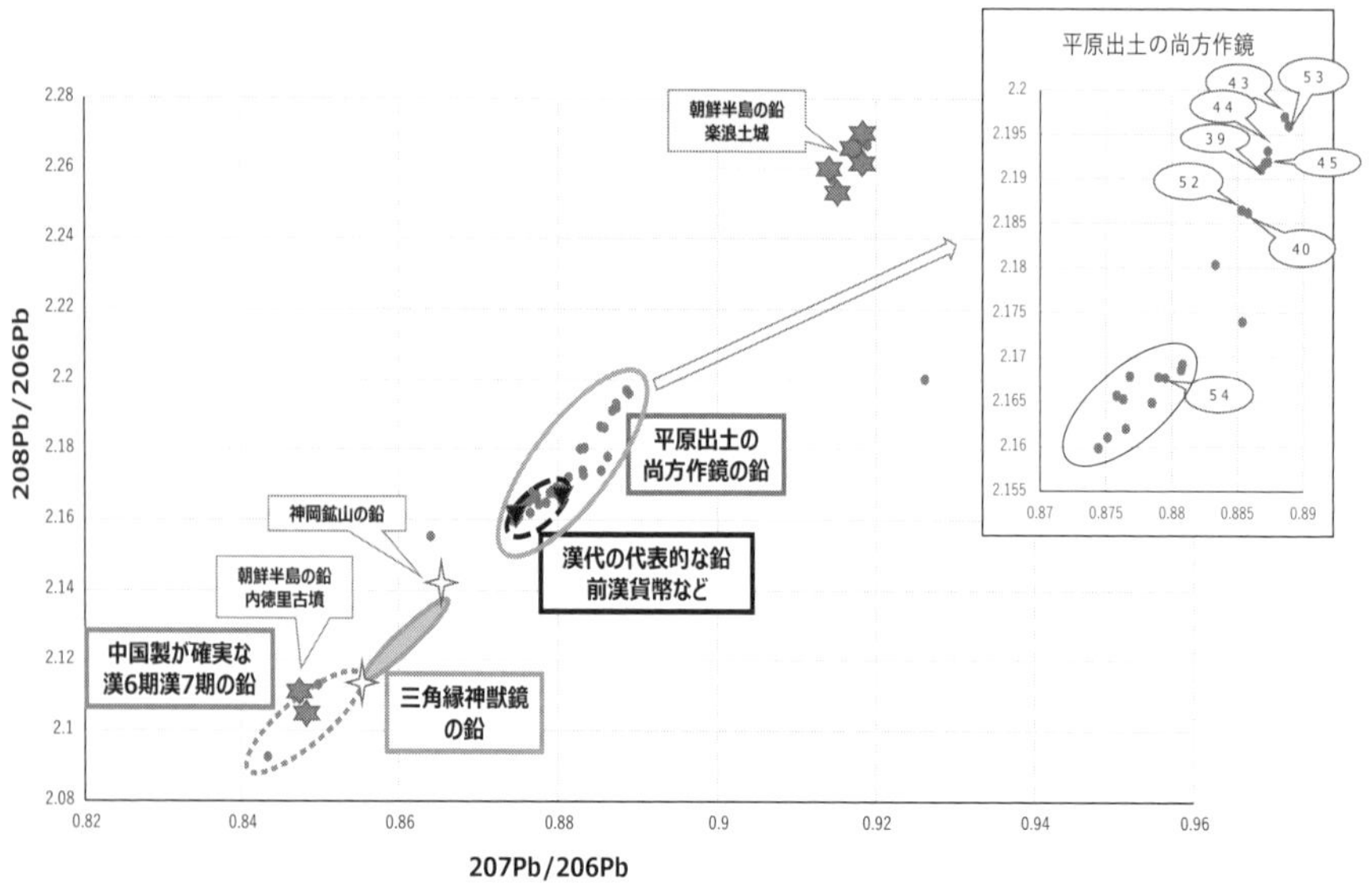

図６　平原出土の尚方作鏡の鉛（平原出土尚方作鏡のみ拡大表示）

呼の鏡である可能性が高いと言える。

(a)尚方作銘は皇帝から下賜された鏡であるというしるしになる。まさに卑弥呼の鏡に相応しい。

(b)魏・晋朝の時代、尚方は中・左・右尚方に三分された。しかし卑弥呼の時代でも、尚方呼称は使われており、右尚方で尚方作鏡と刻される可能性はある。

(c)尚方作鏡が多く出土した平原遺跡は西暦一〇〇年前後とされていたが、2号墓出土の庄内（式）併行期土器破片から、西暦二〇〇年〜二五〇年頃の遺跡の可能性が高くなり、卑弥呼の時代と重なる。

(d)我が国で出土した尚方作鏡銘文には、中国製とは思えない字句の誤用が見られる。しかし、中国や朝鮮半島出土の尚方作鏡銘文にも同様の誤字誤用があるので、これを理由に倭国製とは断定できない。

(e)中国出土鏡には同范鏡が無いのに対して我が国で出土した尚方作鏡には同范鏡が多くみられる。
しかし、卑弥呼へ下賜された百面もの数量の製作は特殊であったはずである。同范鏡があってもおかしくないとも言える。もう一つの可能性として、この同范鏡は倭国での複製品である可能性もある。

(f)平原墳墓出土の尚方作鏡の中には、中国漢代の鉛と合致するものと、楽浪の鉛が添加されたと想定できるものもある。そして楽浪の鉛が添加されたと想定できる鏡の大部分が同范鏡であった。

そこから、平原出土の尚方作鏡の内、一部は中国産であり、一部は倭国内で複製したと考えられる。

整理すると、卑弥呼がもらった鏡は皇帝からの下賜品として相応しい尚方作銘が刻まれた鏡であった可能性が高い。ただし、尚方作鏡の中には倭国で倣作されたものもあり、その多くは同范鏡として出土している。

四、蛇足

蛇足になるが、倭国において鏡を割る祭祀があったのではないかという説に対して述べる。

平原墳墓もそうだが、古墳に埋納された鏡に割れが多く見られることより、祭祀に於ける破鏡儀式を想定する研究者がいる。もし鏡を割る祭祀であれば、ガラスではないので機械的破壊であれば何らかの打痕があるはずである。熱的破壊であれば焼き錆や煤が見えるはずである。ところがそんな報告は聞いたことがない。

冶金学専攻の私には、埋納状況から儀式などではなくて「応力腐食割れ」が思い浮かぶのである。金属、主にステンレス鋼とか黄銅（銅・亜鉛合金）の応力腐食割れが知られているが、青銅（銅・スズ合金）などその他の銅合金でも報告がある。そんなことを考える学者がいないのかと調べてみたらいた。

新井宏氏である。「金属を通して歴史を観る（13）三角縁神獣鏡（4）追論」（『バウンダリー』16、二〇〇〇年）で触れられている。実験やデータで論証されたわけではないが、次のように田中稿二氏の論文を挙げている。

――「佐賀県佐賀郡大和町木村籠遺跡出土の多紐細文鏡について」『考古学雑誌』七七―四には、「発見された多紐細文鏡は鏡面がいちじるしく腐食していたが、きれいに一枚の形で発見された鏡面は、この時いくつかに割れており、腐食によって割れたものと考えられる。」とある。まさしく応力腐食割れの報告のように思われる。――

この応力腐食割れの原因は解明されていないが、水素による「遅れ破壊」と私は考える。酸化腐食反応で生じた+Hが金属内に浸透し、金属内でもう一つの+Hと出会って結合し、水素分子となって急激に膨張するわけである。一方銅鏡には、鋳造時に周縁部が先に固まるので中央部に引っ張り応力が残っている。この残留応力と水素によって、何ら外力がかからない状態でも、ある日突然脆性破壊するのである。
　何気なく『洛陽銅鏡上巻』（岡村秀典監訳、科学出版社、二〇一六年）を眺めていると、次のような写真に気付いた。中国でも銅鏡は割れているのである。

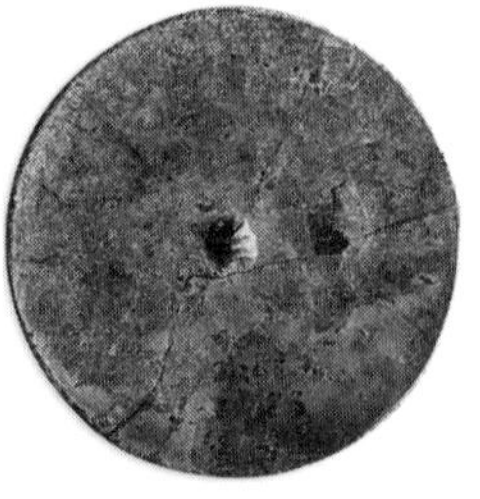
秦：無紋鏡

西晋：四葉蓮弧鏡

　最後に、この稿をまとめるにあたって、非常に重要なアドバイスをいただいた大原重雄氏、谷本茂氏にお礼を申し上げる。

【参考文献】

孔祥星・劉一曼著、高倉洋彰ほか訳『図説中国古代銅鏡史』中国書店、一九九一年
新井宏「鉛同位体比による青銅器の鉛産地推定をめぐって」『考古学雑誌』二〇〇〇年
『平原遺跡発掘調査中間報告』伊都国通信、一九九八年
下垣仁志『日本列島出土鏡集成』同成社、二〇一六年
古田武彦『鏡が映す真実の古代史』ミネルヴァ書房、二〇一六年
岡村秀典監訳『洛陽銅鏡上巻』科学出版社、二〇一六年

尚方作鏡の銘文一覧１

	出土遺跡	銘文	径
1	群馬高崎市綿貫観音山　浮彫獣帯	尚方作竟真大巧　上有仙人不知老　渇飲玉泉飢食棗　□□孫□□□□　寿如金石□□保兮／宜子孫（右回り）	23
2	前橋市天神山古墳　二禽三獣	尚方作竟大無傷　巧工刻之成文章　和以銀錫青且明　長保二見兮	18.5
3	前橋市天神山古墳　流雲縁方格規矩	尚方作竟真大工　上□□不老　渇飲泉玉泉飢食棗	16.4
4	★本庄市秋山古墳　獣文縁神人歌舞	尚方作竟自有紀　辟去羊宜古市　上有東王父西王母　令君陽遂多孫子兮	20
5	★狛江市亀塚古墳　獣文縁神人歌舞	尚方作竟自有紀　辟去羊宜古市　上有東王父西王母　令君陽遂多孫子兮	20.8
6	羽咋市宿東山１号墳　方格規矩	尚方作竟真大巧　上有仙人不知老　渇飲玉泉飢食棗　敖三海兮	17.9
7	加賀分校カン山古墳　方格規矩	尚方作竟真大好　上□□人不知老　渇飲玉泉飢食棗兮	16.4
8	★福井脇袋西塚古墳獣文縁神人歌舞	尚方作竟自有紀　辟去羊宜古市　上有東王父西王母　令君陽遂多孫子兮	20
9	長野川柳将軍塚古墳　方格規矩	尚方作竟左倉龍右　子孫翁□宜父母家中冨　王	20.8
10	岐阜城塚古墳　細線式獣帯	尚方作竟大毋傷　巧工刻之成文章　左龍右乕辟不羊　朱鳥玄武順陰陽　子孫備具居中央　長保二親楽冨昌	17.9
11	三重斎宮付近　流雲縁方格規矩	尚方作竟大毋傷　巧工刻之成文章　左龍右乕辟非羊　朱□□武主四彭　子孫備具居中央　長保二親楽冨□	13
12	野洲市大岩山古墳　獣文縁半肉彫	□□□□□□□　□工刻之成文章　白乕辟邪居中央　寿如金石佳自好　上有山人不知老兮	22.4
13	野洲市三上山下　浮彫獣帯	尚方作竟真大巧　上有山人不知老　渇飲玉泉飢食棗　□□孫□□□□　寿如金石□□保兮／宜子孫	
14	野洲市三上山下　浮彫獣帯	尚方作竟真大巧　上有山人不知老　渇飲玉泉飢食棗　□□孫□□□□　寿如金石□□保兮／宜子孫	23
15	京都一本松塚古墳　盤龍座獣帯	尚方□竟大毋傷　巧工刻之成文□　□乕師子居中央　寿如金石佳自好　上有山人不知□□	23.1
16	京都八幡東車塚古墳　三角縁神獣	尚方作竟佳且好　明而日月□□有　刻治禽守悉皆右　長保二親宜孫子　富至三公利古市　告后世（左回り）	22.5
17	★京都トヅカ古墳　獣文縁神人歌舞	尚方作竟自有紀　辟去羊宜古市　上有東王父西王母　令君陽遂多孫子兮	19.9
18	枚方市万年山古墳　獣文縁盤龍座	尚方作竟大毋傷　□□刻之成文　白乕辟邪居中　寿金如石佳自好上有山人不知老兮	20.2
19	石切周辺古墳　浮彫一仙五獣	尚方作竟真大巧　上右仙人不知老兮	15.1
20	★八尾郡川西塚古墳　獣文縁神人歌舞	尚方作竟自有紀　辟去羊宜古市　上有東王父西王母　令君陽遂多孫子兮	20.6
21	★八尾高安郡川　獣文縁神人歌舞	尚方作竟自有紀　辟去羊宜古市　上有東王父西王母　令君陽遂多孫子兮	19.9
22	★藤井寺長持山古墳獣文縁神人歌舞	尚方作竟自有紀　辟去羊宜古市　上有東王父西王母　令君陽遂多孫子兮	20
23	たつの市吉島古墳　盤龍座	尚方作竟大毋傷　巧工刻□□□章　白乕師子居中央　寿如金石佳自好　上有山人不知老兮	23
24	大和天神山古墳　流雲縁方格規矩	尚方作竟真大巧　上有仙人不知老　渇飲玉泉飢食棗　浮游天下敖三海兮　／子丑寅卯辰巳午未申酉戌亥	20.3
25	大和天神山古墳　流雲縁方格規矩	尚方作竟真大□　□□仙人不知老　渇飲玉泉飢食□　□□□□□三海兮　寿如金石国□保兮　／子丑寅卯辰巳午未申酉戌亥	20.8
26	大和天神山古墳　複波縁方格規矩	尚方作竟真大巧　上有仙人不知老　渇飲□□飢食□　□由天下兮	15.9
27	奈良新沢173号墳　獣文縁浮彫	尚方佳竟真大巧　上又山人不知老　渇飲玉泉飢食棗　長保二親宜孫子　寿□東王父西王母兮　／宜子孫	20.3
28	大和高田三倉堂　細線式獣帯	尚方作竟甚奇□　倉龍在左白乕在右　朱鳥玄武辟去凶名　子孫翁翁宜父母　家中冨昌貴且	16
29	佐味田宝塚古墳　神人車馬	尚方作竟佳且好　明而日月世少有　刻治禽守悉皆右　長保二親宜孫子　富至三公利古市　傳告后世樂無巳（左回り）	21.1
30	新山古墳	尚方作竟佳且好　明而日月世少有　刻治禽守悉皆右　長保二親宜孫子　富至三公利古市　告后世（左回り）	22.4
31	鳥取北山１号墳　盤龍	尚方作竟大毋傷　巧工刻之成文章　□□□□□□□　□□□□□□□□兮	13.8

一般論文・フォーラム

尚方作鏡の銘文一覧２

	出土遺跡	銘文	径
32	岡山用木１号墳　浮彫式	尚方作竟真大巧　上有仙人不知老　渇渇玉泉飢食棗兮　（右回り）	16.3
33	★岡山千駄古墳　獣文縁神人歌舞	尚方作竟自有紀　辟去羊宜古市　上有東王父西王母　令君陽遂多孫子兮	20
34	愛媛御幸寺山古墳　獣文縁	尚方作竟佳大好　上有仙人不知老　渇飲玉泉飢食棗　寿如金石之天保　楽未央兮	14.2
35	愛媛朝日谷２号墳　二禽二獣	尚方作竟大無傷　巧工刻之成文章　和以銀錫青且明　長保二親楽未央兮	18.7
36	福岡井原鑓溝木棺墓　方格規矩	尚方作竟真大巧　上有□人不□□　□□玉泉□□棗兮　／子丑寅卯辰巳午未申酉戌亥	18.6
37	平原墳墓１　流雲縁方格規矩	尚方作竟真大□　□有仙人不知老　□飲王□飢食棗　□□天下敖四海　寿敝金石　／子丑寅卯辰巳午未申酉戌亥	23.3
38	平原墳墓２　流雲縁方格規矩	尚方作竟真大□　上有仙□不知老　渇飲玉□飢食棗　非回名山□□草　寿如今□兮　／子丑寅卯辰巳午未申酉戌亥	21
39	◆平原墳墓３　流雲縁方格規矩	尚方□□真大巧　上有仙仙不知□　□飲玉泉飢食□　浮游天下敖四海　寿如金石之国保　／子丑寅卯辰巳午未申酉戌亥	21
40	◆平原墳墓４　流雲縁方格規矩	尚方作竟□大巧　上有仙仙不知老　□飲玉泉飢食棗　□□天□□□□　□□□□□□□保　／子丑寅卯辰巳午未申酉戌亥	20.9
41	平原墳墓５　流雲縁方格規矩	□□□竟真大巧　渇飲王飢食棗　□□□□□□□　□□□□□□□□　／子丑寅卯辰巳午未申酉戌亥	18.4
42	平原墳墓６　流雲縁方格規矩	尚方□□□大□　上有□人不知老　渇飲泉飢食棗　□游□□□四海　□　／子丑寅卯辰巳午未申酉戌亥	18.5
43	◆平原墳墓７　流雲縁方格規矩	尚方作竟真大巧　上□仙人不知老　渇飲玉泉飢食棗　□	16.1
44	◆平原墳墓８　流雲縁方格規矩	尚方作竟真大巧　□有□□□知□　渇飲玉泉飢食棗　保	16.1
45	◆平原墳墓９　流雲縁方格規矩	尚方作竟真□□　□□□□不知老　渇□□□□□□　□	16.1
46	平原墳墓18　複波鋸歯縁方格規矩	尚方□竟真□巧　上有仙人不知□　渇飲王泉飢食棗	16.1
47	平原墳墓19　複波鋸歯縁方格規矩	尚方佳竟真大巧　上有仙人不知老　渇飲玉泉飢食棗　兮	15.9
48	平原墳墓20　複波鋸歯縁方格規矩	尚□作竟真□巧　上有仙人不知□　□飲泉飢食棗　浮游天下敖四海　□／子丑寅卯辰巳午未申酉戌亥	18.5
49	平原墳墓21　複波鋸歯縁方格規矩	尚方佳竟真大□　□有□□不知老　渇飲王泉飢□□　浮游天下敖四海　□／子丑寅卯辰巳午未申酉戌亥	20.7
50	平原墳墓22　複波鋸歯縁方格規矩	尚方作□□□巧　上□仙人不知□　渇飲王泉飢食棗寿如今□之□□　／子丑寅卯辰巳午未申酉戌亥	18.7
51	平原墳墓23　複波鋸歯縁方格規矩	尚□□□真大巧　上有仙人□□□　渇飲王泉飢□棗　□游天下敖四海　寿如今石之国保兮　／子丑寅卯辰巳午未申酉戌亥	18.5
52	★平原墳墓24　複波鋸歯縁方格規矩	尚□□竟真□□　□□□□□□□　渇飲□□□□□□□□石之国保　／子丑寅卯辰巳午未申酉戌亥	18.8
53	★平原墳墓25　複波鋸歯縁方格規矩	尚方作竟真大巧　上有仙人不知□　渇飲王泉飢食棗寿□今石之国保　／子丑寅卯辰巳午未申酉戌亥	18.8
54	★平原墳墓26　複波鋸歯縁方格規矩	尚方作□真大巧　上有仙人不知□　渇□□□飢食□寿□□□□国保　／子丑寅卯辰巳午未申酉戌亥	18.8
55	平原墳墓27　複波鋸歯縁方格規矩	尚方佳竟□□□　□□仙人不知老　渇飲王泉飢食棗　兮	15.8
56	平原墳墓28　複波鋸歯縁方格規矩	尚□□□□□好　□□□人不□老　渇飲王泉飢食棗／子丑寅卯辰巳午未申酉戌亥	18.6
57	平原墳墓29　複波鋸歯縁方格規矩	□□佳竟真大好　上有仙人不知□　渇飲□泉□□棗寿□□□□□□　／子丑寅卯辰巳午未申酉戌亥	16.6
58	春日市松添遺跡　方格規矩	尚方作竟真大巧　泉飢食棗	15.8
59	沖ノ島　獣文縁方格規矩	尚方乍竟真大巧　上有□□□□□　□□玉涼飢食棗／子丑寅卯辰巳午未申酉戌亥	18
60	沖ノ島　獣文縁方格規矩	尚方作竟真大巧　上有□□□□□　□□玉涼飢食棗／子丑寅卯辰巳午未申酉戌亥	18
61	沖ノ島　鋸歯縁方格規矩	尚方作竟真大巧　上有仙人不知老　浮游天下敖三海　渇飲玉泉飢／子丑寅卯辰巳午未申酉戌亥	18.1
62	★京都郡番塚古墳　獣文縁神人歌舞	尚方作竟自有紀　辟去羊宜古市　上有東王父西王母　令君陽遂多孫子兮	20.1
63	吉野ヶ里松葉遺跡　鋸歯縁方格規矩	尚方作竟真大巧　上有□人不知老　渇飲玉泉飢□棗	14.7

尚方作鏡の銘文一覧３

	出土遺跡	銘文	径
64	小城市寄居古墳　方格規矩	尚方作竟真大巧　上有山人不知老　渇□□□□食棗　　由天下／子丑寅卯辰巳午未申酉戌亥	17.7
65	佐賀桜馬場遺跡甕棺墓　流雲縁	尚方佳竟真大好　上有仙人不知老　渇飲玉泉飢食棗　浮游天下敖四海　徘徊名山采芝草　寿如金石之国保兮／子丑寅	23.2
66	熊本葦北郡　三角縁	尚方作竟佳且好　明而日月世少有　刻治禽守悉皆右　長保□□□□□　□□□□□市　告后世　（左回り）	22.7
67	熊本葦北郡　三角縁	□□□□□□□　□□□□□□□　□□□□□□□　□保二親宜孫子　富至三公利古市　告后世　（左回り）	
68	鹿児島伝大隅	尚方作竟佳且子　明如日月世少□　東王父西王母　山人子高赤松子	
71	四神規矩鏡　陝西省西安市漢墓　他	尚方**御**竟大**毋傷**　巧工刻之成文章　左龍右虎辟不祥　朱雀玄武順陰陽　子孫備具居中央　長保二親楽富昌　寿敝金石如候王兮	
72	四神規矩鏡　広州後漢墓　７面	尚方作竟真大好　上有仙人不知老　渇飲玉泉飢食棗　浮游天下敖四海　寿如金石為國保	
73	中国環状乳神獣鏡	尚方作竟佳且**好**　明而日月世少有　刻治今守悉皆在　宜子　（右回り）	
74	中国方格規矩四神鏡	尚方佳竟真大□　上有仙人不知老　渇飲**王**泉飢食棗　□□天下敖四海　徘徊名山采芝草　長保二親宜孫子　寿如金石樂□始	21
75	洛陽市１号後漢墓出土四神博局鏡	尚方作竟真大巧　上有仙人不知老　渇飲玉泉飢食兮□□	18.3
76	洛陽市８号後漢墓出土四神博局鏡	尚方作竟真大巧　上有仙人不知老　渇飲玉泉飢食棗　浮由天下敖四海　宜子孫　（右回り）	19.8
77	洛陽市 1023 号後漢墓出土四神博局鏡	尚方作竟真大巧　上有仙人不知老　渇飲玉泉飢食棗　寿**而今石**点之保兮　／子丑寅卯辰巳午未申酉戌亥	20
78	洛陽市 92 号漢墓出土四神博局鏡	尚方**御**竟大**毋傷**　湅治銀錫清而明　巧工刻之成文章　左龍右虎辟不羊　朱雀玄武順陰陽　子孫備具居中央	20
79	洛陽市３号後漢墓出土四神博局鏡	尚方作竟真大巧　上有仙人不知老　渇飲玉泉飢食棗　浮由天下敖四兮	20
80	洛陽市 004 号前漢墓出土四神博局鏡	尚方作竟真大巧　上有仙人不知老　渇飲玉泉飢食棗　**浮浮**天下敖四海　寿而金石	18
81	洛陽市 12 号後漢墓方格規矩四神鏡	尚方作竟真大巧　上有仙人不知老　渇飲玉泉飢食棗　由天下　（右回り）	18.3
82	石家荘 12 号後漢墓出土四神博局鏡	尚方作竟真大巧　上有仙人不知老　渇飲玉泉飢食棗　由天下敖	13.8
83	紹興市後漢墓多乳神禽獣鏡	永平七年（64 年）九月造　真尚方作竟大毋傷　巧工刻之成文章　左龍右虎辟不祥　朱雀玄武順陰陽　上有仙人不知老	
84	蜀銘文鏡　６面	元興元年五月丙午日　天大赦広漢造作尚方明鏡　幽湅三商　周得無亟　世得光明　長楽未英　冨且昌　宜候王師命長	
85	蜀銘文鏡	元興元年五月丙午日　天大迹　広漢西蜀造作尚方明鏡　幽湅三商天王日月　位至三公　長楽未英　宜候王冨且昌　師命長	
86	変形四葉獣首鏡	元興元年（105 年）五月丙午日　□□広漢西蜀造作尚方明鏡　幽湅三商長楽未　宜且昌　位三公　位師命長	
87	変形四葉獣首鏡	建寧元年（168 年）九月九日丙午　造作尚方明鏡　幽湅三商上有東王　父西王母生如山石　長宜子孫八千萬里	
88	変形四葉獣首鏡	惟中平四年（189 年）太歳在丁卯　吾造作尚方明鏡　広漢西蜀合浦□黄□利無驚　世得光明買此人鏡人　尚歓虞家当臣	
89	紹興市方格規矩鏡	尚方作竟真大巧　上有**山**□不知老　渇飲玉泉飢食棗　（右回り）	18.5
90	紹興市神人車馬画像鏡	尚方作竟真大巧　上有仙人不知老　渇飲玉泉飢食棗　長保二親宜國保　大吉兮　（右回り）	21.2
91	獣首鏡	甘露五年（260 年）二月四日　右尚方師作　竟清且明　君宜高官位至三公　保宜子孫	
92	規矩花文鏡	景元四年（263 年）八月七日　右尚方工作　立　君宜高官　屬	
93	旧楽浪郡方格規矩四神鏡	尚方佳竟真大巧　上有仙人不□老　渇飲玉泉飢食棗　浮游天下敖四海　徘徊名山□芝草　寿如金石國之保兮　（右回り）	22.5
94	旧楽浪郡神獣画像鏡	尚方作竟真大巧　上有山人不知老　渇欠玉泉飢食棗　東王父西王母（右回り）	19
95	楽浪石巌里墳　流雲縁方格規矩	尚方**御**□大**毋傷**　名師作之出洛陽　刻□□章左龍右虎　去不羊朱鳥玄武　主四旁子孫番昌	23.3
96	楽浪石巌里墳　鋸歯縁方格規矩	尚方**佳**竟真大巧　上存**山**人不知老（**２字左字**）　渇飲王泉飢食棗　浮游天下敖三海　寿如金石長□保	18.2

【フォーラム】

海幸山幸説話
―倭国にあった二つの王家―

服部静尚

古田武彦氏は『盗まれた神話』で、瓊瓊杵尊《ににぎのみこと》の兄の天照国照《あまてるくにてる》火明《ほあかり》こそが九州王朝の本流であり、傍流の近畿天皇家が本流九州王朝の系譜を共有し、そしてその本流の系譜をカットしたとした。九州王朝の説話を近畿天皇家の説話に移らせる「舞台回し」の役割をになうのが海幸山幸説話だとした。ここではこの点を検証すると共に、海幸山幸説話の兄弟が倭国にあった二つの王家の成立譚を示すことを論証したい。

一、記紀の海幸山幸説話と違和感

(1) 先ず、海幸山幸説話のあらすじを確認する。

木花之開耶《このはなさくや》姫は、一夜のちぎりで瓊瓊杵尊の子を妊娠するがこれを疑われ、その潔白を示すため火の中で三子※を産む。火がたぎる(あるいは進む)前に生まれたのが火闌降《ほのすそり》又は火酢芹《ほのすせり》(隼人の祖)、次に熱を避けて生まれたのが彦火火出見《ひこほほでみ》、古事記では火遠理《ほおり》とも言う。次に生まれたのが火明《ほあかり》(尾張連の祖とするが、先に示した瓊瓊杵尊の兄と同名、『新撰姓氏録』は火明の子孫を天孫とする)である。

※古事記は三子。日本書紀は正文に加えて八つの一書を伝えており概ね三子であるが、四子・二子の異説や、火明を長子・火酢芹を第二子・彦火火出見を第三子とする異説も伝える。

三子の内、兄の火酢芹を海幸とし、弟の彦火火出見(古事記は火遠理とも言う)を主人公の山幸とするのが海幸山幸説話である。二人は相談して互いの道具弓矢と釣り針を交換する(古事記では、山幸が兄の海幸に提案したが、火照は三度断った後応じたとある)。弟山幸が釣り針を無くし、兄海幸はこれを許さなかった。弟は海神の宮殿に招かれそこで針を発見し、三年後に海神の娘豊玉姫を娶り戻る。弟山幸は海神の教えに従い兄海幸を屈服させ、兄海幸は弟山幸の俳優《わざおさ》の民となった。豊玉姫が渚で出産する際に龍の姿になるのを弟山幸が覗《のぞ》いたため、鸕鷀草葺《うがやふき》不合《あえず》尊を生み残して姫は帰った。

この説話には次のような違和感がある。

①この海幸山幸説話には三兄弟の内二人しか出てこない。日本書紀では長男もしくは次男の火明が出てこない。古事記では次男の火須勢理が出てこない。

②古事記では弟山幸が交換を申し出ている。元々山幸が道具の交換を求めその結果紛失した。どう見ても山幸に罪がある。非難されるのは当然であるのだが海幸の罪を問う。将来にわたって兄が弟の配下になるような大罪があったとは見えない。

③彦火火出見を主人公の弟山幸とするのは記紀ともに例外が無いが、兄海幸の方は名の相違・長男次男の入れ替えがある。

(2) 違和感の原因を推測する。

海幸山幸説話に三兄弟の内二人しか出てこない理由について、不思議なことに記紀は全く説明していない。なぜ、もう一人の兄弟である火明が海幸山幸説話に出てこないのか説明しない。

三兄弟と言えば、例えば日の神天照大神《あまてらすおおみかみ》・月の神月《つき》読尊《よみのみこと》・素戔嗚尊《すさのおのみこと》があるが、伊弉諾尊《いざなぎのみこと》は「天照大神は高天原を、月読尊は海原を、素戔嗚尊は天下を治めるよう」とそれぞれの役目を指定している。三人それぞれ別の使命を与えられているのである。対して、こちらの三兄弟の内の火明は出てこない上にその後、火明がどうなったのかについても一切の説明をしない。

加えて二人の登場人物の内、主人公山幸を全て彦火火出見とする。他の所は異説が頻出するが、この点については一切異説が無い。

これらから可能性を推察すると、次が考えられる。

①元々、三兄弟の海幸山幸〇幸（例えば川幸、田幸など）説話であったが、〇幸の部分を省略した。

②三兄弟と全く関係ない海幸山幸説話を合体させた。

③三兄弟の内、火明はその後の事績も無く存在感の無い人物であったので、記紀はそのように記述した。

④元々、海幸山幸説話は火明と火酢芹の二兄弟の説話であったが、火明の代わりに彦火火出見を挿入した。

この内①であれば、〇幸の部分を省略する際に三兄弟を二兄弟にすれば何ら疑問は出ない。『旧訳聖書』のカインとアベルは二兄弟（アベルの死後アベルの代わりとしてセトが生まれた）であって、もう一人兄弟がいたと想像はしないだろう。もう一人の兄弟を記述する必要はないのである。②であれば、一人異質な名の彦火火出見でなく火明と火酢芹も話にするか、先のように火明をカットして二兄弟とすれば良かった。③であればそう記述すれば良かった。④の場合にのみ違和感の解消が可能なのである。

元々、この海幸山幸説話は火明と火酢芹の二兄弟の説話であったのではないか。そこに傍系である火火出見を主人公として加え、その結果余分となった火明を消した。だから三兄弟の内二人しか出てこない・主人公は全て火火出見であとの登場人物には異説がある、そのような説話になったと推察できるのである。

つまり古田氏が指摘した、記紀が本流の系譜（火明）を共有し、そしてその火明の後の系譜をカットしたとの見方で説明がつくのである。カットされた火明（この名はニニギの兄にもあることからも言えるのだが）が本流である。

海幸山幸説話は記紀の全くの造作ではなくて、元々火明と火酢芹の説話に傍流であった近畿天皇家の祖である彦火火出見を差し替えたものと言える。繰り返すが、だから弟山幸は例外無く彦火火出見なのだ。

では、元々の本流兄弟火明と火酢芹の説話はなぜ作られたのだろうか。通説では天孫族と隼人族との闘争を神話化したものとされるが、それを多数の異説を並べてこのような長文で、記紀が語る理由を私には見出せない。

唐突であるが、倭国にあった二つの王家の創立説話ではないかと考える。つまり兄弟の天孫が降臨した後に、その兄弟それぞれの系譜が王家を形成したという見方である。そのような見方に至った理由を次項に示す。

蛇足になるが、おそらく記紀の説話は山幸系王家の時代（倭の五王の時代）に形成された説話であろう。海幸系王家の時代（次項以下に示すアメ多利思北孤から伊勢王までの時代）には、これとは異なる海幸山幸説話が存在したのだと推測する。

二、倭王の二つの姓―倭国にあった二つの王家

茂山憲史氏は次のように（口頭で言われたがこれを文章にしたので、文責は筆者）指摘された。

◆『宋書』および『南史』には「倭讃」そして珍の臣下「倭隋」があり、倭が倭国王家の姓と見られる。つまり倭の五王の時代、倭王の姓は「倭（中国読みでヰ、倭国読みでヤマ）」であった。ところが、『隋書』には「俀王姓は阿毎《あめ》、字《あざな》は多利思北孤《たりしほこ》」とあり、倭国王の姓は

「天《アメ》」に変わっている。六世紀前半から六世紀末の間に「倭」から「天」に倭王の姓が変わっている。この間に倭王の姓が変わる事件があったのだ。それが記紀に見える「磐井の乱」ではないか。磐井は倭王であって倭を姓としていたが、この事件でもう一つの王家であった「天」姓の王に交代した。

　茂山氏のこの指摘は『宋書』『南史』『隋書』の記述を根拠とする強固な仮説であって、反論の余地が無い。

『三国史記』によると、新羅の創生期には朴氏・昔氏・金氏の三姓が交互に王位についたとある。初代高句麗の高朱蒙（東明聖王）は扶余《ふよ》の七人の王子と対立して建国した。高朱蒙の第三子温祚が百済初代王で扶余もしくは余を姓とする。当時の朝鮮半島を見ても複数の王家（あるいは長子以外の王子が独立して新しい国を作ること）は不思議ではないのである。このような視点で見ると、海幸山幸説話は海（天、アマもしくはアメ）王家と山（倭、ヤマ）王家の発祥神話であったと考えられるのである。

三、二つの王家の内最後に残った倭《ヤマ》王家

『隋書』が証言する阿毎《アメ》多利思北孤以降、利歌弥多弗利《リカミタフリ》、伊勢王（正木裕氏が利歌弥多弗利の次の倭国天子とする）と、史書に政変を思わせる記事が無いので、アメ王家による倭王相続が行われたと見られる。斉明七年（六六一）六月その伊勢王が薨《みまか》る（天智七年六月にも伊勢王と其の弟王薨るとある）。この後、ずっと朝鮮半島に干渉しない政策をとっていた倭国が朝鮮出兵に転じる（この点正木裕氏による指摘がある）。

　推測するに、伊勢王および弟王の死によって、アメ王家に後継者が見当たらずヤマ王家による継承が行われたのではないか。伊勢王の妻倭姫王（やまとひめのおおきみ）ではないか。倭姫王の姓は、その名から倭であると推察できる。最終的に九州王朝はヤマ王家から王を選んだことになる。

　近畿天皇家はヤマ王家の傍流と見られる。なぜならば、記紀は初代神武天皇以降、初期の天皇名にヤマが頻発するからである。左に示す『日本書紀』における和風天皇諡号《しごう》のように、近畿天皇家は記紀で自らの祖先がヤマ王家の（傍流との言葉は使わないが）血筋であると名乗っている。自らヤマ王家（山幸）の系統であることを主張していたが、磐井の乱以降は、アメ王家系統の一員と名乗るのである。

初代神武　―**神日本**磐余彦《かむやまといわれひこ》天皇
四代懿徳　―**大日本**彦耜友《おおやまとひこすきとも》天皇

六代考安　—日本足彦國押人天皇《やまとたらしひこくにおしひと》
七代孝霊　—大日本根子彦太瓊天皇《おおやまとねこひこふとに》
八代孝元　—大日本根子彦國牽天皇《おおやまとねこひこくにくる》
九代開化　—稚日本根子彦大日々天皇《わかやまとねこひこおおひひ》
二十二代清寧—白髪武廣國押稚日本根子天皇《しらかのたけひろくにおしわかやまとねこ》
（ここで、二十六代継体天皇の時に磐井の乱があって、ヤマ→アメに）
二十九代欽明—天國排開廣庭天皇《あめくにおしはるきひろにわ》
三十五代皇極—天豊財重日足姫天皇《あめとよたからいかしひたらしひめ》
三十六代孝徳—天萬豊日天皇《あめよろずとよひ》
三十八代天智—天命開別天皇《あめみことひらかすわけ》
四十代天武　—天渟中原瀛眞人天皇《あまのぬなはらおきのまひと》
四十一代持統—高天原廣野姫天皇《たかまのはらひろのひめ》

『野中寺弥勒菩薩像銘《やちゅうじみろくぼさつ》』に刻まれた中宮天皇＝倭姫王の死後、これを引継いだ『薬師寺東塔擦管銘《やくしじとうとうさつかん》』にある大上天皇の後は、『懐風藻《かいふうそう》』が示すように大海人皇子と宗《むな》形徳善《かたとくぜん》の女尼子娘《むすめ》の子である高市皇子が継承する予定であった。しかし六九六年高市皇子が亡くなり、初めて近畿天皇家の文武への禅譲に至るのである。論証根拠が無い妄想に近い私案であるが、私の頭の中にある継承系図を次に示す。

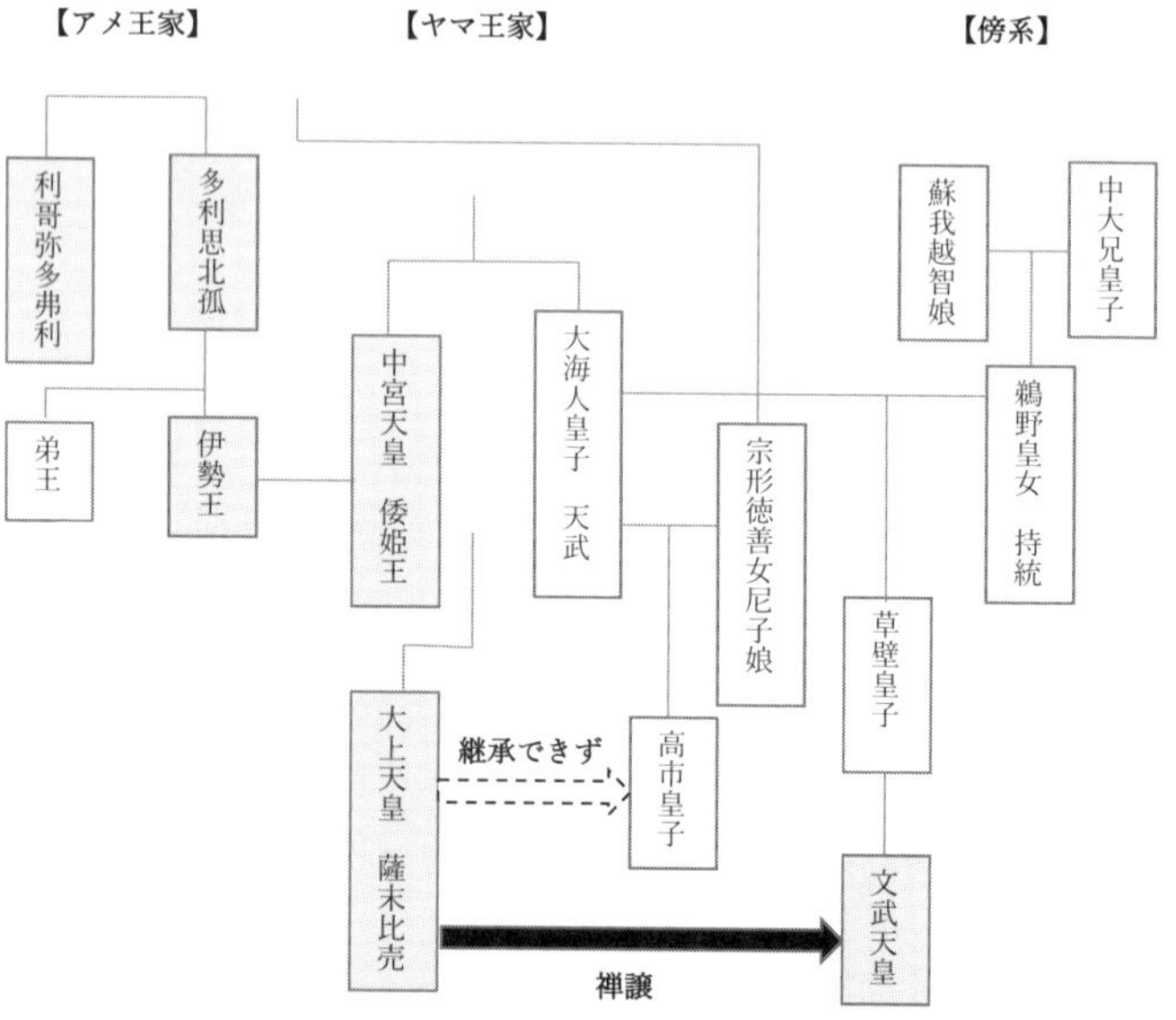

図　想像される九州王朝の天子継承系図

この稿は、『多元』一七二号、二〇二二年、に掲載されたものに一部加筆したものです。

【フォーラム】

豊臣家の滅亡から九州王朝の滅亡を考える

岡下英男

一、はじめに

古田武彦が提唱した九州王朝は七世紀末に至って滅亡し、日本列島の権力は八世紀の初めに近畿天皇家に移行する。本稿の主旨は、九州王朝から近畿天皇家への権力移行の過程を想定することで、そのための手法として豊臣家滅亡の過程と比較・類推することを試みた。これにより、ラフなスケッチであるが、九州王朝から近畿天皇家への権力移行の過程を連続的に想定することが出来た。その中で、壬申の乱が九州王朝の滅亡に大きな意味を持つと考えた。

二、荷札木簡の貢進國分布は権力者の存在を示す

飛鳥藤原京跡から出土した木簡のうち、調（＝税）として送られた荷物に付けられた荷札木簡を見ると、それを送った（納めたという意味）国の分布には、政治的な意味が感じられる。

『洛中洛外日記』第二九七五話には、荷物を送り出した国（貢進國）の分布が書かれているので、これを簡単化して、現代の地域別の国数として左に示す。(注1)

関東	五
中部	一一
近畿	一二
中国	八
四国	四
九州	〇
合計	四〇

この表に見えるのは、

①日本列島のほぼ全域から飛鳥藤原京に所在する権力者

へ荷物（＝調＝税）が送られている、

②九州からは送られていない、

ことである。これを次のように理解する。

飛鳥藤原京に日本列島のほぼ全域を支配する権力者が存在する。また、九州が○であるのは、既に指摘されているように、その地域が飛鳥藤原京に所在する権力者とは別の権力者に属していることを示している。

これから、藤原京に近畿天皇家、九州に九州王朝が存在しているという、当時の状況が想像できる。

三、九州王朝と近畿天皇家の関係は、豊臣家と徳川家康の関係に似ている

前項に述べた、権力者が二か所に存在するという状況は、秀頼時代の豊臣家と徳川家康の関係にそっくりである。

徳川家康は、表向きは豊臣家の臣下でありながら、実力的には日本列島を支配していた。

豊臣家の内紛を利用して関ヶ原の戦いに勝利した家康は、豊臣家の臣下という形をとりながら、豊臣家の直轄地の多くを取り上げ、恩賞として東軍側の大名へ与えて豊臣家の力を弱め、次いで、大阪冬の陣・夏の陣で豊臣家を完全に滅ぼした。

九州王朝対近畿天皇家の関係は豊臣家と徳川家康の関係に似ている。しかし、異なる点がある。それは、抗争に関係する勢力が複雑なことである。

豊臣家が滅亡して天下が徳川家へ移る過程を考える場合には、秀頼方と家康という二つの勢力を考えればよいので理解しやすいが、九州王朝が滅んで近畿天皇家へ権力が移る過程を考える場合には、単に、九州王朝と近畿天皇家だけでなく、天智・天武・薩夜麻・郭務悰などの勢力を考えなければならないので、今まで、想像が困難であった。そこで、これらの勢力を整理して考えるために、豊臣対徳川の抗争との比較を試みた。

四、豊臣―徳川の関係と九州王朝―近畿天皇家の関係を対比して考える

九州王朝が滅亡した過程を想像するために、まず、徳川家康が豊臣家を滅ぼした過程を単純化して描き、それと比較・対照して、九州王朝と近畿天皇家の関係を考えてみた。これを表に示す。私たちが良く知っている豊臣家の滅亡の過程を予備知識とすることによって、史料の少ない九州王朝滅亡の様子を具体化しやすいと考えたからである。

表　豊臣対徳川の抗争と九州王朝対近畿天皇家の抗争との対照

		豊臣に対する徳川(徳川家康)	九州王朝に対する近畿天皇家
①	地位	江戸を離れて大阪に出仕し、五大老の筆頭として政務にあたる。	大和を離れて九州王朝に出仕し、天智が薩夜麻不在時の政務にあたる。
②	主家家臣の内紛	文人派と武人派。	百済救援続行派と日本重視派。 皇位継承における天智と天武。
③	勢力を拡大	石田三成に組しない大名も集める。	天智は九州王朝を経営する。天武は郭務悰に接近する。
④	戦い	関ヶ原の戦い―東軍と西軍。	壬申の乱―天智側と天武側。
⑤	結果	西軍の敗北。 豊臣家は、直轄地を大幅に削減され、一大名程度の勢力となり、形式的ながら天皇家・徳川・豊臣の三者の鼎立で存続する。	九州王朝は天智側として戦い敗北し、多数の子代の民・屯倉を献上して、形式的な主家として存続する。その形は、江戸時代の天皇家のように、近畿天皇家との並立である。
⑥	その後	完全な豊臣家廃絶を画策する。 それは大阪冬の陣・夏の陣で完了する。	完全な九州王朝廃絶を画策する。 持統が定策禁中を行って九州王朝を廃絶する。

先ず、豊臣家が滅亡する過程を①～⑥の六段階に分けて想定し、次に、それぞれの段階に対応する九州王朝関係の出来事を次のように想定した。

① 近畿天皇家が九州王朝のNo.1の臣下となり、その代表として天智が、天武に先んじて、九州王朝の政務にあたる。[注2]

② 豊臣家に見られる内紛を九州王朝内部にも想定することにより、九州王朝に関係する複数の勢力を整理することが出来る。百済支援を続行しようとする二つの勢力「天智派と、九州王朝の臣下の主流派」と、日本重視の勢力「九州王朝の臣下のうちのアンチ天智派」である。
同時に、近畿天皇家にも内紛があり、皇位をめぐって天智と天武が対立していた。

③ 近畿天皇家のトップである天智は、庚午年籍を完成させるなど、薩夜麻不在の九州王朝の経営に有能な手腕を発揮した。しかし、天智は有能であっても外様であるから、前項のようにアンチ天智派が存在した。

④ 九州王朝と近畿天皇家の抗争に於いて、関ヶ原の戦いに相当するものを考えると、それは壬申の乱である。壬申の乱は近畿天皇家の皇位継承問題から発生したのであるが、天智が実質的に経営していた九州王朝は天智側で参戦した。

この際、帰国していた薩夜麻は九州王朝に復帰しており、また、唐の駐留軍である郭務悰は、白村江敗戦後の九州王朝の復興を嫌って、天智と対峙する天武を支援した。

⑤ 壬申の乱は九州王朝と近畿天皇家の勢力逆転の画期なのである。

勝利した近畿天皇家は、九州王朝から奪った領地・領民を「公地公民」とし、戦いに敗れた九州王朝は、領地・領民の多くを奪われて、年号を管理する名目だけの主家となった。

⑥ 近畿天皇家は、天武の治世に、律令政治の準備を進め、それが完了した時点で、持統が定策禁中を行って、九州王朝を完全に滅亡させた。

右の④・⑤・⑥に関連して、以下に補足する。

五、九州王朝は、壬申の乱において天智派として戦い、敗れた

壬申の乱は、皇位継承をめぐって、天智派と天武派の間で争われ、天智派が敗れた。このとき、九州王朝は天智派として戦い、敗れたと考える。

壬申の乱は大友皇子の死で終わるが、これと一対の出来事が、大化改新詔の第一で述べられている「公地公民」である。そこには、昔の天皇（昔在天皇）の領地・領民は「私地私民」とされ、これが奪われて「公地公民」にされたことが書かれているのである。

「公地公民」の意味について古田武彦は次のように書いている。（注3）

鮮卑は、旧西晋の地（黄河流域）を占拠し、その土地と領民を「北魏」の地とした。（中略）

ともあれ、従来の「西晋の朝廷の領地と領民」はすでに「私地私民」とし、それに代る「北魏の支配」を以て「公地公民」とした。これに従って日本書紀は「七〇一」以前の（九州王朝関連の）領地と領民を一切「私地私民」とし、それに代る「近畿天皇家側の天皇家や藤原氏たちの豪族」のものを「公地公民」としたのである。

つまり、「私地私民」は力（占拠）によって「公地公民」とされるのである。『日本書紀』大化改新詔は、「公地公民」という表現で、戦いの相手の領地・領民を奪ったことを高らかに宣言しているのである。その戦いの相手は、昔の天皇（昔在天皇）として名前は隠されているが、

領地・領民を奪われた九州王朝である。(注4)このような戦いの結果から判断して、九州王朝は壬申の乱において敗れた、即ち、天智側で戦ったのだと分かる。

なお、大化改新詔と壬申の乱に年代的な隔たりがあるように見えるが、改新詔群は『事典』(注5)のように編纂されたものであると見られているので、同年代の出来事と考えて差し支えない。

六、権力の移行には戦いが大きく作用する

豊臣対徳川、九州王朝対近畿天皇家、いずれの場合も、戦いに敗れた主家の側が、領地・領民を削減されて、その勢力が大幅に衰退するのである。

領地・領民の一部または全部を奪われる、それは国の存亡につながる一大事である。一つの国にとってこれ以上の非常事態は無い。この様な事態が生じるのは、他からの抗えない圧力を受けた時、端的に云えば、戦いに敗れた時である。

反対に、領地・領民を奪うのは戦いに勝った側である。『日本書紀』の大化改新詔は、「公地公民」という表現で、近畿天皇家が九州王朝の領地・領民を奪った、即ち、戦いに勝ったと高らかに宣言しているのである。「公地公民」を大化改新詔の一番に記しているのはこの理由による。九州王朝から近畿天皇家への権力移動は力によってなされたのである。

七、持統が、定策禁中を行い、存続していた九州王朝を廃絶した

関ヶ原の戦いに勝利した徳川家康は、豊臣家を滅亡させるべく種々画策する。これと同様に、近畿天皇家も九州王朝を滅亡させようと動く。

壬申の乱に勝利した天武の時代に木簡が増発されている。(注6)これは、近畿天皇家が、九州王朝による統治から新しい律令政治に転換するための準備であると考えられる。この準備が完了した時、不要となった九州王朝を、持統が定策禁中を行って完全に滅亡させたのだ。

持統のこの行為は、『日本書紀』の末尾に「天皇定策禁中、禅天皇位於皇太子。」と表現されている。しかし、定策禁中は、臣下が、位が上の天子を定める行為であるから、持統の位は臣下であって、第一人者ではない。ところが、禅天皇位は天皇がその位を譲ると言う意味であるので、ここでは持統を第一人者としている。このところの表現には矛盾がある。臣下である持統が主家の九州王朝を廃絶するために行った定策禁中が事実であり、禅天皇位は九州王朝を隠すための虚飾である。持統が第一

人者であれば定策禁中を行う必要は無い。

八、終わりに

古田武彦は、九州王朝の存在と、九州王朝から近畿天皇家への権力移行があったことを明らかにした。それらは九州年号やＯＮライン（七〇一年。九州王朝と近畿天皇家の画期線）存在の指摘で、史料事実としては確かである。残るところは権力移行のプロセスの解明である。古田武彦の九州王朝説は、このプロセスの解明により完成すると考えて来たが、今まで、これを具体的に明らかにすることが出来なかった。

しかし、今回、豊臣家滅亡の過程からの類推により、九州王朝から近畿天皇家への権力移動の具体的で連続的なプロセスを想定することが出来た。『日本書紀』や『続日本紀』などの史料では九州王朝の存在は隠蔽されているので、それを補うものとして、情報が豊富な豊臣家滅亡との比較・類推は有用であった。

なお、本稿は、冒頭に述べたように類推を多用したラフなスケッチであるが、壬申の乱については、関ヶ原の戦いと比較対照することによってそれが持つ意味――権力移行における政治的役割――を提案できたと考える。

［注］

（1）古賀達也「『大安寺伽藍縁起』の「飛鳥浄御原御宇天皇」『洛中洛外日記』第二九七五話（古田史学の会ホームページ、二〇二三年）。

（2）正木裕「「壬申の乱」の本質と、「二つの東国」」『古代に真実を求めて第二十六集　九州王朝の興亡』明石書店、二〇二三年。

（3）古田武彦「大化改新批判」『なかった　真実の歴史学』第5号、ミネルヴァ書房、二〇〇八年。

（4）正木裕「7世紀末の倭国（九州王朝）から日本国（大和朝廷）への権力移行について」『古田武彦記念古代史セミナー二〇一八』大学セミナーハウス、二〇一八年。

（5）古田武彦（前掲注3）

（6）市大樹「黎明期の日本古代木簡」『国立歴史民俗博物館研究報告』第一九四集、国立歴史民俗博物館、二〇一五年。

付録

古田史学の会・会則

第一条　名称

本会の名称を「古田史学の会」（略称…古田史学会）と称し、事務所を代表指定の場所に置く。

第二条　目的

本会は、旧来の一元通念を否定した古田武彦氏の多元史観に基づいて歴史研究を行い、もって古田史学の継承と発展、顕彰、ならびに会員相互の親睦をはかることを目的とする。

第三条　事業

本会は、第二条の目的を達成するため、次の事業を行う。

一、古田史学の継承と発展、その宣伝顕彰に関すること。
二、会報「古田史学会報」、会誌の発行。
三、講演会などの開催。
四、会員相互研修のための研究会等の開催。
五、友宜団体との交流および共同事業。

第四条　会員

会員は本会の目的に賛同し、会費を納入する。会員は総会に出席し決議に参加できる。会費は一般会員は年額三千円、賛助会員は年額五千円とする。一般会員は会報を、賛助会員は会報ならびに会誌の頒布を無償で受けるものとする。

第五条　組織

一、本会に次の役員を置き、本会の運営にあたる。代表一名。副代表若干名。事務局長一名。事務局次長若干名。インターネット、会計、会計監査、各一名。
二、役員の選出は全国世話人会の推薦により総会にて承認を受ける。任期は二年とし、再任を妨げない。ただし、役員に本会の目的に著しく反する行為が認められた場合は、全国世話人会の決議により解任することができる。
三、全国世話人は総会において選出する。任期は二年とし、再任は妨げない。

四、本会に顧問若干名を置く。顧問は代表が委嘱する。
五、本会に事務局及び、会報及び会誌の編集部を設け、書籍担当を置く。編集部員は代表が任免する。

第六条　会議および議決

一、定期総会、全国世話人会は代表が召集し、年一回開催する。必要に応じて臨時に開催することができる。決議は出席者の過半数を必要とし、委任出席を認める。
二、役員会は代表が定期的に召集する。メンバーは役員と編集長で構成する。また全国世話人も参加することができる。決議は出席者の過半数とする。

第七条　会計年度

本会の会計年度は、四月一日にはじまり、翌年三月三十一日までとする。

第八条　その他

本会則に定めなきことは、全国世話人会の決議、あるいは全国世話人会の定める細則によるものとする。

本会則は一九九五年八月二十七日より施行する。
（一部改定：二〇〇六年六月十八日、二〇〇九年六月二十一日、二〇一五年六月二十一日、二〇一七年六月十八日総会決議にて）

古田史学の会・全国世話人名簿

今井俊國（北海道）
原廣通（神奈川県）
冨川ケイ子（神奈川県）
鈴岡潤一（長野県）
古賀達也（京都府・本会代表）
竹村順弘（京都府・本会事務局次長）
水野孝夫（奈良県・本会顧問）
古谷弘美（大阪府）
横田幸男（大阪府・本会インターネット担当）
正木裕（兵庫県・本会事務局長）
小林嘉朗（兵庫県・本会副代表）
不二井伸平（兵庫県）
西村秀己（香川県・本会会計）

【友好団体】

●多元的古代研究会（略称　多元の会）

会　長　安藤　哲朗

事務局　和田　昌美

〒242-0006

神奈川県大和市南林間四-一五-二

TEL 046-275-1497

●古田武彦と古代史を研究する会（略称　東京古田会）

会　長　安彦　克己

事務局　斎藤　隆雄

〒212-0024

神奈川県川崎市幸区越塚三-三七〇

TEL 044-522-7500

●倭国を徹底して研究する　九州古代史の会

代　表　工藤　常泰

事務局　前田　和子

〒802-0063

福岡県北九州市小倉北区若富士町一-一〇-二〇一

TEL 090-4980-8015

●邪馬壹国研究会・松本

代　表　鈴岡　潤一

〒390-0221

長野県松本市里山辺一五五二-七

TEL 0263-32-7402

編集後記

本書の編集長を担当することになりました。三十代の頃から『市民の古代』（市民の古代研究会編、新泉社）の編集部で本作りにたずさわり、編集作業の経験を積んではきたのですが、自らが中心となって本を作るのは『「九州年号」の研究』（古田史学の会編、ミネルヴァ書房、二〇一二年）以来です。

古田武彦先生亡き後、『古代に真実を求めて』は多元史観・古田史学に基づく唯一の定期刊行書籍であり、古田学派の研究者にとって貴重な発表の場となっています。そこで、将来にわたって、わたしたちの後継者が本書を編集出版できるよう、編集作業手順や原稿採用基準、投稿規定、書籍在庫販売管理台帳などの作成も併行して進めてきました。いわば、「古田史学の会」出版事業のマニュアル化とルール化です。古田史学の未来を担う後継者のために、これからも改良を加え、より使いやすくしていきます。

本書末尾の投稿募集要項にあるよう、次の二十八集の特集テーマは「風土記・地誌の九州王朝」です。風土記や地誌を研究対象として、そこに遺された九州王朝の痕跡を論じ、論文やフォーラム・コラムとして投稿してください。地誌の場合、その成立が中近世であっても、内容が古代を対象としており、適切な史料批判を経ていれば、古代史のエビデンスとして採用していただいてかまいません。字数制限など、投稿規定にはご留意ください。投稿締め切り日は本年九月末です。

令和六年（二〇二四）、「古田史学の会」は創立三十周年を迎えることができました。本会創立の目的に賛同し、支えていただいた会員の皆様、古田史学支持者の皆様のおかげです。会則に銘記された目的、「旧来の一元通念を否定した古田武彦氏の多元史観に基づいて歴史研究を行い、もって古田史学の継承と発展、顕彰、ならびに会員相互の親睦をはかる」のなかの〝古田史学の継承と発展、顕彰〟こそが『古代に真実を求めて』の役割であり、それに耐えうる本を作ることが編集部の使命です。

九州王朝から大和朝廷への王朝交代を特集テーマとした二十七集「倭国から日本国へ」が、五十年後、百年後の読者と、図書館や古書店で出会い、今を生きるわたしたちの研究成果を伝えることができれば、望外の幸せです。〝本の寿命は人生より長い〟のですから。（古賀達也）

第二十八集投稿募集要項

○特集論文・一般論文（一万五千字以内）、フォーラム（随筆・紀行文など。五千字以内）、コラム（解説小文。二千字程度）を募集します。

論文は新規の研究であること。他誌掲載論文、二重投稿、これに類するものは採用しません。それとは別に、編集部の判断に基づき、他誌掲載稿を転載することがあります。

○採用稿を本会ホームページに掲載することがありますので、ご承諾の上、投稿してください。

○二十八集の特集テーマは「風土記・地誌の九州王朝」です。古田史学・多元史観の継承発展に寄与できる論文をご投稿ください。

○投稿は一人四編までとします〔編集部からの依頼原稿を除く〕。

○投稿締め切り　令和六年（二〇二四）九月末

○原稿はワード、またはテキストファイル形式で提出して下さい。ワードの特殊機能（ルビ、段落自動設定など）は使用しないで下さい。ルビは（）内に付記してください〔例　古田史学（ふるたしがく）〕。

掲載する写真や図、表は、文書ファイルとは別に写真ファイル・エクセルファイルとして提出して下さい。その際、写真・表の掲載位置を原稿中に指示してください。

○投稿先　古賀達也まで。

e-mail address: kogatty@kyoto.zaq.jp
住所　〒六〇二－〇八四一　京都市上京区梶井町四四八

古田史学の会　会員募集

「古田史学の会」は①古田史学を継承発展させる、②古田武彦氏の業績を後世に伝える、③会員相互の親睦を深める、ことなどを目的に創立されました。こうした目的のために、会員の募集を行っています。

賛助会員には年会費五千円で会報・論集など、一般会員には三千円で会報を送付します。お知り合いの方にも是非、本会をご紹介下さい。入会希望者は左記の口座に会費を振り込んでいただきますと、事務局にて会員登録を行い、会報を発送します。古田史学の輪を広げるために、会員募集にご協力をお願いいたします。

古田史学の会　代表　古賀達也
事務局　〒666－0115
兵庫県川西市向陽台一－二－一一六　正木裕
電話／FAX　072－792－8054
メールアドレス babdc106@jttk.zaq.ne.jp
郵便振込口座　01010－6－30873
（古田史学の会）

古田史学の会
代　　表　古賀　達也
事 務 局　〒666-0115　兵庫県川西市向陽台 1-2-116　正木裕
Tel/Fax　072-792-8054
編　　集　古田史学の会
インターネットホームページ「新古代学の扉」
英 語 版　https://www.furutasigaku.jp/
日本語版　https://www.furutasigaku.jp/jfuruta/jfuruta.html
電子メール　sinkodai@furutasigaku.jp

古代に真実を求めて　古田史学論集 第二十七集
倭国から日本国へ

二〇二四年四月十五日　初版第一刷発行

編　者　古田史学の会
発行者　大　江　道　雅
発行所　株式会社 明石書店
〒一〇一－〇〇二一　東京都千代田区外神田六－九－五
電　話　(〇三) 五八一八－一一七一
FAX　(〇三) 五八一八－一一七四
振　替　〇〇一〇〇－七－二四五〇五
https://www.akashi.co.jp/

装　丁　明石書店デザイン室
印　刷　株式会社文化カラー印刷
製　本　協栄製本株式会社

ISBN978-4-7503-5747-8
(定価はカバーに表示してあります)